"十四五"职业教育国家规划教材

高等职业教育新形态一体化教材

大学美育（第二版）

◇ 主 编　张 建
◇ 副主编　余思慧　邓梦兰　李 莉　付凤熙　吴淑玲

中国教育出版传媒集团
高等教育出版社·北京

内容提要

美育是审美教育、情操教育、心灵教育，也是丰富想象力和培养创新意识的教育。"大学美育"作为高职院校必修的公共基础课，主要任务是通过知识学习、作品赏析和艺术实践引导学生发现美、鉴赏美、创造美，从而达到以美育人、以美化人、以美培元的美育目标。

本书是"十四五"职业教育国家规划教材，贯彻落实党的二十大关于"加快建设高质量教育体系，发展素质教育"的相关要求，根据中共中央办公厅、国务院办公厅印发的《关于全面加强和改进新时代学校美育工作的意见》修订而成。全书以文学、音乐、绘画、书法、舞蹈、设计、建筑、雕塑、摄影、戏曲、影视、数字媒体12种艺术门类为基本内容，设计"美的印象""美的历程""美的视窗""美的欣赏"和"美的体验"5个栏目，充分挖掘和运用蕴含其中的中华美育精神与民族审美特质，旨在提升学生的审美素养，陶冶情操，温润心灵，激发创新创造活力，培养具有审美修养的高素质技术技能人才。

本书有配套开发的教学课件，具体获取方式请见书后"郑重声明"页的资源服务提示。

本书既可作为高职院校美育教育的教材，也可作为社会各界美育爱好者的参考读物。

图书在版编目（ＣＩＰ）数据

大学美育 / 张建主编. -- 2版. -- 北京 : 高等教育出版社, 2023.7（2025.5重印）

ISBN 978-7-04-060712-3

Ⅰ. ①大… Ⅱ. ①张… Ⅲ. ①美育-高等职业教育-教材 Ⅳ. ①G40-014

中国国家版本馆CIP数据核字(2023)第108535号

DAXUE MEIYU

策划编辑	王蓓爽	责任编辑	王蓓爽 李沁濛	封面设计	易斯翔	版式设计 张 杰
责任绘图	李沛蓉	责任校对	王 雨	责任印制	高 峰	

出版发行	高等教育出版社		网　　址	http://www.hep.edu.cn
社　　址	北京市西城区德外大街4号			http://www.hep.com.cn
邮政编码	100120		网上订购	http://www.hepmall.com.cn
印　　刷	廊坊十环印刷有限公司			http://www.hepmall.com
开　　本	787 mm×1092 mm 1/16			http://www.hepmall.cn
印　　张	21.5		版　　次	2017年1月第1版
字　　数	380千字			2023年7月第2版
购书热线	010-58581118		印　　次	2025年5月第9次印刷
咨询电话	400-810-0598		定　　价	58.00元

本书如有缺页、倒页、脱页等质量问题，请到所购图书销售部门联系调换
版权所有　侵权必究
物　料　号　60712-00

第二版前言

党的二十大报告明确指出:"育人的根本在于立德。全面贯彻党的教育方针,落实立德树人根本任务,培养德智体美劳全面发展的社会主义建设者和接班人。"美育是审美教育、情操教育、心灵教育,也是丰富想象力和培养创新意识的教育。中华民族在五千多年的文明发展史中,不仅形成了优良的美育历史传统,也沉淀了雅致的美育文化精神。从远古时期的"先王乐教"到殷周时期的"诗教、乐教、礼教",从孔子的"志于道,据于德,依于仁,游于艺"到苏轼的"宁可食无肉,不可居无竹",其中一以贯之的是中华民族欣赏美、追求美、创造美、崇尚文质彬彬、悦情悦志、美善相合,践行育心形、育美德、育情志的美育传统。至于"月下独酌、登高望远、泛舟采莲、踏雪寻梅、郊外踏青、湖上泛舟、策马草原、吟风啸月、曲水流觞"等生活方式,更是彰显了人们对于美好生活的向往与实践。

2020年,中共中央办公厅、国务院办公厅印发《关于全面加强和改进新时代学校美育工作的意见》,美育作为学校教育的重要环节,越来越受到大家的关注。作为高等职业院校的必修课程,美育的主要任务是通过知识学习、作品赏析和艺术实践,引导学生发现美、鉴赏美、创造美,帮助学生树立美的理想、涵养美的情操、形成美的品格、开创美的人生,从而实现以美育人、以美化人、以美培元的育人目标,这也是实现党的二十大报告中提出的"举旗帜、聚民心、育新人、兴文化、展形象,建设社会主义文化强国"的重要途径。

为了更深入地落实立德树人根本任务,也为了能更贴近时代、贴近学生、贴近生活,我们对《大学美育》教材进行了修订。本书在修订时注重从以下四个方面入手,以凸显教材特色。

在编写理念上,突出思想性 本教材以习近平新时代中国特色社会主义思想为指导,贯彻落实《国家职业教育改革实施方案》《职业教育提质培优行动计划

(2020—2023年)》《关于推动现代职业教育高质量发展的意见》等相关文件精神，坚持以美育人、以美化人、以美培元，充分挖掘美育课程的思政元素，以提高学生审美素养和人文素养为目标，并将二者有机融合，重视弘扬中华美育精神，体现民族审美特质。

在教材定位上，强化人本性 本教材面向全体学生，注重文化传承和价值引领，着力提升学生的文化理解、审美感知、艺术表现、创意实践等核心素养，塑造其审美趣味、审美格调和审美能力，引导学生完善人格修养、增强文化创新意识，从而促进其可持续发展，培养具有审美修养的高素质技术技能人才。

在内容选取上，注重经典性 为确保教材质量，我们对内容进行了较大幅度的调整。此次修订遵循经典性、民族性、时代性、趣味性、创新性的原则，扎根中国、融通中外，遴选相关作家、作品，体现多样化的艺术门类，突出审美价值和艺术趣味，引导学生在美的欣赏和美的体验中陶冶情操、温润心灵，激发其创新创造活力。

在整体设计上，彰显实践性 本教材注重作品欣赏和艺术实践的有机结合，在每单元后精心设计了"美的体验"实践活动，巧妙引入专业文化、产业文化、红色文化与地域文化，力求引导学生在审美实践中触摸文化脉络、汲取艺术精髓，实现审美教育与专业教育的融通。此外，我们以二维码的形式汇聚了较为丰富的音频、视频等资源，并且同步更新了PPT课件，以方便教学实践的开展。

本教材被评为"十四五"职业教育国家规划教材、"十三五"职业教育国家规划教材、湖南省优秀教材，得到了广大师生的认可。本次修订由张建教授担任主编，余思慧、邓梦兰、李莉、付凤熙、吴淑玲担任副主编。承担修订工作的有：湖南民族职业学院余思慧，湖南艺术职业学院李莉，湖南大众传媒职业技术学院李想、邹瑶，娄底职业技术学院邓梦兰，岳阳职业技术学院段淑萍、陈钢、肖晓佳、黄耀元、付凤熙，郑州卫生健康职业学院吴淑玲等。最后，由张建、肖晓佳统稿。

在编写过程中，编者参考和借鉴了美育研究方面的文献资料和网络资源，同时也参阅了第一版中于庆妍、曹彩霞、罗惜春、刘高俊、谭建伟、余芬、刘帅、邸锐、杨志钢等老师编写的内容，在此向他们表示诚挚的感谢。书中难免有不足之处，敬请广大师生批评指正。

编者

2024年3月

第一版前言

习近平总书记在最近关于教育的一系列讲话中,多次强调要坚定不移地把立德树人作为教育的根本任务,"让人们在持续的以文化人中提升素养""努力让每个人都有人生出彩的机会"。这不仅充分体现了我们党全面实施素质教育的一贯方针,而且启示我们必须坚持德育为先、能力为重、全面发展,把提高学生素质、促进学生健康成长作为学校一切工作的出发点和落脚点。

美育是审美教育,也是情操教育和心灵教育,不仅能提升人的审美素养,还能潜移默化地影响人的情感、趣味、气质、胸襟,激励人的精神,温润人的心灵。美育与德育、智育、体育、劳育相辅相成、相互促进。

在人生的旅途中,拥有一颗艺术的心灵不仅可以让我们明是非、知善恶、识美丑,而且让我们在艺术的浸润中增强免疫力、增进亲和力、抒发想象力、激发生命力、点燃创造力。当我们步入艺术的殿堂,那幽远缥缈的天籁之音,那笔简意繁的山水之作,那如梦如幻的神来之笔,那如真如假的舞台人生,莫不让我们如痴如醉、眠思梦想。我们在艺术的审美中触摸人类的心灵世界,更在美的巡礼中丰富我们的情感世界。

其实,我们每个人降临人间,就与艺术结下了不解之缘。那呱呱坠地的第一声啼哭就是我们人生的第一次歌唱。从此,我们在《阳关三叠》中探寻生命的意义,在"高山流水"中感受友情的珍贵,在"琴瑟之好"中享受爱情的甜蜜,在"力透纸背"中品味生活的滋味,在"尺幅千里"中成就人生的境界。总之,艺术让我们的视野更广阔,让我们的心灵更丰盈,让我们的生活更绚丽,让我们的职场更自如,让我们的人生更崇高。

正是基于这种思考,2015年我们编写出版了面向中职的《公共艺术》教材。2016年,我们依据国务院办公厅印发的《关于全面加强和改进学校美育工作的意见》(国办发〔2015〕71号),着手编写了这本《大学美育》。本教材的编写遵循人本性、体验性、职业性、整合性和经典性原则,按照"人的全面发展"和"衔接专业学习和未来职业准备"的基本设计理念,注重文化传承和价值引导,将作品欣赏和艺术实践有机结合,在知识习得、审美体验和价值引领中,培养学生健康向上的审美趣味、审美格调和审美能力。

在内容上,设计了十三个单元,并精选了古今中外大量的艺术经典之作;在体例上,设计了"美的印象""美的历程""美的视窗""美的欣赏"和"美的体验"五个栏目。我们期望,通过本课程学习,学生能接受一次美的熏陶与洗礼,从而成就美好的人生。

本教材由张建教授担任主编,段淑萍、罗惜春、于庆妍担任副主编。承担各单元编写的老师有张建(第一单元、第五单元)、曹彩霞(第二单元)、刘高俊、余芬(第三单元)、谭建伟(第四单元、第六单元)、付凤熙(第七单元、第十单元)、刘帅、邸锐(第八单元)、杨志钢(第九单元)、段淑萍(第十一单元)、于庆妍(第十二单元)、罗惜春(第十三单元)。最后由张建、付凤熙统稿。

在教材的编写过程中,我们得到了渤海石油职业学院、贵州铜仁幼儿师范高等专科学校、内蒙古建筑职业技术学院、湖南化工职业技术学院、湖南民族职业学院、岳阳职业技术学院及高等教育出版社的鼎力支持,在此一并表示感谢。书中难免有不足之处,敬请广大师生批评指正。

编者

2016年7月

目 录

第一单元 诗意的栖居:大学美育 ... 1
美的印象 ... 3
美的历程:美学研究的基本脉络 ... 4
美的视窗:审美教育的基本特征 ... 14
美的欣赏:艺术作品的审美 ... 18
美的体验 ... 22

第二单元 人生的映像:文学艺术 ... 25
美的印象 ... 27
美的历程:文学发展巡礼 ... 29
美的视窗:文学艺术的审美特征 ... 42
美的欣赏:文学名作欣赏 ... 46
美的体验 ... 49

第三单元 心灵的旋律:音乐艺术 ... 53
美的印象 ... 55
美的历程:音乐艺术发展概述 ... 55
美的视窗:音乐艺术的审美特征 ... 59
美的欣赏:音乐名作欣赏 ... 62
美的体验 ... 78

第四单元 笔端的乾坤:绘画艺术 ... 81
美的印象 ... 83
美的历程:绘画艺术的发展巡礼 ... 84
美的视窗:绘画艺术的审美特征 ... 94
美的欣赏:绘画名作欣赏 ... 96

美的体验 ··· 114

第五单元　线条的气韵：书法艺术 ··· 117
　　　美的印象 ··· 119
　　　美的历程：书法艺术的发展巡礼 ·· 120
　　　美的视窗：书法艺术的审美特征 ·· 129
　　　美的欣赏：书法名作欣赏 ·· 135
　　　美的体验 ··· 139

第六单元　乐舞的交融：舞蹈艺术 ··· 143
　　　美的印象 ··· 145
　　　美的历程：舞蹈艺术的发展概况 ·· 146
　　　美的视窗：舞蹈艺术的审美特征 ·· 149
　　　美的欣赏：舞蹈作品欣赏 ·· 152
　　　美的体验 ··· 161

第七单元　智慧的火花：设计艺术 ··· 165
　　　美的印象 ··· 167
　　　美的历程：设计艺术的发展巡礼 ·· 168
　　　美的视窗：设计艺术的审美特征 ·· 173
　　　美的欣赏：设计艺术作品欣赏 ·· 175
　　　美的体验 ··· 180

第八单元　凝固的音乐：建筑艺术 ··· 183
　　　美的印象 ··· 185
　　　美的历程：建筑艺术发展概况 ·· 186
　　　美的视窗：建筑艺术的审美特征 ·· 198
　　　美的欣赏：建筑名作欣赏 ·· 200
　　　美的体验 ··· 208

第九单元　静态的舞蹈：雕塑艺术 ··· 211
　　　美的印象 ··· 213
　　　美的历程：雕塑艺术的发展概况 ·· 214
　　　美的视窗：雕塑艺术的审美特征 ·· 223
　　　美的欣赏：雕塑艺术名作欣赏 ·· 225
　　　美的体验 ··· 233

第十单元　光影的世界：摄影艺术 ··· 235
　　　美的印象 ··· 237

　　　　　美的历程:摄影艺术发展巡礼……238
　　　　　美的视窗:摄影艺术的审美特征……245
　　　　　美的欣赏:摄影艺术作品欣赏……248
　　　　　美的体验……254

第十一单元　虚拟的舞台:戏曲艺术……257
　　　　　美的印象……259
　　　　　美的历程:戏曲艺术的发展概况……260
　　　　　美的视窗:戏曲艺术的审美特征……265
　　　　　美的欣赏:戏曲名作欣赏……269
　　　　　美的体验……277

第十二单元　银屏的天地:影视艺术……279
　　　　　美的印象……281
　　　　　美的历程:影视艺术的产生与发展……282
　　　　　美的视窗:影视艺术的审美特征……291
　　　　　美的欣赏:影视名片欣赏……302
　　　　　美的体验……310

第十三单元　多维的空间:数字媒体艺术……313
　　　　　美的印象……315
　　　　　美的历程:数字媒体艺术发展概况……316
　　　　　美的视窗:数字媒体艺术的审美特征……317
　　　　　美的欣赏:数字媒体艺术作品欣赏……322
　　　　　美的体验……330

参考文献……332

第一单元
诗意的栖居：大学美育

> 审美活动是人类基本的存在方式之一。而艺术教育不仅是教育不可缺少的组成部分,更是全面素质教育不可或缺的重要内容。拥有一颗艺术的心灵,不仅可以让我们明是非、知善恶、识美丑,而且让我们的视野更广阔,让我们的心灵更丰盈,让我们的生活更绚丽,让我们的职场更自如,让我们的人生更崇高。

学习目标

1. 了解生活与美的关系,认识美育的重要性。
2. 能用审美的眼光观察生活,从美的角度对发生在我们身边的点点滴滴谈出自己的感受。
3. 理解中华美育传统,学会优雅生活。

课前导学

上网阅读诸葛亮的《诫子书》,以《致我的大学生活》为题,准备一个三分钟的课前演讲。

美的印象

> 如果人生纯属辛劳 / 人就会 / 仰天而问 / 难道我所求太多以至无法生存 / 是的 / 只要良善和纯真 / 尚与人心相伴 / 他就会欣喜地拿神性来度测自己 / 神莫测而不可知 / 神湛若青天 / 我宁愿相信后者 / 这是人的尺规 / 人充满劳绩 / 但还诗意地栖居于这片大地之上。
>
> ——(德)荷尔德林《人,诗意地栖居》

这首诗是19世纪德国浪漫主义诗人荷尔德林创作的。作者以一个诗人的直觉与敏锐,意识到随着科技的发展,工业文明将使人性日渐异化。为了避免异化,他呼唤人们在"诗意地栖居"中寻找回家之路,在内心的纯真与善良中追寻生命的意义。

荷尔德林的仰天诘问,在哲学家海德格尔看来,道出了生命的深邃与优雅,于是,他从哲学的层面阐释说,荷尔德林的全部诗作都是还乡,而诗人的天职就是引导我们回到精神的故乡。

随着科技的高度发展和物质生活的不断丰富,我们的内心却时常陷入一种不可名状的苦闷与焦灼。生活原本是充满诗意的,当我们阅读历代先贤的著作时,不难发现,无论顺境还是逆境,无论得意还是失意,无论贫穷还是富有,他们都在追寻一种诗意的生活。登高望远、踏雪寻梅、泛舟采莲、郊外踏青、月下独酌、品茗听琴、躬耕读书、吟风啸月,莫不是一种诗意的生活方式。这种诗意生活,既包含一种追寻人生意义的信念,也包含一种生存状态的审美趣味。这与荷尔德林的诗意追问和海德格尔的哲学阐释殊途同归:面对生活中的林林总总,我们究竟如何才能让自己的生命绚烂多姿,如何才能让自己的人生精彩不断。诗意地栖居,是对现实社会的一种叛逆,更是对"诗意人生"的一种向往。

著名美学家朱光潜写过一篇文章《慢慢走,欣赏啊!》,他告诉我们,生活中到处都有美的存在,那鬼斧神工的自然之境,巧夺天工的艺术之境乃至我们生活的点点滴滴,都是一种美的存在。关键在于我们是否拥有一双发现美的眼睛、一颗感受美的心灵和一种创造美的智慧。审美教育作为学校教育的重要组成部分,带领我们步入艺术的殿堂,聆听那幽远缥缈的天籁之音,观赏那笔简意繁的山水之作,品味那如梦如幻的舞台人生,我们在美的巡礼中增强亲和力、舒展想象力、激发生命力、点燃创造力,更在美的体验中触摸心灵、救赎灵魂、创造人生。

美的历程:美学研究的基本脉络

一、西方美学发展概况

在日常生活中,我们经常会接触到诸如"艺术美""自然美""社会美"等严肃话题,也会经常津津乐道"仪容美""语言美""服饰美"等生活话题,美似乎与我们的生活有着千丝万缕的联系。但是,一旦问及"美是什么",人们便会比较困惑。

关于"美是什么"这个命题,从古希腊圣哲苏格拉底(图1-2-1)与希庇阿斯辩论开始,无数的哲学家、美学家、思想家为了探寻美的奥秘,从不同的途径进行了艰苦的探索,但至今这个命题仍像"斯芬克斯之谜"一样,无人给出让大家心悦诚服的答案。

回答"美是什么"之所以困难,是因为它所要求的并不是对个别对象作审美判断,而是要求在各种美的对象中找出美的普遍本质,或者在与非审美对象的比较中找出其特殊的本质。古希腊哲学家柏拉图写过一篇对话体文章《大希庇阿斯篇》,其中,柏拉图的老师苏格拉底与希庇阿斯有一段关于"美是什么"的对话。当苏格拉底问"美是什么"时,希庇阿斯非常肯定地脱口而出:"美就是一位美丽的姑娘!"苏格拉底又问:"那一匹身材匀称、毛色光滑、奔跑飞快的母马呢?难道不美吗?"希庇阿斯点点头:"的确,美是一匹美丽的母马。"苏格拉底又问:"那一个造型别致、制作精良而且能装水的陶罐呢?又经看又耐用难道不美吗?"希庇阿斯只好说:"美是一个美丽的陶罐。"苏格拉底笑了笑说:"你看,美是一位美丽的姑娘,又是一匹美丽的母马,还是一个美丽的陶罐,那请问尊敬的希庇阿斯先生,美到底是什么呢?"这下,希庇阿斯终于无言以对了。

苏格拉底与希庇阿斯的对话给了我们一个启示,美并不是固定的、形而上的,从感性具体的审美现象出发,谁也回答不了苏格拉底的问题。事实上,美的概念里包含着各种性质极不相同的事物。从宏观世界到微观世界,如自然界的日月星辰,社会生活中的精神产品和物质产品,乃至日常生活中人们的仪容服饰、动作表情、谈吐气质等,都可以作为审美对象。要在这些性质极不相同的各种事物中概括出美的普遍

图1-2-1 苏格拉底雕像

本质,当然是困难的。况且,随着社会历史的发展和变迁,美的内涵和价值意义也不一样。正是美的概念内涵的宽泛性、复杂性甚至变易性给美的本质罩上了一层神秘面纱。朱光潜说:"'美是什么'的问题,不可能有公式化的一成不变的结论。各时代和各流派有不同的出发点和不同的结论。"

考察西方美学发展史,美学的一个基本特点在于,它始终被当作哲学的一个分支或者组成部分来看待,并与哲学史一起经历了从"本体论阶段"到"认识论阶段"再到"语言学阶段"的演变。

"本体论阶段"指的是以"本体"或"存在"为思考中心的思想发展阶段,起止时间大约从古希腊早期到16世纪。这一阶段,西方思想的焦点是探索超越人与万物,给人与万物以存在根据的本体,解答世界是什么的根本问题。本体的追求激发和滋养了人类的智能,也催生和孕育了世界上最古老的学科——哲学。与哲学相应,本体论阶段的西方美学,主旨是透过具体个别的美的事物,追求一种独立的、终极的、普遍的美,也就是一切事物成为美的共同本质。这一阶段的美学思想家主要有毕达哥拉斯、柏拉图(图1-2-2)、亚里士多德(图1-2-3)、朗加纳斯等。

图1-2-2 柏拉图雕像

古希腊早期,毕达哥拉斯及其追随者从数学入手进行哲学和美学的思考,认为事物最终由数构成,数的原则就是万物的原则,数给出一种永恒有序的局面和状态。柏拉图则开启了西方美学关于美的形而上的思考方式,他严格区分了"美的事物"与"美本身"两个概念,主张美学思考应该超越美的具体事物去寻求美本身。这个美本身,柏拉图称为理念。理念是万物的本体,是永恒不变的原型。柏拉图的学生亚里士多德一反柏拉图将理念与现实、本体与现象分离开来的世界构成论,转而到"一个世界"探讨"存在",把"存在"理解为推动事物构成、发展的"实体"和"始因"。亚里士多德认为美的本体与美的现象统一于客观世界,美的形式归结为"秩序、匀称与明确",同时美与善紧密相连,一切事物都有美和善的天然趋向。

图1-2-3 亚里士多德画像

文艺复兴后,西方美学进入认识论阶段。这一阶段,哲学焦点由世界本体转移到真理获得的可能性,转移到人的认识能力;思维范式由本体论范式转移为认识论范式,更具有伦理学和人性论的倾向。西方美学的主旨是探求审美的起因与构成,追寻人的审美能力。

经验主义认为一切只是来源于感官知觉和经验,肯定各种感性素质在认识活动中的作用。培根认为,人作为认识主体具有理性和感性两种灵魂,在感性灵魂中,想象体现着审美能力的本质特征。而理性主义则看重感觉经验对理性、法则的尊崇和服从,试图将审美现象与最高真理、纯粹知识联系起来。笛卡尔从"我思故我在"入手,建立了审美主体,找到了审美活动的理性原则。法国启蒙主义美学的代表者狄德罗提出了"美在关系"说,认为美表征着一切物体所共有的品质,美在关系中,以关系为转移。德国古典美学的奠基人康德将美学思想的发展推向顶峰,其代表作《判断力批判》认为,以鉴赏判断为核心的判断力中最重要的是鉴赏判断,即审美,其宗旨是以审美连接自然世界和自由世界,以美学作为沟通认识论和伦理学的桥梁。在此基础上,黑格尔提出了"美是理念的感性显现"的论断,得出艺术的美不是来自所表现的事物本身的美,而是来自理念的感性显现,因此美学研究的对象应是艺术,美学应是"艺术哲学"。

19世纪末20世纪初,西方思想界采用全新的语言来叙述世界与人生,开启了语言学的转向,西方美学走向语言学阶段。语言学阶段的西方美学的宗旨是探寻人是如何生存于世界及谈论人对世界的认识。

人本主义美学将语言置于美学思考的中心地位,赋予语言以本体论的崇高地位,以人为核心、起点和归宿来探究审美现象,其先导是以叔本华、尼采为代表的唯意志主义美学。人本主义美学在经历了"直觉说""孤立说""移情说"和"心理距离说"的不同演绎后,弗洛伊德提出了审美和艺术创造均是审美主体的无意识升华和转移的命题。当代科学主义美学关注思想的表达媒介和意义的符号工具的语言,其思想先驱是19世纪以孔德为代表的实证主义和19世纪下半叶20世纪初以马赫为代表的经验批判主义,杜威把实证主义的观点应用于美学,认为艺术是自然经验的延续和完善,审美经验与日常经验密不可分;以维特根斯坦为代表的分析美学通过"语言批判",清洗了传统美学中的没有意义、不可分析和无法定义的概念和命题,推进了美学的科学化。

在西方美学发展史上出现了众多具有里程碑意义的美学大师,其中具有较大影响的主要有:

(1) 苏格拉底(约公元前469—公元前399),古希腊早期美学家。苏格拉底一生没留下什么美学著述,他的美学思想主要保存在他的门徒克塞纳芬的《回忆录》之中。

苏格拉底把美学研究由毕达哥拉斯、赫拉克利特和德谟克利特的从自然科学的观点考查美,转向从社会科学的观点考查美。他把美与善相提并论,认为美的东西就是善的东西。苏格拉底的美与善统一的看法,标志着早期希腊美学向后期的转进和深化。

苏格拉底继承了"艺术模仿自然"的看法后又加以深刻改造。他指出,"模仿"并不等同于"抄袭"。例如画家、雕刻家在创作中,不能只瞩目于外形的模仿,而应"现出生命",应在自然形体中选择出某些因素,塑造一个极美的整体。总之,文艺作品中的人物应当比生活中的更美。由此出发,他提倡描写人的心理问题,认为绘画、雕刻应着重表现"人的心境、最令人感动的、最和蔼可亲的或是引起爱和憎的""精神方面的特质"。只有将"活人身体的各部分俯、仰、屈、伸、紧张、松散这些姿势"刻画出来,而且将"人在各种活动中的情感也描绘出来",才能使作品焕发美的魅力。

(2) 柏拉图(公元前427—公元前347),西方著名美学家。他一生对美学做了深入、广泛的研究,留下了《大希庇阿斯篇》等著作。

柏拉图的美学思想在西方美学史中是一个新的开始。柏拉图认为,美一方面是具体的、特殊的,又是普遍的、一般的;既是外在的、物质的,又是内在的、精神的。由此他提出了"美是理式"的看法:感觉只能认识事物美,理性才能达到"理式"美。在艺术研究领域,柏拉图提出了别具一格的模仿论。要求艺术透过现实表象逼近真善美本体,成为人类丰富、发展理性的途径。尤其值得一提的是柏拉图的"灵感说"。"一切诗人之所以成为诗人,都由于受到神的启发。一个人不管对诗多么外行,只要被爱神掌握住了,他就马上成为诗人。"这里的"神"不过是人类"情感"的升华。柏拉图只不过是在"神"的名义下,把"情感"从感觉中剥离出来,以便对之加以认真的研究。

(3) 亚里士多德(约公元前384—公元前322),西方著名美学家。车尔尼雪夫斯基评价说,"亚里士多德是第一个以独立体系阐明美学概念的人"。

批判柏拉图的"理式"说是亚里士多德美学的起点。在他看来,脱离个别甚至先于个别的"理式"是不存在的。他指出,美与善实际上是统一的,它们都是现实的、具体的,而且都蕴含在事物本性之中。"美是一种善,其所以引起快感正因为它是善。"在亚里士多德看来,美的主要形式是"秩序、匀称与明确",简而言之是"整一"。"整一"是亚里士多德美学的核心范畴。从这一观点出发,亚里士多德有针对性地研究了一系列艺术问题,尤其在艺术的社会功用上,他提出了著名的"净化"说,认为艺术可以使人发泄掉过度的情感,获得一种"轻松舒畅的快感",因而"净化"也就成为自然的人向社会的人过渡的桥梁。

(4) 朗加纳斯(约213—273),古罗马后期美学家,其主要美学著作是《论崇高》。顺应古罗马的审美理想,朗加纳斯提出了"崇高"应属于美学范畴。

他认为伟大作品的真谛在于崇高。"一篇作品只有在能博得一切时代中一切人的喜爱时,才算得上真正崇高。"他还从四个方面揭示了崇高的内涵:从根源上讲,"崇高可以说就是灵魂的伟大的反映";从性质上讲,崇高是大自然竞争者们的产物;从效果上讲,崇高要竭力打动人们,使人们"充满了快乐和自豪";从心理上讲,崇高对人的心灵起着不可抗拒的作用。这是西方美学史中对于崇高美学范畴的第一次认真的论述。朗加纳斯关于崇高的美学探索,为后世的美学探索开辟了广阔的道路。

(5) 康德(1724—1804),德国古典美学的奠基人。康德在近代西方美学史上起着承前启后的作用,黑格尔评价他的思想既是近代哲学的"转折点",又是近代美学的"出发点"。

康德于1781年和1788年先后出版了《纯粹理性批判》和《实践理性批判》。康德空前地强调美自身的特性,强调审美是一个独立的领域。在把握复杂的美的现象时其思想趋向辩证,这是他在美学史上的重要贡献。

(6) 黑格尔(1770—1831),德国古典美学的完成者,在马克思主义美学思想产生以前,其美学思想居于西方美学史上的一个高峰。恩格斯在《路德维希·费尔巴哈和德国古典哲学的终结》一文中批判黑格尔的同时,曾给他以高度的评价:"他不仅是一个富于创造性的天才,而且是一个学识渊博的人物,所以他在每一个领域中都起到了划时代的作用。"

黑格尔的美学思想是他整个哲学体系的重要组成部分,其美学思想主要表现在《精神现象学》《精神哲学》和《美学》等著作中。他认为"美是理念的感性显现",以此构成了他美学思想的核心。系统而完整地表达他的美学观点的《美学》,就是围绕这一核心思想展开的。在黑格尔看来,只有艺术才是真正的美。因此,他认为美学研究的范围就是艺术,这门科学的名称应是"艺术哲学",或者更确切一点,叫作"美的艺术的哲学"。

(7) 车尔尼雪夫斯基(1828—1889),俄国哲学家、文艺批评家。车尔尼雪夫斯基曾因参加反对沙皇的专制斗争而遭逮捕、监禁,在流放期间创作长篇小说《怎么办?》。

在美学上,车尔尼雪夫斯基继承发扬别林斯基的传统,坚持文学的现实主义与人民性原则,批判当时风行的黑格尔派唯心主义美学观和文艺观,肯定美和文艺的客观性与现实性。在《艺术对现实的审美关系》中,他提出了"美是生活"的著名论断,强调艺术具有"再现生活""说明生活""对生活现象下判断"等社会作用。

二、马克思主义美学思想

马克思主义美学是人类美学思想史上最先进、最深刻的美学理论,它运用辩证唯物主义和历史唯物主义的世界观和方法论,在西方各学派思想文化相互激荡中,批判地吸取改造了美学史上、特别是德国古典美学的成果,并对人类审美意识、美与艺术的本质及其历史发展等美学问题作出了有重大理论意义的科学阐述,奠定了马克思主义美学的坚实基础。

马克思主义美学思想主要内容包括四个方面。

1. 美的本质和起源

"劳动创造了美",这是马克思《1844年经济学哲学手稿》中提出的一个重大美学命题。"劳动创造了美",其基本含义是美根源于人类的物质生产实践活动,美是人类直观自身的对象,是人的本质力量对象化的感性确证。

马克思这一思想,是对黑格尔"美是理念的感性显现"著名论断和费尔巴哈现实主义美学的批判继承与突破。虽然黑格尔和费尔巴哈在各自的理论范畴都达到了一定的高峰,但他们的理论都脱离了人类的物质生产实践,最终没能对美的根源与本质作出科学的阐释。马克思运用辩证唯物主义和历史唯物主义的世界观和方法论,从人类物质生产实践出发,回答了美的根源和本质问题。在《1844年经济学哲学手稿》中,马克思明确提出,人作为一种自然力与自然物质相对立。为了占有和利用自然物质,人通过自身自然力如臂、腿、头和手的运动作用改变身外自然时,也同时改变自身。外部自然的变化是产生客观世界美的根源,人自身的变化则丰富和发展了人的感性,形成了有音乐感的耳朵和能感受形式美的眼睛。不能把人对自然的改造简单地理解为对个别自然形态的改变,而应理解为对整个自然的支配和占有。作为劳动对象的自然界,和人类生活发生了多方面的不可分离的联系之后,植物、动物、石头、空气、阳光等,一方面作为自然科学的对象,另一方面作为艺术的对象而进入人的意识。他说:"正是在改造对象世界中,人才真正地证明自己是类存在物。这种生产是人的能动的类生活。通过这种生产,自然界才表现为他的作品和他的现实。因此,劳动的对象是人的类生活的对象化:人不仅像在意识中那样理智地复现自己,而且能动地、现实地复现自己,从而在他所创造的世界中直观自身。"这一阐释是马克思对美的起源和本质的科学论断。"劳动创造美"这一美学命题的提出,标志着美学思想史上的一次伟大的变革。

2. 美的规律

在审美创造基础上,马克思明确提出人类创造美的活动并不是任意的,而是有规律可循的,人类是按照美学的规律来创造美的事物。

人类改造自然的实践活动是有目的、有意识的。人在生产之前已经在观念上明确了想象中的生产对象,并把它作为内心的图像,作为需要、动力和目的提了出来,然后通过实践活动,把主体的尺度运用到对象上去,使对象主体化,主体对象化。在生产中,人首先产生对实际效益的意识,并由此产生对制约这些效益的自然规律的理解。随着人类自然知识的增长,人对自然界作用的手段也在增加。由于人的目的受客观规律的制约,以客观世界的发展规律为前提,因此人为了实现自己的目的,就必须根据对象本身的规律和属性来规定自己活动的内容和方式。

在马克思、恩格斯看来,人在生产中只能改变物质的形态。人通过劳动活动,借助劳动工具使劳动对象发生预定的变化,成为适合人需要的自然物质。用木头做桌子,木头的形状改变了,可是桌子还是木头。物通过劳动而被从外面赋予了形式。马克思提出,动物只是按照它所属的那个种的尺度和需要来建造,而人却懂得按照任何一个种的尺度来进行生产,并且懂得怎样处处都把内在的尺度运用到对象上去,因此,人也按照美的规律来建造。所谓美的规律,存在于人的目的的自我实现和客观事物本身规律的统一之中,并感性地、现实地表现在对事物形式的塑造上。这形式标志着人对对象的必然性的自由支配,凝结着人的创造智慧、才能和力量,积淀着人的社会性的情感、理想和愿望,因而它既是感性的又并非单纯感性的,包含着对对象的能动的理性把握。

马克思主义美学关于美的规律的理论充分肯定了审美主体的主体性,又不忽视作为审美创造材料的客观事物的规律性,从而对人类审美创造做出了深刻的理论概括。

3. 异化劳动与审美活动的相互关系

马克思和恩格斯对资本主义社会中的异化劳动做过详细的研究,他们通过对异化劳动的分析,一方面尖锐批判了资本主义私有制的罪行,另一方面又具体分析了异化劳动对于审美活动的两重性在美学上所具有的两种意义:既制造丑,又创造美。

马克思认为,处在野蛮期的美洲部落的神话、传奇、诗歌、典礼上的歌唱、具有军事动员意义的舞蹈、装饰品的制作、贝壳珠带的色彩和图形、工具和武器造型上的对称等,都是在消费脱离了它最初的自然粗陋状态之后才逐渐产生和发展起来的。尽管这时它们还跟生产劳动需要、公共事务管理和军事行动的需要及巫术活动等交融在一起,没有从生产的有用性中独立出来,但已经不仅仅是满足自然需要的手段;而是人的意志、智慧的物态化,人的精神感觉和情绪的再现,开始具有了人的自我欣赏的意义。从直接功利的观点来看,对象的形式是无关紧要的,它们的价值仅仅在于它们的有用性、它们的内部结构和质量。但当人类超出最初的、自然的粗陋需要之后,形式就开始具有了独立的价值,通过它的外观而诉诸人的感官,于是便具有了美的意义。

4. 艺术本质

关于艺术的本质问题,美学史上历来有客观精神说、主观精神说、模仿说、再现说等观点,如黑格尔的"美是理念的感性显现",尼采的"艺术是自我意识的表现",亚里士多德的"模仿说",车尔尼雪夫斯基"美是生活"的"再现说"。马克思主义美学在探讨艺术的本质问题时,首先强调的是艺术作为上层建筑对于经济基础的依赖关系:"人们首先必须吃、住、喝、穿然后才能从事政治、科学、艺术、宗教等等。"在《德意志意识形态》中,马克思与恩格斯认为,艺术不是什么被伟大的天才以几乎无法理解的方式生产出来的,而不过是经济生产的另一种形式而已。提出"艺术生产"概念,将"艺术"与"生产"联系起来,从生产实践活动出发来考察艺术问题,把艺术看作是一种特殊的精神生产,这是马克思主义美学思想在美学史和艺术史上的前所未有的创举,它对于揭示艺术的起源和艺术的发展,揭示艺术的性质和艺术的特点,以及揭示艺术创作、艺术作品、艺术鉴赏这样一个完整的艺术系统的奥秘,都提供了科学的理论依据。

三、中国古典美学思想

中国古典美学以天人合一为内在精神和思想线索,从人与自然、个体与社会的和谐统一关系中思考审美现象,较之以天人相分、主客对立为主导思路的西方传统美学,有其鲜明的审美崇尚。

1. 先秦两汉美学思想

先秦时期,以《易》为核心的原初自然生化观,代表了古代中国人对自然、世界

图1-2-4　孔子画像

及二者之道形成的理解,奠定了中国美学思想的基本精神。百家争鸣时代,儒家和道家的思想既相互对立又相互补充,建构和形成了中国古代美学的基本格局。

孔子(图1-2-4)从仁出发,联系伦理道德的善来解释美,认为外在形式必须与内在道德的善相统一才具有审美价值,"文质彬彬,然后君子",在经历"兴于诗,立于礼,成于乐"的审美途径后,获得"可以兴、可以观、可以群、可以怨"的艺术功能,陶冶情感,促进个人与社会的和谐发展。孟子提出"可欲之谓善,有诸己之谓信,充实之谓美",认为从善到美呈现为逐步递升的状态。

汉代形成了以气、阴阳、五行为核心的严谨的宇宙论结构,天地相通、天人感应、万物和合,汉代美学也呈现出一种向外部世界扩延的气质和气魄。《淮南子》把先秦儒道两家对内在审美人格精神的追求,转换为对广大外部世界的审美追求。董仲舒把"仁"置于"天人感应"的宇宙论框架中,认为天地的美表现在天地无私地长育万物。《乐记》以音乐为言说对象,对"和"的美学思想进行了延伸,认为音乐的和谐可以"与天地同和""通伦理"和"与政通"。《毛诗序》则以诗歌为言说对象,对儒家诗论进行系统总结,"发乎情,止乎礼义",是儒家诗教的经典命题,对后世艺术美学思想产生了巨大影响。

2. 魏晋隋唐美学思想

魏晋时期是"文学"的自觉时代,也是中国美学真正起步的时代。文学艺术不再是朝廷进行伦理教化的工具,而被看作是个体人生意义价值、个人生命生存境遇的审美表达。曹丕《典论·论文》首倡"文以气为主",强调作家个性、气质、天赋与文艺创作风格的内在联系。陆机《文赋》高标"诗缘情",确立了情感在文艺中的本体地位。钟嵘《诗品序》以"摇荡性情"说诗,强调诗对个体心理感受的表达。刘勰的《文心雕龙》不仅提出了"神思""风骨"等重大审美话题,还构建了中国文学理论批评史上第一个完整系统的文论、美学体系。嵇康、宗炳分别论证了音乐和绘画的审美特征。

儒家美学在唐代的发展,主要是通过杜甫、韩愈、白居易等人来体现的。杜甫的诗既温柔敦厚,又沉郁顿挫;韩愈坚持文以载道的儒家美学传统,兼顾"物不平则鸣"的独创精神;白居易发挥诗的讽喻作用,以求改良政治。唐代美学的最高成就在道家美学与禅宗美学,集中体现为意境理论的创立。王昌龄的《诗格》明确提出"诗有三境",即物境、情境、意境;皎然的《诗式》将佛教思想融入诗歌理论,提出"取境"之说,分析了意境创造的审美心理特征。司空图以《二十四诗品》为代表,以审美意象为核心,"不着一字,尽得风流""思与境偕""象外之象""韵外之致"和"味外之旨"等既刻画了意境的审美构成和审美品格,又创建了一套完整的意境美学理论。

3. 宋元明清美学思想

随着宋代市民阶层及以市民审美趣味为核心的世俗审美心态的兴起,宋代美学呈现出追求平淡境界和"以禅喻诗"的特点。欧阳修主张诗文"古淡而有真味";苏轼以平淡为"文",认为"大凡为文,当使气象峥嵘,五色绚烂,渐老渐熟,乃造平淡"。严羽《沧浪诗话》以禅学为理论依据,探讨诗歌的审美特征,认为"禅道惟在妙悟,诗道亦在妙悟","妙悟"是"最上乘"的因素,是诗的"正法眼",提出了一切外在的事物、现象,只有作为人的自由的内心生活表现,才有真正的美的意义。

明代李贽主张诗文应自然地表现人的性情;汤显祖把"情"提到使"生者可以死,死者可以生"的高度,并提出"世总为情,情生诗歌而行于神"。清代美学延续明代"主情说",黄宗羲提出"诗以道性情";王夫之提出"情之所至,诗无不至",对"情"与"景"的关系作了深刻的阐述。另外,王士禛"神韵说"、沈德潜"格调说"、袁枚"性灵说"都与"主情说"一致,表达了重自我、重个性、重情感的美学思想。

4. 中国近现代美学研究

随着西方美学思想的引进,中国传统美学在中西美学思想的碰撞、交汇中开始了真正意义上的现代性建构。

《人间词话》是王国维(图1-2-5)构建的以"境界说"为核心范畴的美学体系,是中国现当代美学的第一个理论模式。王国维以中西方共有的"自然"概念诠释出"境界"一词,认为"境界"有三种含义:真实、率真和清新,并提出和阐述了物与我、意与境、虚与实、情与景、写境与造境、有我之境与无我之境、诗人之境与常人之境等概念和命题,拓展了中国古典美学意境说的理论内涵。

蔡元培(图1-2-6)的美学思想,是以美育实践为核心展开的,他认为美育的意义在于用美的事物来陶冶人

图1-2-5 王国维雕像

的情感和行为,提出了"美育代替宗教说",成为中国现当代美育思想的最早开拓者。

20世纪30年代以后,中国现当代美学进入到更有生机、更富有建设性的阶段。朱光潜在《谈美》《文艺心理学》《诗论》等著作中,运用西方美学思想的直觉说、心理距离说和移情说,对审美心理和艺术创造心理进行细腻而独到的分析。宗白华在《略谈艺术的"价值结构"》和《中国艺术意境之诞生》等论文中,对审美、艺术和人生的关系,艺术意境的生成、构成和魅力,及中西美学特征的比较等问题提出了独到的见解。此外,钱锺书《谈艺录》也为中国现当代美学增添了厚实的内容。

20世纪40年代后,在鲁迅、瞿秋白、周扬和冯雪峰等人的介绍下,马克思主义美学思想进一步中国化,产生了毛泽东《在延安文艺座谈会上的讲话》这一具有深远意义的文艺理论和美学文献。同时,蔡仪的《新美学》和李泽厚的实践美学也开始了中国现当代特色美学理论的有益尝试。

图1-2-6 蔡元培雕像

美的视窗:审美教育的基本特征

一、美与美育

马克思说,人是按照美的规律来塑造的。中共中央办公厅、国务院办公厅《关于全面加强和改进新时代学校美育工作的意见》指出:"美是纯洁道德、丰富精神的重要源泉。"美育作为人的发展过程中不可或缺的重要组成部分,它既是一种审美教育,也是一种情感熏陶和心灵感动。

在我国绵延数千年的传统文化中,美育以"礼乐教化"为核心观念,并通过"乐教""诗教"等途径具体实施,这一美育传统的历史根源就是先秦文献所载的"先王乐教"。

"乐教"一词最早见于《礼记·经解》篇。先秦文献中,有许多关于"乐教"的记载,这些记载都围绕三皇五帝及西周历代帝王展开。《尚书·舜典》载,"帝曰:'夔!

命汝典乐,教胄子,直而温,宽而栗,刚而无虐,简而无傲。诗言志,歌永言,声依永,律和声。八音克谐,无相夺伦,神人以和。'夔曰:'于!予击石拊石,百兽率舞。'"《周易》也有关于"先王以作乐崇德,殷荐之上帝,以配祖考"的记载。先秦晚期,对"先王乐教"做了较为系统梳理的《吕氏春秋·古乐》中,更有帝尧以《大章》之乐祭祀神灵,以"五弦之瑟"调和阴阳,抚育万民,以乐"昭其功""嘉其德"的记载。尽管后代追述带有个人理想化的成分,但这充分说明,"作乐""用乐"始终是"先王"治国平天下之大事。

到了先秦时代,作为儒家代表的孔子十分重视教化,他认为,对于人的教化,要有三个步骤,即"兴于诗,立于礼,成于乐"(《论语·泰伯》)。意思是首先从学诗开始,再学礼立身,最后完成于音乐,成就人的品性。因此,在教育实践中,孔子十分重视礼、乐、射、御、书、数的"六艺"教育,他将美育看成贯穿于教育始终的重要手段。"不学《诗》,无以言"(《论语·季氏》)。"《诗》,可以兴,可以观,可以群,可以怨,迩之事父,远之事君"(《论语·阳货》)。人格教育发端于诗教、完成于乐教。诗教是人格教育的基础,乐教则使人格臻于最高境界,诗教与乐教在人格培养中发挥重要作用,即艺术的审美功能使人受到感染,让人在潜移默化中把外在的社会伦理规范(礼)变成个体自觉的内在要求。孔子的思想对后世影响甚大,并逐步形成了儒家的乐教传统(图1-3-1),这一传统在当今社会仍有具体体现。

图1-3-1 孔子讲学

如果说,儒家的美育思想以造就"文质彬彬"的"君子"为最高目标,具有很强的道德色彩,那么以庄子为代表的道家则突出了审美本身的功能,即着眼于一种理想化的审美人生态度的培养。庄子的学说不仅在整体精神上具有一种审美哲学的意蕴,而且他对人的最高精神境界及如何才能达到这种境界等问题的论述,构成了一种比较系统的审美教育理论。庄子的《逍遥游》以雄伟的气魄、非凡的想象、恣肆的文风,为我们展示了一幅恢宏的画卷,也呈现了不同的人生精神境界。在庄子看来,只有"无己、无功、无名"即真正自由的"圣人"才能达到最高的精神境界,具有无限广阔的自由精神的审美人格。他所描述的那种"乘夫莽眇之鸟,以出六极之外,而游无何有之乡,以处圹埌之野"(《庄子·应帝王》)的精神境界,也正是一种只有在高度凝神的审美体验中才能呈现出的状态。因此,要培养所谓的"圣人",必须通过审美教育这一途径。

继传统的"诗教""乐教"后,现代美育的开创者王国维在《论教育之宗旨》一文中,把教育分为"心育"和"体育","心育"又可区分为智育、德育和美育。王国维通过与智育和德育的比较来确定美育的性质。他把人的精神分为知、情、意三个方面,"对此三者而有真美善之理想:'真'者知力之理想,'美'者感情之理想,'善'者意志之理想也"。美育,就是用美来陶冶人的情感。"美育者,一面使人之感情发达,以臻完美之域,一面又为德育和智育之手段,此又教育者所不可不留意也。"就是说,美育一方面具有自己独特的性质和目的,另一方面它与德育、智育不是决然相分或相互外在的。正确的美育应该能够促进德育与智育的发展,成为德育与智育的有效手段。因此,尽管智育、德育、美育三者各有专司、各有侧重,"然人心之知、情、意三者,非各自独立,而互相交错者。如人为一事时,知其当为者'知'也,欲为之者'意'也,而当其为之前(后)又有苦乐之'情'伴之:此三者不可分离而论之也。故教育之时,亦不能加以区别。有一科而兼德育智育者,有一科而兼美育德育者,又有一科而兼此三者。三者并行而得渐达真善美之理想,又加以身体之训练,斯得为完全之人物,而教育之能事毕矣。"王国维既强调了美育作为情感教育的独特性质,又突出了美育与德育和智育的联系。

在王国维之后,蔡元培提出了"以美育代宗教"的著名主张,而且对美育在全民中的普及和如何实施等问题也作了十分具体而详尽的设想。在美育观上,蔡元培把美育称为"美感教育",他认为,通过审美可以打破人我之间的界限,实现人与人的相互沟通。"名川大山,人人得而游览,夕阳明月,人人得而赏玩;公园的造像,美术馆的图画,人人得而畅观。"美的对象可以使人从一己小我的束缚中解放出来而进入无私的境界,使人"超于生死利害之上,而自成兴趣,故养成高尚、勇敢与舍己为群之思想者"。

在20世纪三四十年代提倡美育的各种观点中,朱光潜的看法可以说最具代表性,也最具理论深度。在朱光潜看来,要矫正时弊,最紧要的莫过于先救治人心,而救治人心最根本的途径就是提倡美育。在《谈美感教育》一文中,朱光潜提出"美感教育是一种情感教育"的观点。他认为美感教育的功用在于怡情养性,美育因而为德育的基础。朱光潜不仅极力推崇艺术的美感教育作用,他还把艺术的是否发达、美育的是否兴盛与民族生命力的高低强弱联系起来。

二、美育的基本特征

美育作为一种独特的教育方式,不仅具有自己特殊的内涵与目的,而且具有与其他教育形式不同的、自己显著的教育特点。

1. 情感性

情感性是美育的首要特性。所谓情感性不仅是指美育主要是以情感为中介,通过诉诸人的情感领域来进行的,而且也是指美育具有激发情感、以情动人、陶情养性的重要作用。

在审美教育中,情感并非仅仅表现为一种单纯的手段,它还是美育的直接目的之一。如果美育不能开启人的情感世界的大门,不能引起人情感的激动,就不可能真正实现美育的目的。而在美育中,人的情感一旦被激发起来、活跃起来,不仅会在受教者的心灵中唤起一种新的力量,使他"如入云烟中而为其所烘,如近朱墨处而为其所染",而且会使受教者留下持久而深刻的印象。由于在美育中所生成的审美感受往往与情感交融在一起,涉及十分复杂的生理和心理过程,因而这种情感记忆比普通的记忆要深远得多。美学家蒋孔阳在一篇文章中谈到的一段亲身经历,就是一个生动的例证:"1937年,抗日战争刚刚爆发的时候,我在初中读书。一天,来了两位抗敌宣传队的队员。他们把全校同学召集在一起,不讲任何一句话,只是唱《流亡三部曲》。先唱《松花江上》,全场唏嘘,无不痛哭。又唱《打回老家去》,全场的情绪立刻为之一振,所有的同学都沸腾了起来,恨不得立刻杀上战场。"

2. 审美性

就其深层的本质而言,审美是人类生命意识的自觉和完满人性的展现。因此,美育的效用与意义,突出表现在它能培养人们对生命的热爱、崇高感和同情心,这是培养高尚品德的深厚土壤。而美育区别于其他教育形式的一个重要特点,即施教者必须积极引导受教者参与并投入审美活动中。如音乐欣赏,如果仅仅在课堂上向学生讲授音乐的旋律、节奏、调式等音乐理论,显然是无法达成教育目标的。因此,施教者总是通过自己的教学设计、策划与组织,充分挖掘作品的思政元素和文化内涵,引导受教者在具体的作品演绎中去体验、发现和领悟。正是在艺术作品的欣赏中,我们才能全身心地沉浸在审美世界中,在直觉、情感、理性等元素的充分作用下,融入作者的心灵,触摸作品的灵魂,领悟作品的境界,并升华自己的情感与内心世界,最终达成美育的目标。

3. 全面性

培养德、智、体、美、劳全面发展的新型人才，既是社会发展对教育提出的根本要求，也是在全球化语境下我国教育提出的一种新理念。人们日益深刻地认识到教育不是单纯的"复制"工作，即把前人的文明成果单纯地迁移到受教育者身上，使之成为适应各项职业要求的工具，而是应该把培养具有人文情怀、创新意识、批判精神和独立个性的人作为自身崇高的使命，这是一种以人为本的面向未来的教育观。

美育的全面性主要表现在两个方面：一方面，德、智、体等教育方式可借助美育的手段、方法来增进教学效果；另一方面，美育又是其他各种教育方式发展的基础。例如德育课上，除了向学生讲解政治方向、人生理想、道德标准等，还可借助美育的手段来引导学生阅读经典名著，组织学生参观和游览祖国的名胜古迹、山水风光，使学生在欣赏美的过程中潜移默化地感受中华民族优秀传统文化、接受爱国主义教育；历史课上，可组织学生参观博物馆，观赏艺术品（如秦始皇陵兵马俑、汉雕《马踏匈奴》、宋画《清明上河图》等），帮助学生进入具体的历史情境，更深切地感受历史氛围，从而更准确地理解历史事件；体育课上，许多体育运动本身就有很高的艺术性和审美观赏价值，如体操、跳水、武术等，教师可组织学生观看体育表演，帮助学生发现体育运动中的审美因素，使学生更自觉地参与体育锻炼。

美的欣赏：艺术作品的审美

尽管美育不等同于艺术教育，但艺术教育却是美育的主体部分。

1. 表演艺术的审美

表演艺术是指通过人的演奏和演唱及形体动作来完成作品演绎的艺术，主要指音乐和舞蹈。音乐和舞蹈都是长于抒情的艺术，因而具有较强的情绪感染和情感陶冶的功能。

在所有的艺术形式中，音乐能够最直接地打动人们的心弦，迅速唤起人们的情感共鸣。舞蹈则能最大限度地调动人们的想象力，让人感受抽象的形体动作所寄托的情思。《乐记·师乙篇》里说音乐产生于情感表现的需要，当人们的情感强烈到无法用声音来表达时，就会手舞足蹈。音乐和舞蹈既可以正式演出和表演，也可以私下自娱自乐。高兴时可以歌唱，伤心时也可以唱歌，总之，无论是喜悦还是哀愁,都可以通过音乐来宣泄和升华。

知识链接

"故歌之为言也,长言之也。说之,故言之。言之不足,故长言之。长言之不足,故嗟叹之。嗟叹之不足,故不知手之舞之足之蹈之也。"

——《乐记·师乙篇》

音乐和舞蹈所具有的节奏属性将有助于训练和培养学习者的节奏感。所谓节奏是指客观现象有规律性的变化,如日出日落、四季的变换、日夜的更替等。节奏是音乐的基本要素,指音响运动的轻重缓急、速度、拍子、音符时值的长短和相互之间的比例等。在舞蹈中,节奏则主要指形体动作力度的强弱、速度的快慢和能量的大小。节奏在音乐和舞蹈中是重要的情感表现手段。由于人的智力、情绪和体能都具有一定的生理节奏,因此,音乐和舞蹈的教育对人的身心健康有着积极的影响。

例如,江苏民歌《茉莉花》(图1-4-1)以婉转的旋律、优美的曲调、含蓄的意境,让我们从芬芳的茉莉花中嗅到了爱情的甜美,看到了少女的娇羞,感受到人们对美好生活的向往。

图1-4-1 舞蹈《茉莉花》剧照

2. 造型艺术的审美

广义的造型艺术指所有塑造二维或三维空间的静态视觉形象的艺术,又称"空间艺术"或"视觉艺术"。狭义的造型艺术主要指绘画和雕塑等。造型艺术需要运用特定的物质材料来塑造可视的具体形象。因此,造型艺术的审美教育可以培养人们对各种物质材料审美特性的感受能力。画种的区分就是依据绘画所使用的不同材料,如油画、水墨画、版画、水彩画、水粉画等。水墨画的笔墨意趣,油画的色彩,木刻画的凹凸都是艺术形象塑造的重要形式。

北宋画家张择端的《清明上河图》(图1-4-2)采用鸟瞰式全景构图法,真实而集中概括地描绘了当时汴京的生活情境。作者用传统的手卷形式,采取"散点透视法"组织画面。画面长而不冗,繁而不乱,严密紧凑,一气呵成。画中所摄取的景物,大至寂静的原野、浩瀚的河流、高耸的城郭,小到舟车里的人物、摊贩上的陈设货物、市招上的文字,细腻工整,丝毫不失。在多达500余个人物的画面中,穿插着各种情节,既组织严谨又别具情趣。

被誉为世界第八大奇迹的秦始皇陵兵马俑(图1-4-3)规模空前,气势磅礴,6 000余件陶俑、

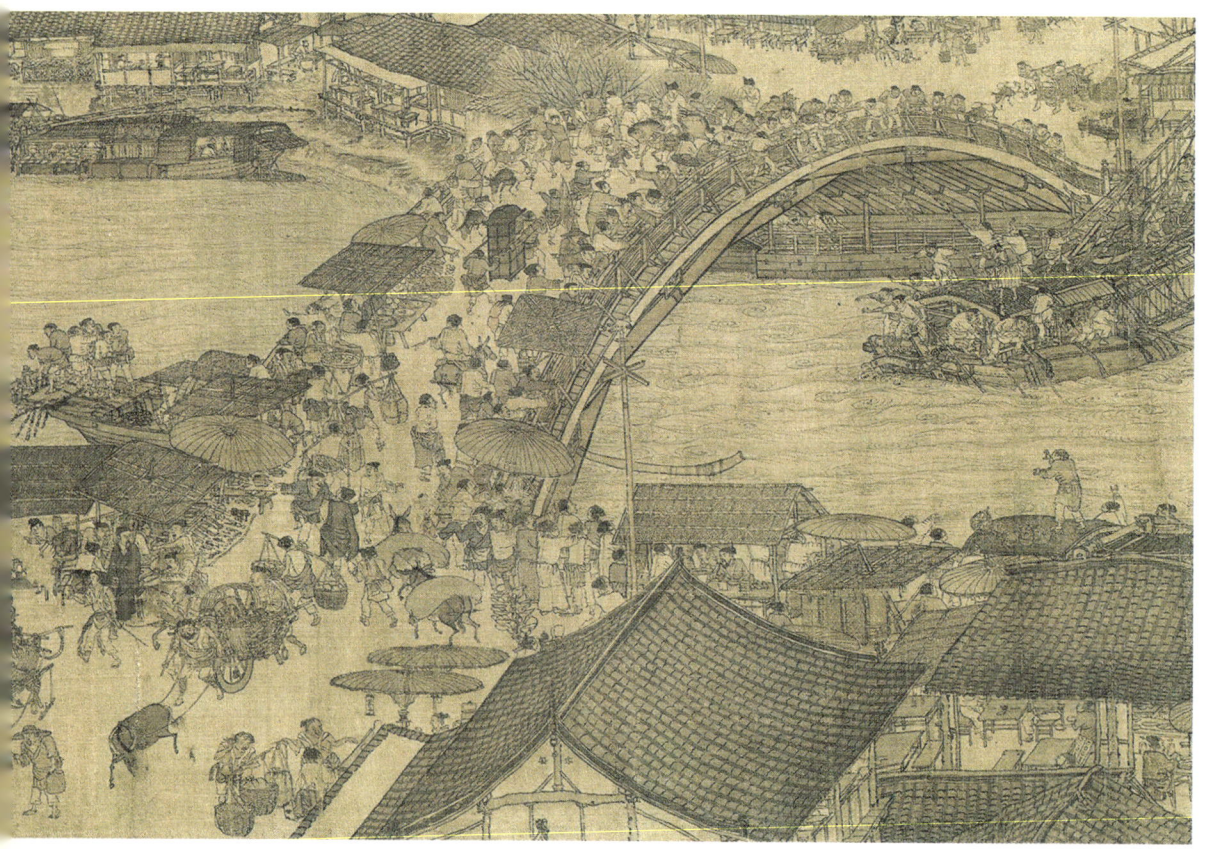

图1-4-2 《清明上河图》(局部)

图1-4-3 秦始皇陵兵马俑

陶马组成了威武雄壮的军阵。秦代工匠艺术家们通过细致入微的观察与充分的艺术想象,运用贴塑、刻、划等多种技法,赋予每一个武士俑鲜明的个性与生动的形象。

绘画塑造的是二维空间形象,雕塑创造的是三维立体形象。它们都需要以点、线、面、色彩、明暗、形体等形式因素构成视觉形象,因此,造型艺术的教育是培养学生对形式美感受力的最佳方式。素描的主要形式是线条,绘画是色彩,雕塑是形体,通过对其鉴赏与创造,将大大提高人们对线条的曲直、色彩的明暗冷暖、形体的方圆轻重及其情感色彩的感受力。

3. 语言艺术的审美

语言艺术是以语言为媒介来塑造形象、表达情感的艺术形式。语言是抽象的文字符号,作为语言基本单位的词可以指称任何事物,但却不能直接呈现出事物本身,因而语言艺术的审美教育必须建立在语言文字教育的基础上。不懂汉语的人无法欣赏用汉语写成的《红楼梦》,不懂外语的人也无法欣赏外文原版小说《飘》(*Gone with the wind*)。

文学以抽象的语言符号为创造媒介,不像造型艺术那样把艺术形象直接呈现给欣赏者。欣赏者必须经由对语言符号的解读和理解,并借助于想象才能完成文学的审美活动。越优秀的文学作品越需要调动阅读者的想象力,只有丰富的想象力才能把握优秀文学作品的"言外之意"。因此,语言艺术审美教育的重点在于培养学生将抽象的语言符号转换为审美意象的能力。

> 月落乌啼霜满天,江枫渔火对愁眠。
>
> 姑苏城外寒山寺,夜半钟声到客船。

这是唐代诗人张继的《枫桥夜泊》,这首诗宛如一幅寂寥而朦胧的枫桥夜泊图:残月、秋霜、渔火、乌啼,寒山寺寂静的钟声,漂泊的孤舟与无眠的愁绪。情与景、舟中人与舟外景形成无言的默契。而化用这首诗创作的流行歌曲《涛声依旧》则表现了现代人的落寞心境与缠绵情怀。将古典诗歌与现代流行歌曲的文字部分相对照,不难发现抽象文字中蕴含的审美意象,正是借助了读者的想象力,才带来了丰富的情感体验,彰显了语言艺术的审美魅力。

4. 综合艺术的审美

戏剧艺术曾占据着审美活动的中心地位,而在传媒发达的现代社会,影视的美育功能则覆盖了戏剧艺术。在艺术分类中,戏剧和影视、数字媒体艺术都因其表现形式的多样性而被称为综合艺术。

戏剧和影视艺术综合了绘画、文学、音乐、舞蹈、雕塑、摄影等艺术元素,因而也具有相似的特性和功能。同时,不同形式的艺术元素在戏剧、影视中又衍生出新的艺术特性和功能。在综合艺术中,戏剧的冲突和影视的逼真特点具有独特的审美价值和美育功能。

没有冲突就没有戏剧。戏剧通过矛盾、冲突来塑造人物性格和情节。把生活中分散的矛盾和冲突加以提炼和浓缩,在有限的时间内集中地呈现给观众,以营造强烈的剧场效果,这是戏剧艺术区别于其他艺术形式的特点。戏剧冲突是通过演员的舞台表演来实现的,具有现场感,较容易激发观众的心理共鸣。观众能真实地感觉到剧中人物的喜怒哀乐,其情绪也随着剧中人物的成败荣辱而起伏跌宕。在这种身临其境般的审美活动中,人们为戏剧而感动,其情感得以强化并趋于丰富。

美的体验

1. 课外阅读

阅读书目:朱光潜《谈美》和李泽厚《美的历程》。

思考:"美从哪里寻?"这个问题一直困扰我们。读完上述两本书,你有什么心得?

提示:近年来,"高品质生活"成为一个热词。习近平总书记关于"人民对美好生活的向往"的一系列重要论述,就是最权威、最生动的诠释。美好生活作为人类特有的价值追求,其本质在于通过主客观努力构建一个符合历史发展规律的美好世界。其内涵包括了先进的生活观念、丰富的生活内涵、健康的生活方式、优越的生活环境和健全的生活保障。而对于美的追求,既体现我们的审美趣味和审美崇尚,也促使我们用更积极的心态去看待世界并实现有价值的人生。在追寻美的过程中,我们需要一双发现美的眼睛,需要一颗欣赏美的心灵,更需要一份创造美的坚守。《谈美》一书沿着美从哪里来、美是什么及美的特点这一脉络娓娓道来,抒发了美学大师朱光潜先生对艺术与人生关系的深刻体悟。而《美的历程》一书则从宏观角度对中国数千年的艺术、文学作了概括描述和美学把握。

2. 课后活动

"走入美丽乡村,寻找人生风景"郊外踏青社会实践活动

(1) 主题:发现乡村之美,体验时代之幸。

(2) 目标:在"慢慢走,欣赏啊"的乡村之旅中,感受乡村生活的巨大变化,欣赏新时代的美丽乡村。

(3) 步骤:用手机拍摄一组乡村风景照,撰写一段解说词并配音,然后在微信或短视频平台上与同学们分享。

3. 思维拓展

鲁迅先生说:"我们从古以来,就有埋头苦干的人,有拼命硬干的人,有为民请命的人,有舍身求法的人,……虽是等于为帝王将相作家谱的所谓'正史',也往往掩不住他们的光耀,这就是中国的脊梁。"在中华民族伟大复兴事业中,谁是你心中真正的中国脊梁?你认为他们身上有什么审美特质?

测一测

1. 选择题

(1) 著名美学观点"美是生活"的提出者是( )。

A. 黑格尔　　　　　　　　B. 亚里士多德

C. 车尔尼雪夫斯基　　　　D. 别林斯基

(2)"发乎情,止乎礼义"是( )诗教的经典命题。
　　A. 儒家　　　　B. 道家　　　　C. 墨家　　　　D. 法家
(3)《人间词话》的作者是( )。
　　A. 蔡元培　　　B. 钱锺书　　　C. 王国维　　　D. 宗白华
(4)"志于道,据于德,依于仁,游于艺"一语出自( )。
　　A.《论语·泰伯》　　　　　　　B.《论语·述而》
　　C.《论语·季氏》　　　　　　　D.《论语·阳货》

2. 判断题

(1) 美育就是艺术教育。　　　　　　　　　　　　　　　　　　(　　)
(2)《路德维希·费尔巴哈和德国古典哲学的终结》是恩格斯的著作。(　　)
(3) 刘勰的《文心雕龙》提出了"神思""风骨"等重大审美话题。　(　　)
(4) "美感教育是一种情感教育"是朱光潜先生提出来的。　　　　(　　)

测一测

第二单元
人生的映像：文学艺术

> 黑格尔在其《美学》中明确提出:"诗的原则一般是精神生活的原则。"而文学作为反映文化传承与人类精神生活的重要艺术形式,具有直面人类精神世界、追求智意情统一等特质,对引导青年学生鉴赏美、健全人格、塑造人生价值具有不可替代的重要意义。

学习目标

1. 了解文学艺术在社会中的审美教育作用。
2. 掌握文学创作手法与文学批评的审美标准。
3. 挖掘文学作品美学因素,培养审美意识。

课前导学

请用五种不同颜色的画笔绘制你的家乡,并配上简洁、优美的文字进行阐释。

美的印象

沁园春·雪（YP2-1）
毛泽东

北国风光，千里冰封，万里雪飘。

望长城内外，惟余莽莽；大河上下，顿失滔滔。

山舞银蛇，原驰蜡象，欲与天公试比高。

须晴日，看红装素裹，分外妖娆。

江山如此多娇，引无数英雄竞折腰。

惜秦皇汉武，略输文采；唐宗宋祖，稍逊风骚。

一代天骄，成吉思汗，只识弯弓射大雕。

俱往矣，数风流人物，还看今朝。

YP2-1
《沁园春·雪》

再别康桥（YP2-2）
徐志摩

轻轻的我走了，正如我轻轻的来；

我轻轻地招手，作别西天的云彩。

那河畔的金柳，是夕阳中的新娘；

波光里的艳影，在我的心头荡漾。

软泥上的青荇，油油的在水底招摇；

在康河的柔波里，我甘心做一条水草！

那榆荫下的一潭，不是清泉，是天上虹；

揉碎在浮藻间，沉淀着彩虹似的梦。

寻梦？撑一支长篙，向青草更青处漫溯；

满载一船星辉，在星辉斑斓里放歌。

但我不能放歌，悄悄是别离的笙箫；

夏虫也为我沉默，沉默是今晚的康桥！

悄悄的我走了，正如我悄悄的来；

我挥一挥衣袖，不带走一片云彩。

YP2-2
《再别康桥》

毛泽东的诗词创作，极为珍视中华民族丰厚的语言积淀及其美学理念，对汉语的文学语言有深切的审美领悟和把握。其诗词创作依托传统审美心理定式，化抽象为具象，饱含坚强不屈的情操、激扬奋发的情怀和生机盎然的情趣，表现出富有时代特征的审美情趣。

康德说："崇高会把我们灵魂的力量提升到远远超出庸俗的平凡的高度，会使我们从内心深处发现另外一种完全不同的抵抗力量。"在毛泽东的众多诗词中有两首《沁园春》：一是写于青春时期的《沁园春·长沙》，有人评论其为"问鼎天下的青春宣言"；还有一首就是写于1936年的《沁园春·雪》，它是毛泽东诗词创作的巅峰之作。词的上阕写景，形象生动，极其恢宏壮阔，"千里冰封，万里雪飘"，好一派"北国风光"，诗人大笔挥洒，豪情溢怀，面对内忧外患，奏响的是诗情的最强音，呈现出壮丽崇高之美。词的下阕写情，神采飘逸，极其雄健遒劲，展现了一代伟人胸怀天下的气魄和满怀激情的神韵。历史烟云与时代精神相映成趣，雄浑的词风与宽阔的境界交相辉映，在思接千载和洞悉未来的词作中，将共产党人的坚定信念与历史担当表露无遗。尤其是"数风流人物，还看今朝"一句，犹如天籁之音，点睛妙笔，展现了诗人对光明前途的坚定信念。

《再别康桥》是徐志摩的代表作，是一首优美的抒情诗，宛如一曲优雅动听的轻音乐。1928年秋，徐志摩再次到英国访问，旧地重游，生发了诗兴，将自己的生活体验化作缕缕情思，融汇在所抒写的康桥美丽的景色里，也驰骋在自己的想象之中。全诗以"轻轻的""走""来""招手""作别云彩"起笔，接着用虚实相间的手法，描绘了一幅幅流动的画面，建构了一个个美妙的意境，细致入微地将诗人对康桥的爱恋，对往昔生活的回忆，对眼前无可奈何的离愁，表现得真挚、浓郁、隽永。这首诗表现出诗人高超的艺术技巧。他将具体景物与想象糅合在一起，构成诗的鲜明生动的艺术形象，巧妙地把气氛、感情、景象融汇为意境，实现景中有情、情中有景的效果。诗的语言清新秀丽，节奏轻柔委婉、和谐自然，伴随着情感的起伏跳跃，犹如一曲悦耳徐缓的散板，轻盈婉转，拨动着读者的心弦。诗人闻一多在20世纪20年代曾提倡现代诗歌的"三美"，即"音乐的美""绘画的美""建筑的美"，《再别康桥》一诗可以说是"三美"皆备，堪称徐志摩诗作中的绝唱。

毛泽东的壮美辞章与徐志摩的柔美现代诗，虽然风格不一，境界不同，但从两个侧面体现了诗词丰富的表现力，也让我们感受了诗歌审美中壮美的酣畅淋漓和柔美的缠绵悱恻。

文学是以语言文字为工具形象化地反映社会生活的艺术，它包括戏剧、诗歌、散文、小说等。有人将文学喻为通向21世纪的"个人护照"。文学不仅在方寸之间为我们展示了历史烟尘中的生活岁月,逼真地描绘了那在久远的过去早已为人们淡忘了的生动具体的细节,而且还为我们塑造了一个个活生生的人、一种生活的韵味、一片奇妙的风光。读杜甫的诗,我们眼前就会浮现出李唐王朝天宝末年,天子昏庸、奸臣当道、武将好大喜功,屡屡对外开边拓土,给国家和人民带来深重灾难的图景;读巴尔扎克的《人间喜剧》,就会想起18世纪末期法国巴黎上流社会的龌龊生活图景;读20世纪80年代初走上文坛的朦胧诗派诗人顾城的"黑夜给了我黑色的眼睛,我却用它寻找光明"(《一代人》),同样会想起特殊岁月中长大的青年一代,对苦难的承担及试图透过黑暗寻找光明的坚定信念。

总之,文学让我们拥有"第三只眼看世界"的哲人思辨,拥有"洒向人间都是爱"的诗人情怀,可以让我们的大学时代,在文学欣赏中充分感受美、鉴赏美、创造美、寻找属于自己的精神家园、感受诗意的生活。

美的历程:文学发展巡礼

一、中国文学发展概况

《中国文学史新著》中提出,"文学发展过程与人性发展同步"是中国文学发展的规律。按照美的规律不断进行审美创造,是文学发展的一大特点,作家在创造文学作品的同时,也影响着能够欣赏作品艺术美的大众,而大众对文学作品的信息反馈,又反过来有助于提高作家的创作水平。

中华民族历来重视美育对人与社会发展不可替代的作用,文学作品作为精神产品,其最基本的属性是审美价值属性。文学经典不仅是民族文化的传承,更是以多姿多彩的形象、感人肺腑的情节故事和诗意栖居的境界为审美特征的一种独特的反映人类精神生活的艺术形式,它以独特的艺术表现形式真切记录不同时期人民的生活状态与价值追求。

"凡是意识所能想到的和在内心里构成形状的东西,只有语言才可以接收过来,表现出去,使它成为观念或想象的对象。"(黑格尔)文学最擅长用形象化了的语言创造艺术形象,文学具有主体性与美的综合性,是最自由、最带有普遍性的艺术。王国维说:"一代有一代之文学。"步入中国文学的历史长廊,从上古神话到先秦散文,从《诗经》《楚辞》到汉赋乐府,从魏晋风度到唐诗宋词,从元曲南戏到明清小说,几千年间一种种文学样式接踵而起,一部部文学经典迭见高峰,一个个风格流派各领风骚,不仅给了我们美的享受,更让我们在审美愉悦中陶冶了性情、温润了心灵。

1. 先秦文学

先秦文学是中国文学的光辉起点,它跨越原始社会、奴隶社会和早期封建社会三种社会形态,经历了从胚胎萌芽到生长成熟的漫长过程,直到周代蔚为大观。《诗经》和《楚辞》耸立起了现实主义和浪漫主义两座巍峨的高峰,史传和诸子散文奠定了中国古代散文的优良传统。中国文学史上的历次诗文革新运动,无不以先秦诗文作为师法的楷模和品评的标准,这缘于先秦文学自身的特点。

(1) 文学起源　中国文学的产生可以追溯到远古时期的神话传说和歌谣,它们记录了先民们的生产与劳动生活。《蜡辞》云:"土,反其宅!水,归其壑!昆虫,毋作!草木,归其泽!"这大约是一首农事祭歌。另有《吴越春秋》卷九所载的《弹歌》:"断竹,续竹,飞土,逐宍。"该诗反映的是先民们制造弹弓和狩猎的过程,语言古朴,并具有韵律,是一首十分古老的歌谣。

神话是远古时代的先民们对其所接触的自然现象、社会现象,幻想出来的具有艺术意味的解释和描述的集体口头创作。中国神话大多保存在《山海经》《楚辞》《庄子》《列子》《淮南子》等古籍中,在所有的古代文献中,以《山海经》最有神话学价值,它是我国古代保存神话资料最多的著作。这些神话按题材大致可分为:创世神话、洪水神话、战争神话、英雄神话等,其中著名的有盘古开天辟地、女娲补天、黄帝擒蚩尤、大禹治水、后羿射日、夸父追日、精卫填海等。

虽然这些歌谣和神话传说的文字记录大多是零散片段,而且因为时间久远,口耳相传导致变异,很难说是其原始形态,但也能让我们捕捉到原始社会先民们生活与思考的蛛丝马迹。

(2) 书面文学萌芽　文字的产生标志着中国书面文学的萌芽,中国文学从此告别传说时期。甲骨文是中国现在所知的最古老的文字。甲骨文和金文的产生为口耳相传的文学发展为书面文学提供了条件,标志着中国书面文学的萌芽。西周末年至春秋时期,出现了一些较长的钟鼎铭文,这表明具有文学要素的文本出现了。从此,文学的各种形式在语言文字的不断成熟过程中分途发展。

诗歌是最古老的文学形式之一。中国最初的诗歌是和音乐、舞蹈结合在一起的,这在我国古籍中有明确的记载。《吕氏春秋·古乐》云:"昔葛天氏之乐,三人操牛尾,投足以歌八阕:一曰载民,二曰玄鸟,三曰遂草木,四曰奋五谷,五曰敬天常,六曰达帝功,七曰依地德,八曰总万物之极。""葛天氏"应是传说时期的一个部落酋长,这八阕可能是现在所知的最古老的一套乐曲,有歌有舞,歌词已经无可稽考,舞容极其简单,仅三人手持牛尾,边舞边唱。其内容从八阕乐曲的题目来推测,"载民"是歌唱始祖;"玄鸟"即燕子,可能是本部落的图腾;"遂草木"歌唱草木茂盛;"奋五谷"歌唱五谷生长;"敬天常"即遵循自然法则;"达帝功"反映了原始人的宗教信仰。这套乐曲体现了上古时代诗、乐、舞一体的原始形态。《尚书·益稷》记载帝舜时的乐曲《大韶》云:"夔曰:'戛击鸣球,搏拊琴瑟,以咏。'祖考来格,虞宾在位,群后德让。下管鼗鼓,合止柷敔,笙镛以间,鸟兽跄跄。《箫韶》九成,凤凰来仪。夔曰:'於!予击石拊石,百兽率舞。'庶尹允谐。"《箫韶》即《大韶》,九成即九章,是帝舜时乐官夔所作,这套乐曲也是诗、乐、舞三位一体的。演奏时,有钟、磬、琴、瑟、管、笙、箫、鼗、鼓、柷、敔等乐器,有人唱歌,有人化装为各种鸟兽起舞。据《论语·八佾》记载,孔子曾称赞说:"《韶》,尽美矣,又尽善也。"孔颖达疏曰:"乐之为乐,有歌有舞,歌以咏其辞,而声以播之,舞则动其容,而以曲随之。"这段话具体论述了《大韶》诗、乐、舞三者一体的盛大场面。《礼记·乐记》云:"诗,言其志也;歌,咏其声也;舞,动其容也。"诗、乐、舞三者紧密结合,是中国诗歌发生时期的一个重要特征。约在春秋以后,诗歌从乐舞中逐步分化独立出来,向文学意义和节奏韵律方向发展。

(3) 先秦诗歌　先秦诗歌的两大高峰分别是《诗经》与《楚辞》。

《诗经》是我国文学的光辉起点,也是我国历史上第一部诗歌总集。《诗经》里的300余首诗歌,不仅生动地描述了我国当时社会的发展概貌,而且也多角度、多层面地呈现了美的现象和形态,蕴含着非常丰富的美学思想。

《诗经》并非通过文字直接表达出美的范畴,而是大多通过塑造鲜活的艺术形象展现丰富的审美意识,为我们认识当时的审美特点提供依据。如《小雅·斯干》《大雅·朴》体现了对"大美"的追求,塑造的主人公身材雄伟、性格勇猛,展现了人们对健康体魄、强健生命力的赞美;"静女其姝,俟我于城隅。爱而不见,搔首踟蹰。静女其娈,贻我彤管。彤管有炜,说怿女美。"(《邶风·静女》)活灵活现地展示了青年男女天真活泼、互相逗趣的约会情境,相映成趣是美,两情相悦亦是美。除小我之生活美外,《诗经》多有展现崇高之美。以《秦风·无衣》为例:"岂曰无衣?与子同袍。王于兴师,修我戈矛。与子同仇!"这是写臣子、国人在西戎犯边时能够艰苦与共、众志成城、抗击侵略的诗篇,表达了秦国民众上下一心、同仇敌忾的爱国热情。爱国是人的巨大精神力量和伟大品格的集中体现,其所体现的斗争艰苦性、坚韧性、不屈性和正义性的伟大品格就是崇高之美。此类诗篇在表达情感、尽忠尽孝及广见博闻等方面的审美教育功能与后世诸多名人大家提出的审美观有着异曲同工之妙。由此可知,《诗经》这些美的形态对初始时期的美学发展有着重要的启蒙意义。

正因为《诗经》中蕴含着丰富多彩的美的形态,我们才会在时隔三千年之后仍然会乐此不疲地品读《诗经》。在品读《诗经》的过程中,我们可以体悟其蕴含的审美思想,概括先秦社会文化的基本特征,归纳儒家的审美思想,为梳理中华审美文化的发展脉络奠定基础,尤其为建设当代审美文化提供历史实践经验。

"楚辞"是屈原创作的一种新诗体,而《楚辞》是中国文学史上第一部浪漫主义诗歌总集。它"书楚语、作楚声、纪楚地、名楚物",具有浓厚的地方色彩、显著的时代特色,是春秋战国时代楚文化的结晶。褚斌杰在《楚辞要论》中对楚辞的来源做了相应解析,他认为楚辞的来源主要有两个方面:一是与楚地的原始神话和巫觋、工祝等有关宗教活动有密切关系,如神话素材等;二是与楚地的乐曲和民歌有密切关系,如楚辞体创作沿袭"乱""少歌""倡"等名称,这些名称也构成了楚辞的特点。当然,楚辞也有受战国时代纵横家铺叙辞采的言辞和当时记载这些辞令的"繁辞华句"的散文作品影响的篇目,如《沧浪歌》《越人歌》。

刘勰在《文心雕龙·辩骚》中提出:"自风雅寝声,莫或抽绪,奇文郁起,其《离骚》哉!固已轩翥诗人之后,奋飞辞家之前,岂去圣之未远,而楚人之多才乎!"刘勰以这样近乎诗意的笔调赞美楚辞,赞美屈原,可见他在对屈原和楚辞进行审美赏析的时候,给予一种钦慕式的审美认同。屈原有道德、有理想、有才华,而且有影响力,符合儒家所规划的理想人格范式,他的出现标志着中国诗歌进入了一个由集体歌唱到个人独创的新时代。

屈原的作品,刘向校定的有 25 篇,代表作有《离骚》《天问》《九歌》。《楚辞》是以六言句为基本句型,又杂以五言或七言,句中或句末加上"兮"字。这种形式的文学作品以《离骚》最为著名,因而"骚体"就成了该文学体裁的代称。《离骚》是屈原以自己的理想、遭遇、痛苦、热情以至整个生命熔铸而成的我国古代最长的政治抒情诗。

在《楚辞》的诗意天地中,草木丰卓、鱼跃龙腾,星云闪耀、人神交集,展示着诗人主体的自然审美情怀。先秦时代,人们对自然界还处于由认知走向审美愉悦的懵懂阶段,尚未形成审美自觉,相对于《诗经》,《楚辞》在观望自然时,蕴含着更丰富的审美意趣,其观望自然的激情来源是作者浓烈的眷国恋家之情。如"扈江离与辟芷兮,纫秋兰以为佩"(《离骚》),诗人将自己内在的品质借香草来体现;"有鸟自南兮,来集汉北。好姱佳丽兮,牉独处此异域"(《抽思》),诗人将自己孤独被弃的情绪寄放在一只美丽的小鸟身上;"鸟飞反故乡兮,狐死必首丘"(《哀郢》),诗人通过鸟、狐来传递对故土至死不渝的深情。诗人自觉地、有选择地将内心的丰富情感与郁郁之志托于万物百草，通过对自然的观瞻来实现对自身美好品质的发现和赞美，这也喻示着主体对自然由认知向审美的提升。

《楚辞》中的外部世界也突破了客观形状的局限，焕发着与主体心灵契合的美和诗意，从而完成了由《诗经》中的"生活自然"向楚骚"诗性自然"的美丽转身。"地经三闾草亦香"，在屈原等人的笔下，自然变得有性灵，与人的主体情怀、道德品格紧紧地系于一体，蕴含着诗人游观后丰富的情绪体验。由此，自然在审美领域中的形象日渐清晰起来，直到魏晋审美自觉时期人们"向外发现了自然，向内发现了自己的深情"。

先秦散文主要有历史散文和诸子散文两大类。

历史散文的发展大体上分为三个阶段。第一阶段以《尚书》和《春秋》为代表。《尚书》是我国最早的一部历史文献汇编，在中国古代散文史上具有奠基的意义。《春秋》是我国第一部编年体断代史，是编年体史书之祖，其体例和"笔法"对后世散文都产生了经典式的影响。第二阶段以《左传》和《国语》为代表。《左传》是我国第一部记事详备的编年体史书，也是先秦历史散文中思想性和艺术性最为突出的著作。《国语》是我国最早的一部国别体史书，是由各国的史料汇集而成。第三阶段以《战国策》为代表。《战国策》也是一部国别体史书，主要记叙的是战国时期谋臣策士们的言行。

诸子散文是在先秦理性精神觉醒的背景下和百家争鸣的学术氛围中形成并繁荣起来的，不仅蕴涵着丰富的智慧哲理，而且渗透着作者鲜明的个性品质，其凝练优美的语言和形象化的表达方法使之具有浓厚的文学色彩。其思想蕴含着丰富的审美价值，对现代人的阅读品位及精神构建具有深刻的影响。

儒家文艺思想之所以成为两千多年来封建社会的指导性文艺思想，多是得益于孔子、孟子和荀子博大精深的文艺思想，这使得后世儒家在从创作到批评、从审美到功利等方面都能适应。先秦社会儒家以诗教的形式介入人生、社会、政治，并以审美的方式改善人性情，培育人的价值理性，消解"天人合一"向"天人相分"文化转型过程中的人与自然、社会、自我的分离矛盾，克制逐步兴起的"五色"之快感。[①] 这一审美思想为中国社会确立了审美价值导向，为人类社会的文明、健康发展提供了理论与审美经验。

诸子散文极其重视语言艺术，趋文向白，骈散共居，达到了内容美与形式美的

---

① "五色"指《道德经》里说的"五色令人目盲，五音令人耳聋"，意指沉溺于声色会昏聩、迷乱。

和谐统一。"三人行,必有我师焉"(《论语·述而》)一句仅八个字却能成为千百年来为学求师的格言。"我善养吾浩然之气"(《孟子·公孙丑章句上》),表述真见,抒发真情,传递真意,指出只有用仁义道德涵养浩然正气,让其蓬勃生长、永不衰竭,才能创作出高雅的文艺作品。"君子知夫不全不粹之不足以为美也,故诵数以贯之,思索以通之,为其人以处之,除其害者以持养之。"(《荀子·劝学》),以义起情,借类达情,强调只有学问全面、道德纯粹,才能修炼出理想的人格。孔子、孟子、荀子均重视语言艺术,重视美育,倡导发挥美育的社会效用,关注美育的普及性及美育对于人性修养的积极功用。

先秦的诸子散文在想象、结构、语言、情感等方面都表现出了共同的审美特征,有着鲜明的时代特色。阅读先秦散文,仿佛走进深邃而绚丽的文学天空,先哲们用形象生动、浅近幽默、含蓄蕴藉、抑扬顿挫的语言表达着他们博大精深的思想,不仅可以使读者晓其事、知其理,而且可以悟其心、感其情,其鲜明的审美特征为中国散文之滥觞。

2. 两汉文学

两汉文学的主要成就包括汉赋、散文和诗歌。两汉散文中的历史散文主要是司马迁的《史记》和班固的《汉书》。《史记》以人物为中心来反映历史,创立了纪传体史书的新样式,开辟了传记文学的新纪元。政论散文中名篇佳作迭现,如贾谊的《过秦论》、晁错的《论贵粟疏》、桓宽的《盐铁论》、王充的《论衡》等。

两汉诗歌以乐府诗和五言诗成就最为显著。乐府诗是继《诗经》《楚辞》之后的又一种新诗体,著名的《孔雀东南飞》是乐府诗中的叙事长篇,在中国悲剧文学史上占有特殊的位置。虽然无名氏作者在创作过程中没有"悲剧美学"的意识,但是《孔雀东南飞》确实为我国古代小说中的悲剧美学艺术奠定了重要的基础,作品中的人物造型之美、主人公刘兰芝的人格之美、作品的语言之美与故事的悲剧之美,让诗歌迸发出崇高的审美价值。

《古诗十九首》则代表了汉代五言诗的最高成就,刘勰在《文心雕龙·明诗》中称赞其为"五言之冠冕"。《古诗十九首》第一次将"人"的主题引入两汉文学,可见汉末文人生命意识的觉醒,其以强烈的忧患意识敲开了"人的觉醒""文的自觉"的时代大门。如《陌上桑》的主题冲破了汉朝统治者所主张和提倡的儒家"温柔敦厚"的诗教审美观樊笼,表现了采桑女子直面并且怒斥使君企图霸占自己的卑劣行径,歌颂了民间女子不畏强权的优秀品质和对黑暗势力的反抗精神,这是诗歌史上首次唱出的民间女子维护人格尊严的歌。

《古诗十九首》作为五言诗的典范,情与景的融合达到了妙合无垠的境界。如《回车驾言迈》中"四顾何茫茫,东风摇百草。所遇无故物,焉得不速老",作者由眼前的景物产生联想,烘托出内心的悲伤,用质朴又极为概括的语言写出最为深切的人生感受,情感真挚、婉曲深幽。语短情长也是《古诗十九首》显著的美感特征之一,其自然、含蓄、悲凉、浑雅的美学风貌对后代文学审美尤其是诗歌创作产生了深远的影响。

汉赋内容丰富,赋家审美视野同时兼及自然、人事与人类文化对象,体现出审美意识之自觉。如《甘泉赋》中写汉皇出祭后土时仪仗队的盛况,文章极尽描述场面的宏大,这种重在表现气概神态而不注重细部明晰的描写方法,体现了汉人重视浑朴古拙之美的审美意识和审美风尚;《子虚赋》中铺写云梦泽广大繁富的一段:"其山则盘纡茀郁,隆崇嵂崒;岑崟参差,日月蔽亏……"呈现出蓬勃、巍峨的气象和生机,创造的是一种巨丽之美,是充满浪漫色彩的壮阔画面;而《思玄赋》的奔昆仑、登蓬莱、宿扶桑……人神同游,奇妙诡谲。赋者直接或间接地表现出中华民族处于蓬勃上升期的那种昂扬奋进、激励张扬、气势充溢、信心十足的精神风貌,彰显了民众对天下大治的理想社会图景的渴望和追求。可见,汉赋审美意蕴是复杂、多元和开放的,其浪漫精神、理性意识,多元、开放、兼容的艺术风格,功利性与审美性的渗透、融合,彰显了汉赋历久弥新的艺术价值和无穷魅力。

3. 魏晋南北朝文学

魏晋南北朝文学是从汉末建安开始的。从公元 220 年到公元 589 年,魏晋南北朝文学共经历了 369 年。鲁迅在《魏晋风度及文章与药及酒之关系》一文中说这是一个"文学的自觉时代"。

以曹操、曹丕、曹植父子为中心的建安文学张扬着政治抱负和人生感叹,其强烈的个性和浓郁的悲剧色彩构成了"建安风骨"这一时代风格。以嵇康和阮籍为代表的正始文学则揭露了礼教的虚伪和政治重压下人民的苦闷与抗议。两晋时期,文坛空前繁荣。左思的《咏史》诗抗议门阀制度,抒发寒士不平,与建安诗歌一脉相承。陶渊明则开创了田园诗风,成为魏晋南北朝时期成就最高的诗人。到南北朝时期,山水诗兴起,谢灵运是其中杰出代表。

这一时期文学的发展还体现在文学批评理论的繁荣,对后世影响深远的作品有曹丕的《典论·论文》、陆机的《文赋》、刘勰的《文心雕龙》等。此外,《水经注》《洛阳伽蓝记》和《颜氏家训》等散文及志怪小说的兴盛,都为唐代文学的全面繁荣奠定了基础。

4. 唐代文学

唐代(公元618—907)是我国古典诗歌发展的全盛时期。《全唐诗》共收集唐代2 200多位诗人的48 900多首诗歌。唐代诗坛上不仅涌现了初唐四杰、陈子昂、王维、孟浩然、高适、岑参、白居易、韩愈、孟郊、柳宗元、刘禹锡、李贺、李商隐、杜牧等璀璨的群星,而且诞生了"诗仙"李白和"诗圣"杜甫两位光照千秋的诗坛巨星。

唐诗在诗体上日臻完善,以五七言为主,四言、杂言的古体诗、乐府诗乃至律诗、绝句无不具备,许多诗人对近体诗体制的掌握达到了炉火纯青的程度。唐代诗歌流派众多,风格多样。著名诗派有山水田园派、边塞派、韩孟派、元白派等,风格上呈现出雄浑、冲淡、纤秾、高古、典雅、洗练、劲健、绮丽、自然、含蓄、豪放、疏野、清奇、飘逸、旷达等多姿多态之景象,唐诗意象的选择、摄取极为广泛,社会生活、人物内心世界无不涉及,真实记录了有唐一代的社会史实,表达了不同阶层人物的情感和愿望。唐诗以其意象的组合、意境的开拓,创造了中国古典诗歌的最高审美境界,取得了后人难以逾越的艺术成就。

文学史家一般把唐诗分为初、盛、中、晚四个时期。初唐诗歌大抵沿袭齐梁余风,题材狭窄,格调纤弱。到初唐四杰,诗风开始变化。稍后陈子昂力倡汉魏风骨,诗风为之一变。盛唐时期名家比肩接踵,诗歌创作如日中天,形成了令后人追慕不已的"盛唐气象"。李白诗歌飘逸豪放,是青春颂歌;杜甫诗歌沉郁顿挫,是乱世悲歌;而田园山水诗派、边塞诗派和其他诗人一道将盛唐诗坛装扮得千姿百态、气象万千。中唐大历年间,诗歌创作跌入低谷,后期诗坛再度辉煌,元稹、白居易等人掀起新乐府运动,韩孟诗派刻意求新,柳宗元、刘禹锡、李贺等优秀诗人无不形成了各自的艺术风格。晚唐诗歌随着大唐帝国日薄西山,创作亦如黄昏残照。李商隐、杜牧为唐诗抹上了最后一层亮色。

5. 宋代文学

代表宋代文学最高成就的宋词在中国诗歌发展史上占有十分重要的地位,它与唐诗媲美形成双峰并峙的局面。《全宋词》收录的词人有1 300多名,词作19 900多首。

词是我国古代诗歌的一种,它始于梁代,形成于唐代而极盛于宋代。宋词的发展大致可以分为北宋与南宋两个时期。北宋初期的主要作家有晏殊、张先、柳永等。北宋中期,柳永将词引向市井,其词多清丽婉约之作;而苏轼"以诗为词",进行了题材和内容上的开拓,开旷达与豪放之风,因而形成词坛的两个流派。北宋后期的主要作家有秦观、黄庭坚、周邦彦等。

南宋初期是词的变化期,代表作家有张元干、张孝祥、朱敦儒、李清照等。他们大多由北方迁居南方,词作多写亡国之痛、乡关之思与身世之感。南宋中期,词的创作进入鼎盛时期,爱国词派和豪放词派得到空前发展,产生了辛弃疾、陆游及陈亮、刘过等词人,词也在此时真正上升到与诗并驾齐驱的地位。南宋后期主要代表作家有姜夔、吴文英、刘克庄、刘辰翁、文天祥等。

6. 元代文学

元曲在元代达到鼎盛时期,它与唐诗、宋词、明清小说鼎足并举,成为我国文学史上一座举足轻重的里程碑。元曲分杂剧和散曲,散曲是元代文学主体,但元杂剧的成就和影响远远超过散曲,因此也有人以"元曲"单指杂剧,元曲也即"元代戏曲"。

中国戏曲起源于原始歌舞,后来相继出现了汉代的"角抵戏"、南北朝时期的"歌舞戏"及唐代的"参军戏"。至唐代,民间歌舞戏进入宫廷,得到发展,还出现了"俗讲"和"变文"等通俗说唱形式。宋代商品经济发达,出现很多市民娱乐场所——"瓦舍"和"勾栏";民间歌舞、说唱、滑稽戏有了综合的趋势,出现了"宋杂剧"。

元杂剧是中国戏曲的第一个繁盛期,代表作家有关汉卿、王实甫、白朴、马致远等,其中代表作品包括《窦娥冤》《汉宫秋》《梧桐雨》《赵氏孤儿》《拜月亭》《西厢记》《墙头马上》和《倩女离魂》等。

7. 明清文学

明代文学小说成就最高,戏曲次之,诗文相对衰微。《三国演义》是历史演义小说的高峰,《水浒传》是英雄传奇小说的典范,《西游记》是神魔小说的楷模,《金瓶梅》作为市井小说在揭露社会黑暗方面颇具成就。戏曲中的《牡丹亭》以其独特的构思表现了强烈的反封建精神,影响深远。

清代是我国古代文学的终结时期,文学样式繁多,流派林立,历代盛行的各种旧的文体,如诗、文、词、曲、杂剧、传奇等,在清代均有一定的成就,但清代文学的主要成就是小说,产生了《聊斋志异》《红楼梦》《三侠五义》《儒林外史》等小说史上的巅峰之作。

8. 现当代文学

五四文学革命中,中国的现代文学诞生了。郭沫若的《女神》是新诗真正取代旧诗的标志。经过开辟阶段,新诗形成了以自由体诗为主,同时兼有新格律诗、象征派诗的较为完善的形态。著名的诗人有朱自清、冰心、闻一多、徐志摩、戴望舒、艾青等。

1949年新中国成立以后,文学进入新的发展阶段,新题材、新主题伴随着新生活应运而生。优秀的诗人有郭小川、贺敬之、臧克家、舒婷等,著名小说作家有莫言、陈忠实、王蒙、王安忆、路遥、刘心武等。

文学作为审美情感活动升华并丰富了人的感性意识,在中国现代变革时期,以审美为基点的人文精神成为社会与个体变革的重要动力。王国维、蔡元培等以现代审美理念为先导开启了新文化运动;鲁迅小说、郭沫若诗歌等以不同感性方式建构着审美的现代认知,达成民众求新求变的审美期待;朱光潜、宗白华、李泽厚等学者的多元审美思考为20世纪80年代的思想变革提供了多样化的资源。由此可见,以感性方式满足审美需要,是现代文学存在及其价值体现的重要原因,文学重视审美,以审美感受体现文学功能显然是其要义所在。

二、欧洲文学发展概况

1. 古代文学

欧洲古代文学包括古希腊文学和古罗马文学。古希腊文学是欧洲最古老的文学,它的发展可以分为三个时期。第一阶段是氏族社会制向奴隶制社会过渡时期,主要成就是神话和荷马史诗。第二阶段是雅典奴隶主民主国家时期,主要成就包括埃斯库罗斯、索福克勒斯、欧里庇德斯的悲剧,伊索寓言及柏拉图、亚里士多德的文艺理论。第三阶段是希腊化时期,主要成就是米南德的新喜剧。

《荷马史诗》是早期英雄时代的大幅全景,也是艺术上的绝妙之作,为日后希腊人的道德观念(进而为整个西方社会的道德观念)立下了典范。维克多·雨果在《莎士比亚》一文中写道:"世界诞生,荷马高歌。他是迎来这曙光的鸟。"史诗以著名的特洛亚大战为背景,成功地塑造了许多英雄形象,如英勇善战、重视友情且热爱生活的阿喀琉斯,刚强勇敢集体荣誉感强的赫克托尔,足智多谋的奥德修斯及敢与天神恶斗的狄俄墨得斯等,这些英雄性格的多面性和情感的复杂性使人物形象具有极强的艺术生命力。英雄史诗之所以能够长期而广泛地流传,不仅仅在于它能娱人耳目,更重要的是它能启发人们的心智,鼓舞人们的斗志,引导人们缅怀祖先的英雄业绩,继承和发扬祖先的荣光,鼓舞人们像英雄的祖先那样去进行生存斗争。

古罗马文学虽继承并模仿古希腊文学,但也有自己的民族特色,代表作家有西塞罗、维吉尔、贺拉斯等。

2. 中世纪文学

中世纪文学主要包括教会文学、英雄史诗、骑士传奇、城市文学和城市抒情诗，体裁上以诗歌为主。但丁将诗歌创作发展到一个高峰，他把各种形式熔于一炉，将抒情、叙事、哲理结合在一起，丰富了诗歌的表现手法，其代表作是《神曲》。

《神曲》是但丁对美的激动人心的探寻，也是一次竭尽心力对美的前所未有的创造，他探寻的起点和创造的依据是中世纪的美学思想。如《天堂篇》第一歌中说，"他的诗向着巴那萨斯山峰前进，他不祈求更富于道德和信仰色彩的上帝，而祈求象征着诗艺和诗美的异教神祇赋予自己创作的灵感"。这无疑是宣称《神曲》不仅追求道德目的，而且把诗的艺术美作为自己的目标。

3. 文艺复兴时期文学

文艺复兴时期，人文主义文学是文学发展的主流，它继承和发展了古希腊和古罗马的各种文学样式，特别是使诗歌、小说和戏剧有了长足的发展。意大利诗人彼特拉克创作了《歌集》，他被称为"文艺复兴之父"。薄伽丘的《十日谈》奠定了欧洲近代短篇小说的基础。法国拉伯雷的小说《巨人传》运用漫画式的夸张手法，讽刺神学修道院教育的荒谬，揭露司法制度的黑暗，正面描绘了人文主义理想的图景。

西班牙的戏剧和小说成就突出，塞万提斯的代表作《堂吉诃德》既是骑士小说的"终结者"，又是西方近代长篇小说的开山之作。作品以深刻的思想内容、高度的艺术概括、自由随意的结构、包罗万象的人物和生动有力的语言反映了这一时期的历史真实面貌，推进了欧洲文学的发展，塞万提斯也因此被誉为西方"现代小说之父"。

欧洲人文主义文学在英国达到顶峰，出现了诗歌、散文、戏剧等多种文艺样式的全面繁荣。莎士比亚的创作代表了人文主义文学的最高成就，他是人类戏剧史上的一个里程碑式的人物，代表作有《威尼斯商人》《罗密欧与朱丽叶》《哈姆雷特》《奥赛罗》《李尔王》《麦克白》等。

4. 17 世纪文学

17 世纪文学主要包括巴洛克文学、清教文学和古典主义文学。古典主义文学是主要文学思潮。莫里哀把古典主义文学的发展推到高峰，他的喜剧运用了古典主义的美学理论,但又不受古典主义的约束,提出了各种严肃的社会问题,有"严肃戏剧"的称号,代表剧作《伪君子》和《悭吝人》。

5. 18 世纪文学

18 世纪欧洲正值社会转型时期,启蒙思想和启蒙文学应运而生。英国文学以现实主义文学为主,法国文学以启蒙文学为主,德国文学以古典主义为主。哲理小说、严肃剧、哥特小说、感伤主义小说、现实主义小说是 18 世纪文学的创造。歌德是 18 世纪末 19 世纪初德国最伟大的诗人、作家和思想家,在欧洲文学史上具有重要地位,代表作有《浮士德》《少年维特之烦恼》等。

6. 19 世纪浪漫主义文学

浪漫主义文学思潮流行于 18 世纪 90 年代至 19 世纪 30 年代的欧洲,而后传至美洲。浪漫主义文学强调主观情感,推崇想象力,追求理想主义,热爱自然。打着"回到中世纪"的口号,法国浪漫派的发展最具有代表性,雨果作为法国浪漫主义文学运动的领袖与杰出代表,创作了《悲惨世界》《巴黎圣母院》等经典作品。英国浪漫主义文学的主要成就是诗歌,产生了华兹华斯、拜伦、雪莱等著名诗人。《唐璜》是拜伦的诗体小说,是其浪漫主义的杰作。此外还有匈牙利作家裴多菲,俄国诗人普希金,美国作家欧文、惠特曼等。

7. 19 世纪现实主义文学

现实主义成为 19 世纪欧美的文学主流,它是欧美文学的高峰。现实主义文学力求真实地再现现实,追求细节的真实,描写典型环境,描写普通人的生活,体裁以小说为主。

《红与黑》的作者司汤达是法国批判现实主义的奠基人之一。此后,福楼拜创作了名著《包法利夫人》。代表法国现实主义文学最高成就的是巴尔扎克,他在世界文学史上具有崇高的地位,其代表作《人间喜剧》深刻而全面地反映了 19 世纪上半叶的法国社会。

莎士比亚喜剧中的爱情是以男女互爱为基础的,主人公竭尽全力追求完美无瑕的纯洁爱情,即使历尽磨难也不放弃心中的信念,体现了"幸福是最高的善"的人生哲学。莎士比亚的悲剧通过语言表达和动作刻画,升华了人物感情和现实生活的悲剧意义,体现了人类本身同社会的矛盾,正是这种对冲突的描绘刻画构成了悲剧艺术的审美价值。

代表英国现实主义最高文学成就的作家是查尔斯·狄更斯,其代表作《双城记》以生动的笔调描绘了人民起义的史诗式场面,为英国文学史罕见。勃朗特姐妹的小说也独树一帜,夏洛蒂·勃朗特的《简·爱》控诉了社会的伪善与冷酷,爱米莉·勃朗特的《呼啸山庄》揭露了金钱社会的黑暗与罪恶。托马斯·哈代是19世纪后期现实主义的杰出作家,其小说代表作为《德伯家的苔丝》。

德国现实主义文学的代表作家是海涅。

俄国的现实主义文学取得了辉煌的成就,诞生了果戈理、屠格涅夫、陀思妥耶夫斯基、托尔斯泰和契诃夫等著名作家。托尔斯泰的代表作《战争与和平》《安娜·卡列尼娜》《复活》成为世界一流的经典巨著。与此同时,俄国还出现了别林斯基、车尔尼雪夫斯基和杜勃罗留波夫三位文艺批评大师。

此外,现实主义文学还有安徒生童话和易卜生的戏剧。

8. 19世纪自然主义和其他文学流派文学

自然主义、唯美主义、象征主义等是19世纪下半叶出现的文学流派,它们是19世纪和20世纪文学之间的桥梁,起着承上启下的作用。

自然主义文学是19世纪后期在法国兴起的文学思潮,之后影响欧美其他国家。自然主义的基本出发点是描写真实,追求不带任何粉饰的真实。左拉是自然主义理论的首创者,被称为自然主义大师。同时还出现了莫泊桑的《羊脂球》和《漂亮朋友》等作品。

唯美主义是19世纪后期在法、德、英等国产生的一种新的文艺思潮,它提倡"为艺术而艺术",认为艺术只是为本身之美而存在,它强调超然于生活的纯粹美,追求形式完美和艺术技巧。康德哲学是唯美主义的理论支柱。唯美主义的首倡者是法国作家戈蒂耶,代表作家是英国的王尔德。

象征主义文学的艺术特征是着重通过象征物象,挖掘人的内心世界,赋予抽象观念以有声有色的具体形式。沙尔·波德莱尔是象征派的先驱,代表作《恶之花》是一部内容别开生面的诗集。

9. 20世纪现实主义文学

十月革命创建了第一个社会主义国家,同时诞生了苏联文学。苏联文学具有强烈的政治倾向性、战斗性和乐观主义色彩,代表作家是苏联文学的奠基人高尔基,其代表作为自传体三部曲《童年》《在人间》《我的大学》。肖洛霍夫的代表作《静静的顿河》反映了十月革命胜利后苏联社会生活的发展过程。

此外，爱尔兰戏剧家萧伯纳、英国小说家劳伦斯、法国小说家罗曼·罗兰、德国戏剧家贝尔托·布莱希特、美国小说家海明威等作家都在现实主义文学创作中具有举足轻重的地位。

与此同时，以后期象征主义文学、表现主义文学、未来主义文学、超现实主义文学、意识流小说为代表的现代主义，以及存在主义、"垮掉的一代"、荒诞派戏剧、黑色幽默、新小说派、魔幻现实主义也曾经在欧洲文坛涌现。其中，表现主义文学的代表作家卡夫卡的创作别具一格，其代表作有《变形记》《城堡》等。法国作家萨特是存在主义的领袖，他的长篇小说《恶心》抒写主人公对"荒诞的存在"的深深的厌恶情绪，是对社会的批判，更是对存在虚无哲学的诠释。

美的视窗：文学艺术的审美特征

文学，是用语言文字塑造形象，反映社会生活，表现人的思想感情的艺术。文学用语言文字作为表现手段，使它具有更广泛、更多元再现现实和表现生活的可能性，也能更细致、更深入地表现人的情感活动和精神世界。"前不见古人，后不见来者，念天地之悠悠，独怆然而涕下"，寥寥数语，我们感受了一位诗人的情感生活和心理变化，并引起深深的共鸣。一部《三国演义》历时数十年，纵横数千里，经典的战例、生动的人物、宏伟的战争场面和细微的日常生活，都在作者深厚的语言功力下栩栩如生。文学的这种表现力，正是作者对于语言炉火纯青的运用，从而把作家的审美认识和情感态度展现得淋漓尽致。

文学作品的类型主要有诗歌、散文、小说和戏剧。

1. 文学作品的审美特征

（1）形象美　这是文学作品最主要的审美特征。文学作品中的艺术形象，是根据现实生活中各种现象加以艺术概括所创造出来的具体生活画面，一般是指人物和人物生活的环境。人物形象常常在叙事性作品中占主要地位，成为作品中整个艺术形象体系的核心。作家总是通过人与人、人与物的关系来描写人物形象，不仅要描写人的音容笑貌、内心活动、爱好、习惯等，借以刻画人物性格，还要表现人的思想感情和道德面貌，揭示人物的精神世界，表现各种复杂关系。形象美也是文学作品具有强烈艺术感染力的重要因素，读者通过对文字描绘的感受，在脑海中呈现出生动具体的形象图景，并凭借自己的生活经验、审美能力和联想等，获得审美感知,得到超出于文字字面意义之外的感悟。

(2) 典型美　典型是作家在文学作品中塑造的既有鲜明个性特征,又高度概括了某一类人共性的人物形象。塑造典型是作家的重要使命,也是文学作品创作的中心。典型来自生活,文学作品中的典型人物,是共性和个性高度完美的统一体。典型揭示的社会本质越深刻,个性特征越鲜明,共性与个性越统一,典型性就越高。

(3) 语言美　在文学作品中,语言是作家用以传达审美意识的唯一材料,是文学的第一要素。文学中的语言是作家精心锤炼的一种具有审美性质的特殊语言,它不仅可以激发读者想象进行艺术创造,而且能绘声绘色、写形传神,使人产生真切的感受、深刻的思考和广泛的联想。文学面对的是广阔的社会生活,它的任务就是运用具有审美性质的文学语言,创造艺术形象或意境,激发读者调动自身的生活经验和美学经验,在欣赏中完成审美的再创造。

(4) 意境美　意境是文学作品通过形象描绘而表现出来的一种艺术境界。读者可以通过联想和想象捕捉意境,形成一种身临其境之感,从而受到艺术感染。意境的构成包括景与情两个因素。不论即景抒情还是寓情于景,都要求达到情景和谐与交融的境地。只有这样,才能创造出美的意境来。

2. 文学作品欣赏方法

文学作品欣赏是一种强烈的感情活动,一种深刻的理性活动,一种能动的再创造活动和一种审美活动。欣赏文学作品一般从形象感受开始,凭借理性理解作品,并借助自己的生活经验和思想感情丰富作品中的形象内涵,最终在审美创造中获得心灵上和精神上的满足。

(1) 诗歌的欣赏　一切诗歌都以情感作为自己始终不渝的表达对象。诗歌表达的情感或慷慨悲歌,或欣喜若狂,或愁苦无绪,或缠绵悱恻。即使是叙事诗,也是诗人用激情编织的故事。因此,欣赏诗歌首先要感受诗歌的情感美,第一,要善于从诗人炽热的情怀中感受诗歌涌动的情思。如从李煜的《虞美人》中,我们感受的是物是人非的愁苦;从徐志摩的《再别康桥》中,我们感受的是依依惜别的深情。第二,要品味诗歌的意境美。意境是主观情思与自然景物交融生存的艺术境界。我们要善于捕捉诗歌的景中之情、言外之意。读屈原的《离骚》,香草美人寄寓的是诗人的政治抱负和现实悲愤;读杜牧的《江南春》,朦胧的烟雨之景蕴含的是对政治现实的隐忧。第三,要吟咏诗歌的音乐美。诗歌讲求的是韵律与节奏,李清照的"寻寻觅觅,冷冷清清,凄凄惨惨戚戚",看似舒缓,却是急促,韵律与节奏的和谐组合,让读者于低回婉转中触摸到一份凄苦落寞的心境;戴望舒的"撑着油纸伞,独自彷徨在悠长、悠长又寂寥的雨巷",在冗长而凝重的节奏中,我们看到的是一个落寞者的形象,聆听的是惆怅者的叹息。第四,要把握诗歌的技巧美。诗歌在抒情言志时运用了大量的写作技巧,了解这些技巧,我们才能登堂入室,把握诗歌的意蕴。如《关雎》就是娴熟地运用了比兴手法,在环境的烘托中写出男子爱恋的急切心情;普希金的《致大海》就是用拟人化的手法塑造了大海的形象,抒发了诗人不满现实、渴望自由的感情。

(2) 散文的欣赏　一篇好的散文,总能让读者感受到浓郁的诗情画意,品味到盎然的奇思妙想,让读者在为作者真知灼见折服的同时,获得一种韵味悠长的美的享受。散文讲求写真纪实,讲求质朴自然,讲求韵致理趣。要想懂得散文之美,务求从散文的审美特征出发,多读、多思、多感悟,正如刘勰所谓"操千曲而后晓声,观千剑而后识器"。欣赏散文一是要把握主线,理清思路。散文虽然形式、内容自由灵活,但其中必有一个核心,也就是人们常说的形散而神不散。作者围绕"神"来组织材料,安排段落结构。欣赏散文,只有抓住作品的"神",才能很好地厘清文章的脉络。如茅盾的《白杨礼赞》就是通过白杨赞美北方人民的品质与精神。二是要体会情感,领悟主旨。文学作品是作家内心激荡不平之情的流露,阅读散文,应该通过作品体会作者内心的喜怒哀乐,从而领悟作品的主旨。朱自清的《荷塘月色》全文充满诗情画意的景象,看似写景,但恰如王国维所说"一切景语皆情语",文章表达的正是在纷扰的尘世寻求一份宁静的情感。三是要精研笔法,探究技巧。散文或叙事、或抒情、或议论,为了达到理想的效果,作者往往会借助各种艺术表现手法,或点染勾勒,或烘染衬托;有时惜墨如金,有时浓墨重彩;有时幽默风趣,有时庄重严肃。只有认真研读,才能把握作品实质。四是要品味语言,感受风格。文学是语言的艺术,好散文的语言往往优美流畅、简洁凝练、富于表现力。例如,同样看到秦始皇南巡,同样都有着帝王之志,项羽的"彼可取而代之"就透露出他的霸王之气,而刘邦的"大丈夫当如此!"则深沉许多。成熟的作家往往有自己的风格,影响作品风格的因素是多样的,但最终都会以语言的形式表现出来,仔细品味语言是整体掌握作家作品风格的重要方式。

(3) 小说的欣赏　小说是以刻画人物形象为中心,通过完整的故事情节和环境描写来反映社会生活的一种文学体裁。黑格尔说:"小说能够充分表现出丰富多彩的旨趣、情况、人物性格、生活状况乃至整个世界的广大背景。"可以说,小说是认识社会的窗口。

小说主要通过塑造人物、叙述故事、描写环境来反映生活和表达思想,人物、情节和环境是构成小说的三个基本要素。因此,欣赏小说主要从四个方面入手。

一是要把握故事情节。把握小说的故事情节,是整体感知小说的起点,是读懂小说的第一步,是欣赏小说艺术特点的基础。为此,我们要训练概括故事情节的能力。

二是要揣摩人物形象。小说是以塑造人物形象为中心进行创作的,因而在欣赏小说时,分析人物形象就显得尤为重要。具体说来,就是要能够概括人物的性格特征,对人物进行客观地评价,能够总结出小说对人物进行描写的具体方法。这就要求我们通过作品中人物的外貌、语言、动作、心理描写等了解人物的思想感情和性格特征,还要把人物放到一定的社会历史背景下分析。

三是要注意环境描写。环境描写是小说的一个重要内容,小说的环境包括社会环境和自然环境。社会环境描写对揭示小说的中心思想有着举足轻重的作用,但自然环境描写也不可忽视。

四是要挖掘作品主题。主题是小说的灵魂,是作品的价值所在,它的深浅往往决定着作品价值的高低,因此,欣赏小说必须挖掘作品的主题。挖掘主题,一要从情节和人物形象入手,二要联系作品的时代背景及典型的环境描写,三要从小说的构思中把握作品主题。

(4) 戏剧文学欣赏 戏剧,是指以语言、动作、舞蹈、音乐等形式达到叙事目的的舞台表演艺术的总称。文学上的戏剧是指为戏剧表演所创作的脚本,即剧本。

戏剧文学的审美特征主要有三个:一是空间和时间的高度集中。剧本要求时间、人物、情节、场景高度集中在舞台范围内。相隔万里,跨越千年,都可通过幕、场的变换集中在舞台上展现。二是反映现实生活的矛盾冲突。戏剧是为了集中反映现实生活中的矛盾冲突而产生的,又因为受篇幅和演出时间的限制,所以剧情中反映的现实生活必须凝缩在适合舞台演出的矛盾冲突中。三是剧本的语言要表现人物性格。剧本的语言包括台词和舞台说明两个方面。台词语言要求能充分地表现人物的性格,要简练明确,要口语化、适合舞台表演。舞台说明又叫舞台提示,是剧本语言不可缺少的一部分,对刻画人物性格和推动戏剧情节的发展有重要的作用。

戏剧文学的欣赏也主要是立足以下三个方面:一要把握戏剧冲突。戏剧冲突是戏剧的内在本质,戏剧欣赏的关键是把握戏剧冲突,既要看戏剧冲突对情节的推动作用,又要看戏剧冲突尤其是冲突中人物动作与人物对话对人物塑造的催化作用,还要看戏剧冲突设置的巧妙性。如戏剧冲突的结构方式就多种多样,越剧《红楼梦》按时间安排顺序,《雷雨》《玩偶之家》则用"回顾"方式。二要品味戏剧语言。

既要品味个性化的人物语言,又要品味富有动作性的人物语言,还要注意语言中丰富的潜台词。三要欣赏人物形象。要抓住人物的主要性格特征,弄清人物性格发展变化的脉络及寄寓在人物形象上的作者的思想倾向和内心情感。

美的欣赏:文学名作欣赏

一、诗歌名作欣赏

1.《诗经·蒹葭》(YP2-3)

YP2-3
《诗经·蒹葭》

《蒹葭》采用重章叠句的形式,层层推进、步步深化诗歌的意境。诗的每一章开头都用"蒹葭"起兴,引出对"伊人"的追寻,用清秋萧瑟的景象来烘托主人公惆怅的感情。每章三四句点明主题,写追寻伊人,望穿秋水。每章后四句,描述追寻伊人不可得的境况。通过追求对象的飘忽不定、幻想迷离,表达可望而不可即的惆怅,意蕴朦胧,含蕴无穷。"在水一方",可望难即是人生常有的境遇,"溯洄从之,道阻且长"的困境和"溯游从之,宛在水中央"的幻境,也是人生常有的境遇。读者可以从这里联想到爱情的境遇和唤起爱情的体验,也可以从这里联想到理想、事业、前途诸多方面的境遇和唤起诸多方面的人生体验。意境的整体象征,使诗歌真正具有了难以穷尽的人生哲理意味。王国维曾将这首诗与晏殊的《蝶恋花》"昨夜西风凋碧树,独上高楼,望尽天涯路"相提并论,认为它"最得风人深致",这显然是着眼于它的意境和人生象征意蕴。

2. 舒婷《致橡树》(YP2-4)

YP2-4
舒婷《致橡树》

《致橡树》是一首优美、深沉的抒情诗。这首诗以橡树为对象,采用内心独白的抒情方式,坦诚、开朗地倾诉了自己爱情的热烈、诚挚和坚贞,表达了爱的理想和信念。全诗感情色彩强烈,又具有清醒的理性思考,蕴含着丰富的社会内涵,耐人咀嚼,令人回味。

全诗分为两个部分。第一部分否定传统的爱情观。诗人从现代女性觉醒意识出发,利用诗中的意象,将自己争取女性尊严、独立地位、人格价值的决心跃然纸上。第二部分正面抒写理想的爱情观。强调这种爱必须有独立的、与对方同等的地位和人格。这种富有人文精神的现代爱情观显示了诗人对新型爱情观和人生价值的向往与追求。

诗歌以整体象征的手法构造意象,以橡树、木棉的整体形象对应地象征爱情双方的独立人格和真挚爱情。

诗歌大量采用整齐匀称的语言形式,它们在字、音、义上严格对应,在行上宽泛对应。既有古典诗歌的整齐划一,又有新诗的自由奔放,表现了诗人既继承传统又不拘泥于传统的诗风。

二、散文名作欣赏

1.《庄子·逍遥游》(YP2-5)

《庄子·逍遥游》是《庄子》的代表篇目之一,也是诸子百家中的名篇。全文充满奇特的想象和浪漫的色彩,寓说理于寓言和生动的比喻中,形成独特的风格。"逍遥游"也是庄子哲学思想的一个重要方面。全篇一再阐述无所依凭的主张,追求精神世界的绝对自由。在庄子的眼里,客观现实中的一事一物,包括人类本身都是对立而又相互依存的,即没有绝对的自由,要想无所依凭就得无己。因而他希望一切顺乎自然,超脱于现实,对世俗之物无所依赖,把人类的生活与万物的生存化而为一;除了消解形体上的束缚,还追求无条件的精神自由。

YP2-5
《庄子·逍遥游》
(节选)

2. 余秋雨《废墟》

这篇不到三千字的散文,令人由"废墟"而顿悟,生发对人生、文化和历史的深沉思索。文章就像一首融注着诗情与哲理的散文诗,作者视角独特,澎湃的激情从字里行间喷涌而出,文章彪炳,令读者的心灵受到强烈的震撼。"我诅咒废墟,我又寄情废墟",文章开篇的这句话,浸透了作者复杂而丰沛的思想感情。这篇文章在不长的篇幅中蕴含了作者对历史、对文化的深沉思考。

三、小说名作欣赏

1. 曹雪芹《红楼梦》

《红楼梦》是中国现实主义文学的经典之作,不仅是章回小说的高峰,也是三千多年古典文学的高峰。作者曹雪芹,满洲正白旗人。曹家曾三代居江宁织造任职,后因事被抄而家道衰落。该书以曹家生活为原型,以贾宝玉与林黛玉、薛宝钗的爱情与婚姻悲剧为主要线索,描写了贾氏家族由盛而衰的历史,反映了进入末期的封建社会不可避免的崩溃结局和早期的民主主义思想倾向。

《红楼梦》情节缜密，细节真实，语言优美。作者善于刻画人物，塑造出许多富有典型性格的艺术形象，如贾宝玉、林黛玉、薛宝钗、王熙凤、晴雯等，取得卓越的艺术成就。

2. 鲁迅《阿Q正传》

《阿Q正传》以辛亥革命为背景，以阿Q的活动作为唯一线索展开故事情节，深刻地描写了阿Q短暂而可悲的一生，成功地塑造了阿Q这一具有鲜明个性、包含深广的社会意义和历史内容的艺术形象。

阿Q作为一个上无片瓦下无立锥之地的底层人物，既令人同情又让人痛恨。令人同情是因为他屈辱、贫苦和悲剧的一生，令人痛恨是他身上的种种陋习和病态心理。鲁迅笔下这位让人"哀其不幸，怒其不争"的人物，虽然遭际了生活的林林总总，但他总会寻找到一个聊以自慰的理由。作者对这种精神胜利法进行了生动又透彻地刻画，无情鞭笞了那个时代国民的劣根性，同时也反映了辛亥革命的不彻底性。

3. 张爱玲《倾城之恋》

《倾城之恋》是张爱玲最脍炙人口的中篇小说之一，写于1943年。小说写的是主人公白流苏与范柳原一中一西、"中西合璧"的恋爱故事。他们的恋爱虽以大团圆结局，但却以一座城市的陷落为代价，因而更加具有苦涩惆怅、悲凉抑郁的讽刺意味，让人感到浓重的悲剧性。在整个恋爱过程中，男女主人公所展示的观念、心理、动机等无不受各自成长环境的深刻影响，而作者对这一切都一如既往地给予了审视批判的态度。

四、戏剧名作欣赏

1. 马致远《汉宫秋》

《汉宫秋》全名《破幽梦孤雁汉宫秋》，为元代马致远所作历史剧，元曲四大悲剧之一，全剧四折一楔子。《汉宫秋》的主角是汉元帝，写西汉元帝受匈奴威胁，被迫送爱妃王昭君出塞和亲。作品通过汉元帝对文武大臣的谴责和自我叹息来剖析这次事件。作为一国之主，他连自己的妃子也不能保护，以致酿成一幕生离死别的悲剧。作者在第四折浓墨重彩地描写了汉元帝与昭君的生离死别，是怎样地使元帝悲怆凄恻、愁思郁结、无可排解。作者尽力刻画了风流皇帝温柔多情的一面，让他尽情倾吐了由生离死别而郁结于胸的哀痛。皇帝不仅仅以其真挚深沉的感情引起观众对他的同情和怜悯,而且还能引发读者认真思索:为何堂堂天子,大汉皇帝,连自己的爱妃都无力保全?

2. 老舍《茶馆》(SP2-1)

《茶馆》是老舍先生的代表作之一,剧中故事全部发生在北京城一个茶馆里,茶馆里人来人往,汇聚了各色人物、三教九流,一个大茶馆就是一个小社会。老舍先生抓住了这个场景的特点,将半个世纪的时间跨度,57个主、次人物形象高度浓缩在茶馆之中,展现了清末戊戌变法失败后、民国初年北洋军阀割据时期、国民党政权覆灭前夕三个时代的生活场景,概括了中国社会各阶层、数个势力的尖锐对立和冲突,揭示了半封建、半殖民地中国的历史命运。此剧亦是北京人民艺术剧院的经典剧目,是中国话剧的一座里程碑,享誉海外,后多次被改编为同名电影、电视连续剧。

SP2-1
话剧《茶馆》
第一幕片段

《茶馆》的艺术特色主要表现在四个方面:一是卷轴画式的平面结构。戏剧中的人物没有特别突出的主次之分,都是截取他们在茶馆中的一个横断面。无数的画面组织起来,构成了一幅卷轴画,随着剧情而逐步展开。二是淡化贯穿始终的情节设置。人物虽多,但关系并不复杂。每个人的故事都是单一的,人物之间的联系也基本上是单线的、小范围之内的。三是特殊的戏剧冲突方式。剧中虽然集中了三教九流的人物,但他们之间并不存在直接的、针锋相对的冲突,人物与茶馆的兴衰也没有直接关系。老舍把矛盾的焦点直接指向那个旧时代,人与人之间的每一个小的冲突都暗示了人们与旧时代的冲突。这些新尝试展现了清末社会的众生相,深刻地反映了帝国主义的渗透、侵略和封建统治的荒淫、腐败所造成的农民破产、市民贫困和社会黑暗,表明了中国封建社会的末日即将来临。

美的体验

1. 课外阅读

阅读书目:中国四大古典悲剧、莎士比亚四大悲剧。

思考:文学作品是由若干个矛盾和冲突组成的,以上两部作品哪些冲突能引发悲剧感?悲剧的本质是什么?作品的审美价值体现在哪些方面?

提示:悲剧不仅表现为冲突与毁灭,而且表现为抗争与拼搏,这是悲剧具有审美价值的最根本的原因。向往并建构适于弘扬纯真的自由人性的和谐社会,是古今中外杰出作家作品不断讴歌的永恒主题,以中国古代四大悲剧之一《赵氏孤儿》为例,剧中不畏艰险、磅礴正气的救孤人程婴、公孙杵臼和一意灭孤的屠岸贾分别代表了善恶两面,剧中通过救孤者和复仇者的惨重付出展现了邪恶势力的强大及正义抗争邪恶的艰险,舍生取义的壮士主动承担苦难的行为充分体现了悲剧的壮美与崇高感。莎士比亚的悲剧创作从人文主义立场出发,善与恶的冲突也是莎士比亚悲剧的共同主题,人物与环境的外部冲突和人物与自我的内部冲突都是人性善恶冲突的反映。莎士比亚创作的四大悲剧意义深刻、哲理内涵丰富,具有很高的审美价值。

2. 课后活动

"美景美文,悦目悦心"短视频制作

(1) 主题:走进诗情画意的文字空间,用艺术化的方式表达你对古诗词的理解和感悟。

(2) 目标:挖掘文学作品美学因素,掌握审美技巧和方法,培养问题意识,提升发现美、鉴赏美、创造美的能力。

(3) 步骤:请选择一首你最喜欢的古诗词,用画笔绘制、手机拍摄等方式收集相关的美景、美图素材,配上文字和音乐,合成30秒左右的小视频。

3. 思维拓展

网络上"佛系""躺平""摸鱼"等热门词汇引发广大青年热议,你怎么理解三者之间的差异性?面对"宝剑锋从磨砺出,梅花香自苦寒来""人生在世不称意,明朝散发弄扁舟"这两种处世态度你更认可哪一种,为什么?

测一测

1. 选择题

(1) 孔子审美思想的核心是( )。

A. "礼、乐、射、御、书、数"

B. "真""善""美"

C. "仁""义""信"

D. "中和""仁礼""美与善"

(2) 以下哪部作品不属于莎士比亚的作品？

    A.《哈姆雷特》

    B.《罗密欧与朱丽叶》

    C.《堂吉诃德》

    D.《麦克白》

(3) 在悲剧作品中，悲剧客体庄严性的表现是（　　）。

    A. 将人生有价值的东西毁灭给人看，以悲惨的结局激起观者的悲愤及崇敬达到提高思想情操的目的

    B. 将人生有价值的东西毁灭给人看，以善恶冲突让读者明确人生观、价值感

    C. 通过塑造悲剧主角，让读者感知悲剧主角的不完美性，有价值的英雄是有缺点的强者

    D. 主角悲剧命运的价值和意义是为了鼓励后继者的斗志

(4) 下面哪首诗词在体现诗人豪情溢怀的同时也能体现崇高的美（　　）。

    A. 岑参《白雪歌送武判官归京》

    B. 刘长卿《逢雪宿芙蓉山主人》

    C. 李白《北风行》

    D. 毛泽东《沁园春·长沙》

2. 判断题

(1)《诗经·蒹葭》采用了重章叠句的艺术表现手法。（　　）

(2) 构成《神曲》这座艺术大厦基本构架的基础要素是场景，《神曲》是由99个场景构成的。（　　）

(3) 汉赋代表了一种与《诗经》"诗言志"根本不同的新的审美趣味——写人之趣。（　　）

(4) 道家审美人格的精髓可以说是"逍遥游"。"游"是庄子钟情的一种生命存在形式和活动方式，具有"无所待"的自由性。（　　）

测一测

第三单元
心灵的旋律：音乐艺术

> 贝多芬说,音乐应当使人类的精神爆发出火花。音乐凝聚了音乐家的精神与灵魂,它以其和声与旋律让人获得审美愉悦和心灵启迪,从而彰显其独具的艺术魅力。

学习目标

1. 了解中西方的音乐发展概况,掌握音乐艺术作品审美特征及赏析方法。
2. 能基本运用专业术语介绍和分析音乐作品,传递"以情感人、以美育人"的审美情感。
3. 弘扬中国音乐文化,培养爱国情怀,从美的音乐感受中构建文化自信,丰富精神内涵。

课前导学

观看并聆听一台音乐比赛节目,从中选一首自己喜欢的歌曲学唱并在课上与大家分享,同时用简洁的语言说出喜欢的理由,分享学习过程中的"美"的感受。

美的印象

中国名片《茉莉花》(YP3-1)

江苏民歌《茉莉花》是一首唱遍大江南北,大家耳熟能详的民间小调,也是一首享有全球知名度的中国名曲。婉转的旋律,缠绵的曲调,含蓄的寓意,悠远的遐思,让人们从茉莉花的芬芳中嗅到了爱情的甜美,看到了少女的娇羞,更体会了一种生活的向往。在硝烟弥漫的抗战前线,它让将士们心情豁然;在雅典奥运会的闭幕式上,它让世人领略了中国的魅力。

YP3-1
《茉莉花》

音乐是声音的艺术,是听觉艺术,也是时间的艺术。它通过有组织的乐音、节奏、旋律、调式等一系列元素,塑造听觉艺术形象,描写社会生活和自然事物,抒发人的生活体验和思想情感,表现人类的审美理想和观念。音乐不仅具有认识和教育功能,更具有审美和娱乐功能。

美的历程:音乐艺术发展概述

一、中国音乐发展概述

中国音乐是光辉灿烂中华文化的一个重要组成部分,也是我国优秀文化传统"乐教"的核心内容之一。它不仅承载着美育的教化功能(《论语·泰伯》:"兴于诗,立于礼,成于乐。"),也是影响和考察一个时代和一个社会盛衰变化的重要元素(《礼记·乐记》:"治世之音安以乐,其政和;乱世之音怨以怒,其政乖;亡国之音哀以思,其民困;声音之道,与政通矣。")。在数千年的漫长岁月中,中国音乐以其绚丽多姿的类别和内涵丰富的独特体系闻名于世。作为人类社会生活的艺术表现形式之一,优美、壮美、崇高美、欢乐美、悲剧美和戏剧美也成为中国音乐里承载精神品格与情感态度的美的体现。

中国音乐经历了远古、中古、近古几个发展阶段。1840年以后,随着中国社会的历史性变革和中西文化的广泛交流,中国音乐创作不仅在观念上,而且在体裁、技法等方面出现了大胆突破和长足发展的势头。为了与古代音乐相区分,人们通常将1840年以后的中国音乐称为现代音乐。

《吕氏春秋·大乐》说:"音乐之所由来者远矣。"大量历史文献和考古发现,中国古代音乐的可考历史最早可上溯至新石器时代(约从距今 1.8 万年前开始,结束时间从距今 5 000 多年至 2 000 多年不等),与西洋音乐相比,整整早了 2 000 多年。远古的时候,我们的祖先在劳动中不仅创造了语言和文字,而且创造了音乐和舞蹈。鲁迅曾在《门外文谈》中写道:"我们的祖先的原始人,原是连话也不会说的,为了共同劳作,必需发表意见,才渐渐的练出复杂的声音来。假如那时大家抬木头,都觉得吃力了,却想不到发表,其中有一个叫道'杭育杭育',那么,这就是创作。"

新石器时期音乐的总特征是诗、舞、乐三位一体,统称为"乐"。《尚书》中"击石拊石,百兽率舞"的记载就描述了先民们一边敲击土鼓、石磬,一边模仿各种兽类动作的欢歌场景。当时最具代表性的音乐体裁是"六代乐舞",即从黄帝时期开始到周代诞生的歌颂帝王功德的大型乐舞,分别是《云门》《大咸》《大韶》《大夏》《大濩》《大武》。这些原始乐舞场面宏大,具有史诗性质。如《大夏》颂扬的是夏禹治水,《大武》描述的是武王伐纣。这些作品代表了上古时期中国音乐的发展成就。

这一时期还出现了最早的乐器骨哨、骨笛,它们源于先民的狩猎生活,是用禽类动物的中段肢骨加工制成,距今已有 8 000 多年的历史。先民们利用它们诱捕禽鸟,也用于吹奏简单的曲调。

周秦时期在中国音乐发展史上有两个特别值得称道的贡献。一个是雅乐,一个是编钟。宫廷雅乐是统治者为了巩固王权,以"礼"为中心,礼、乐、刑、政并举而制定的一系列礼仪和相应的典礼音乐,一般用于祭祀、宴饮、祝捷和狩猎。这一时期不仅诞生了著名的《诗经》等作品,还诞生了师旷、伯牙、高渐离、瓠巴、韩娥等著名艺人。1978 年出土的曾侯乙编钟有 2 400 余年历史,它是 20 世纪中国音乐考古史上最伟大的发现。曾侯乙编钟共大小 65 件,不仅数量多,制作精美,而且钟体及架、构件上 3 755 个铭文记录了当时各国使用的律名、阶名、音名情况,是极具研究价值的文物。

西汉初年,经济繁荣,国力强盛,汉武帝设置了专门从事音乐活动的机构——"乐府"。乐府里集中了千余名民间音乐家从事采风和创作。《汉书·礼乐志》记载:"至武帝定郊祀之礼,……乃立乐府,采诗夜诵,有赵、代、秦、楚之讴。以李延年为协律都尉,多举司马相如等数十人,造为诗赋,略论律吕,以合八音之调,作十九章之歌。"汉代宫廷音乐最具代表性的是"相和歌",它是汉代各种民间歌曲的总称。如"江南可采莲,莲叶何田田,鱼戏莲叶间。鱼戏莲叶东,鱼戏莲叶西,鱼戏莲叶南,鱼戏莲叶北。"这首歌被认为是相和歌的正声,也是传于后世的最古老的一首五言体乐府。到东晋时期,相和歌逐渐与长江流域的吴歌、楚声融合,形成了一种新的音乐,这就是历史上著名的"清商乐",其风格清婉、细腻、柔美。随着西域交通的开通,琵琶、箜篌、羯鼓等乐器传入国内,产生了鼓吹乐的雏形。古琴形制有了重要改进，演奏技巧也有进步，创造了初期的文字谱。京房六十律和荀勖的笛律代表了当时的律学成就。

隋唐时期音乐文化繁盛的标志是燕乐。燕乐又称宴乐，是当时汇集于宫廷的俗乐的总称，也是在隋唐与周边民族、周边国家音乐交流基础上形成并发展起来的流行音乐。燕乐的范围十分广泛，既有各种声乐、器乐及舞蹈，也有散乐百戏，但它的主体是具有较高艺术水平的歌舞大曲。隋唐时期不仅产生了大乐署、教坊、梨园等音乐机构，更发明确立了古代几种主要的乐谱。其中最具代表性的是文字谱、减字谱、唐燕乐半字谱、俗字谱、工尺谱和二四谱等。如现藏于日本的《碣石调·幽兰》就是用汉字记录的一份古琴谱。

自宋以下四代约九百年间，中国音乐的一个主要趋势是走向民间。以曲子词、说唱、戏曲为代表的新兴音乐体裁强化了这种趋势，并在俗化的进程中，将中国音乐的艺术水准提到了一个崭新高度。两宋时期最流行的音乐体裁是曲子词，它直接成就了宋词创作的大繁荣。而戏曲艺术的发展和成熟更是宋元时期对中国音乐的一个伟大贡献。关汉卿、王实甫、马致远、白朴等人创作的《窦娥冤》《西厢记》《汉宫秋》及《墙头马上》成为彪炳史册的艺术杰作。

明清时期是我国戏曲、器乐、歌舞等艺术空前繁荣的时期。以弹词、鼓词为主的说唱音乐空前繁盛，明代中期的海盐、余姚、弋阳、昆山四大声腔争奇斗艳，汤显祖《牡丹亭》、洪昇《长生殿》、孔尚任《桃花扇》相继诞生，京剧艺术成熟定型，陕西锣鼓、十番锣鼓、江南丝竹乐、广东音乐、弦索十三套等器乐合奏百花齐放。明代朱权的《神奇秘谱》和朱载堉创造的"新法密律"等理论研究成果均从不同侧面勾勒了音乐艺术发展的历史成就。

YP3-2
《春江花月夜》

20世纪初，在中国社会的剧烈变革与中西文化广泛交流的历史背景下，中国音乐也随之发生了嬗变与转型，新旧乐之间的相互交融和相互碰撞，在某种程度上极大地改变了中国音乐的面貌。《义勇军进行曲》《黄河大合唱》等歌曲创作，《白毛女》《江姐》《洪湖赤卫队》《伤逝》等歌剧创作，《宝莲灯》《红色娘子军》《白毛女》《丝路花雨》等舞剧音乐创作，《春江花月夜》(YP3-2)、《梁祝》(YP3-3)、《民族解放交响乐》《春节序曲》(YP3-4)、《喜洋洋》《长城随想》等器乐作品创作，都标志着现代音乐发展的巨大成就。

YP3-3
《梁祝》

YP3-4
《春节序曲》

二、西洋音乐发展概述

西洋音乐，实际是指欧洲音乐。公元前3000年，欧洲处于原始社会，古希腊由于其政治、经济和地理位置等原因,成为欧洲文化的发祥地,同时也成为欧洲音乐文化的中心。

斯巴达城有专业的音乐家,有希腊第一所音乐学校,有最初的弹拨乐器,有威武雄壮的行军歌曲,有歌颂酒神的歌曲。希腊人毕达哥拉斯发明"五度相生律",创立和发展了音乐理论,包括音乐美学。古希腊时期的音乐活动及成就,对欧洲音乐文化的发展有着深远的影响。

在中世纪,基督教成为欧洲占统治地位的宗教。宗教音乐中的赞美歌、多声部音乐是宗教音乐活动的主要内容,为后来音乐的发展提供了广阔的前景。

西方音乐史上比较重要的时期,是从16世纪末开始的。这时,世俗音乐逐渐占据主导地位,主调音乐取代了复调音乐,器乐得到了独立发展,特别是诞生了歌剧这一综合音乐、戏剧、美术、舞蹈的新的艺术形式。也正是从这个时期开始,西方音乐涌现出许多著名音乐家,如巴赫、亨德尔等。各种不同的音乐形式具有各自独特的艺术风格,呈现繁荣的局面。

近现代欧洲音乐史上最重要的音乐流派主要有:

YP3-5
贝多芬《命运交响乐》

古典乐派。它是从18世纪下半叶至19世纪初在维也纳形成的以古典风格为创作标志的音乐流派,主要代表有海顿、莫扎特和贝多芬(YP3-5)。这个流派推崇理性和情感的统一,追求艺术形式的严谨和完美,创作手法上注重戏剧的对比、冲突和发展,一度成为当时的典范。

YP3-6
舒伯特《小夜曲》

浪漫乐派。浪漫乐派是19世纪在欧洲兴起的音乐流派,它最大的特点就是强调激情,强调抒发主观情感,强调表现个性。前期浪漫乐派的代表人物主要是德国作曲家舒伯特(YP3-6)和舒曼、匈牙利的李斯特、波兰的肖邦、法国的柏辽兹等人;后期浪漫乐派的代表人物主要是德国音乐家瓦格纳和勃拉姆斯、俄国音乐家柴可夫斯基等。

民族乐派。19世纪中叶以后,欧洲各国兴起和发展了民族乐派。民族乐派的音乐具有鲜明的民族风格和民族特色,注重采用本国的民间音乐作为创作素材,将传统音乐成果与本民族音乐密切结合。民族乐派的主要代表人物有挪威的格里格(管弦乐组曲《培尔·金特》等)、捷克的德沃夏克(《自新大陆交响曲》等),以及俄国"强力集团"的一批著名音乐家,如穆索尔斯基(交响音画《荒山之夜》等)、里姆斯基·科萨科夫(交响组曲《舍赫拉查德》)和鲍罗丁(交响音画《在中亚细亚草原上》)等。

20世纪西方音乐更是流派繁多,难以尽述,其中主要有以法国音乐家德彪西为代表的印象派音乐、以奥地利音乐家勋伯格为代表的表现派音乐、以意大利音乐家布梭尼为代表的新古典主义音乐等,并且相继出现了爵士乐、摇滚乐、电子音乐等。其中"偶然音乐"与观念艺术在20世纪中期影响很大。

总之,20世纪欧洲音乐经历了一个动荡的变化发展历程,各种音乐流派纷纷出现,在各自的道路上不断地探索和演变,为世界音乐向前迈进奠定了基础。

通过学习中西方音乐发展概述,我们看到音乐艺术所独有的文化属性,以及音乐艺术在我国现代社会和国际社会发展中难以替代的功能和作用。特别是在现代文化的视域下,音乐艺术能够呈现出诸多的审美功能和特点,使音乐文化在人类文明发展中的价值得到深化与延伸。

美的视窗:音乐艺术的审美特征

一、音乐语言的基本要素

音乐是声音的艺术,它通过有组织的乐音及节奏、速度、音区、音色、调式等变换、对比与组合,形成艺术形象并抒发内心情感,反映社会生活。

音乐作品的内容非常广泛,有的叙述具有重大社会意义的事件,有的反映风俗人情生活,有的描绘自然风光,有的抒发思想感情。但无论涉及什么题材、反映什么主题,其艺术形象主要通过旋律、节奏、音区、音色等音乐语言来塑造。音乐语言的基本要素包括旋律、节奏、节拍、速度、力度、音区、音色、和声、复调、调式、调性和配器等。如果旋律是人的灵魂,节奏就是人的骨骼,而调式、和声、配器元素就是人的器官、血液、皮肤,拥有这些才会让一个人的形象鲜活起来。

1. 音乐之美源自旋律之美

旋律又称"曲调",它是塑造音乐形象的最主要手段,是音乐的基础和灵魂,也是一首歌曲或乐曲的生命之源。旋律分声乐旋律和器乐旋律,其中声乐旋律为人声演唱创作,器乐旋律为乐器演奏创作。旋律将音乐的基本要素有机整合,使之呈现出不同的风格与特征。

音乐的主要魅力来自旋律。音乐作品旋律的美体现为音调的曲折流畅,起伏平衡及主题的完整对称,并以此来表现人们繁杂多样、深刻细腻的内心情感。正因为如此,我们才可以在音乐欣赏中感受到贝多芬作品的激情奔放、莫扎特作品的优美细腻及柴可夫斯基作品的忧郁深沉。

2. 音乐之美源自节奏之美

节奏常被喻为音乐的骨架。音乐作品节奏的美体现为时值长短有序、张弛有致的韵律之美。音乐中各具特征的节奏,反映出所表现的事物、情感的运动特征,形成不同的风格。正因为如此,我们从柴可夫斯基《悲怆交响曲》沉重、缓慢的节奏中能感受到作者对理想的追求、对生活的赞美及对光明和幸福的向往。从贝多芬《命运交响曲》命运敲门的节奏声中领悟英雄多方面性格与情感。从冼星海《黄河船夫曲》铿锵有力的节奏中感受到一股无形的力量和团结一心的精神。

3. 音乐之美源自和声之美

和声是丰富旋律的手段之一。许多音乐作品把音乐和声的美体现为多声部音响丰满的美、和弦从不稳定到稳定的协调的美及色彩的美。正因为如此,德彪西的交响素描《大海》通过丰富多彩的和声手法及绚丽多彩的管弦乐配器手段,使人们联想到辽阔的海面与变幻无穷的景象,联想到阳光映照下充满生机与活力的大海。贝多芬《第九交响曲》把《欢乐颂》人声合唱和声效果融入交响乐和声之中,以恢宏的气势唱响"拥抱起来,亿万人民"的主题,给人以和声音响之美的感受。

二、音乐艺术的审美特征

音乐艺术的审美既是音乐艺术创作的动力,也是音乐艺术欣赏、批评与传达的纽带。它贯穿于创作、欣赏和传播之始终,是审美主体面对审美对象时所产生的一种具有内省性及反思性的复杂精神活动或心理活动。其主要特征有:

1. 特殊性

从音乐艺术的育人功能来看,要想让音乐艺术切实发挥育人功能,需要将音乐作品的创作背景、创作情景与创作时代联系起来。而在音乐艺术创作的过程中,音乐艺术家能够将自身所处的时代特性或社会特性,清晰而完整地表现出来,从而建构出全新的审美意象。如《东方红》《南泥湾》《黄河船夫曲》《十送红军》等歌曲,能反映当时的时代特性和社会特性,能为听众建构出全新的"审美意象",从而实现音乐审美的效果和目标。在音乐审美的过程中,听众会根据音乐艺术作品所呈现出来的时代特性、社会特性,勾勒出相应的历史画面或社会画面,从而在情感激发与思想共鸣的层面上获得全新的审美情趣。

2. 经验性

根据音乐艺术的情感传递功能能够发现，音乐艺术在情感传递、意象塑造及氛围营造的过程中，都伴随着人的意识、心理及精神的变化。这种心理或精神层面的变化主要与人类个体的社会经历、社会阅历、年龄层次有关。例如，背井离乡的游子会对歌曲《常回家看看》深有感触。而如《十二平均律钢琴曲集》《赋格的艺术》《魔鬼的颤音》等古典音乐，只能激发出特定人群的情感，但却难以调动普通大众的兴趣。究其原因在于这类音乐都是为特定的社会阶层创作的，如果受众的经历没有涉及此处，便不会产生相应的情感，更不会获得较好的审美体验。

3. "中断性"

音乐艺术之所以能够陶冶听众的情操、提高听众的人文素养，使其获得较为丰富的审美体验，主要在于其所建构的氛围或意象能使人类思想、精神与现实生活相互隔离。当人类陷入全新的精神情景后，会对过去、现在、未来进行重新思考，进而从感受美、欣赏美的层面出发，提升自身的人文修养。

三、音乐艺术的欣赏方法

音乐作品大致可以分为声乐作品和器乐作品两大类。声乐作品又分为民歌、美声歌曲、原生态歌曲、通俗歌曲等。器乐作品分为民乐、交响乐、电子音乐等。

从声乐作品演唱看，人声分女声、男声、童声三种，演唱则分齐唱、独唱、重唱、对唱、合唱。

从器乐作品演奏看，器乐分民族乐器和西洋乐器、电子乐器。民族乐器分为以二胡、板胡为代表的拉弦乐器，以琵琶、古筝、古琴为代表的弹拨乐器，以笛、箫、笙、唢呐为代表的吹管乐器，以及以鼓、锣、扬琴为代表的打击乐器。西洋乐器则分为以小提琴、中提琴、大提琴为主的弓弦乐器，以木管、长笛、双簧管、单簧管为主的木管乐器，以圆号、小号、长号为主的铜管乐器，以及以定音鼓为主的打击乐器。乐器的演奏一般有独奏、重奏、合奏几种。

欣赏一件音乐作品，主要从以下三个方面入手。

首先要熟悉音乐语言。音乐主要通过有组织的乐音形成听觉艺术形象。一部音乐作品的思想内容和艺术之美，总是通过诸如旋律、节奏、和声、调式等音乐语言要素来表现，所以，欣赏音乐作品首先必须熟悉丰富多彩的音乐语言，进而借助这些音乐语言理解作品中的音乐形象,领会作品中的情感。

其次,要了解作者和作品创作的时代。一首音乐作品总是表达了作者对现实生活的感受、体验和思考,也寄寓了作者的思想与情怀。要深刻领会音乐作品,就必须了解作者生活的时代、作者的生平及作者的创作风格。聂耳的《义勇军进行曲》是在中华民族遭遇日寇侵略,全国上下救亡图存的历史背景下创作的。它表达了战士为了拯救祖国,视死如归奔赴抗日前线的决心与信心。正是因为这一点,它才能很快风靡全国,最终成为我们的国歌。

第三,要在音乐实践活动中培养自己的欣赏能力。一般来说,对一部音乐作品的认知,大致会经历音响感知、情感体验、想象联想和理解认识四个阶段。如我们听到一首歌曲,首先是觉得旋律动听,然后逐渐理解作品中蕴含的情感,最后才会领悟作品的意境。因此,我们一方面要多参加艺术实践活动,培养自己对音乐艺术的广泛兴趣;另一方面要多阅读、涉猎各种门类的艺术经典,提高自己的艺术修养和审美能力。

美的欣赏:音乐名作欣赏

一、中国声乐作品欣赏

1.《黄河大合唱》(YP3-7)

YP3-7
《黄河大合唱》

《黄河大合唱》于1939年作于延安,由现代著名诗人光未然(1913—2002)作词、被誉为"人民的音乐家"的作曲家冼星海(1905—1945)作曲。这是一部在中国音乐史上具有较高艺术成就、享誉中外的里程碑式的大型声乐套曲。

1938年,诗人光未然赴延安途经黄河时,面对汹涌澎湃的黄河,他目睹船夫与惊涛骇浪搏斗的情景,聆听高亢、激奋的船夫号子,这激起了他强烈的感情和创作欲望。到延安后,他用了5天时间完成了作词并于1939年除夕晚会上登台朗诵。冼星海听后激动不已,用了近3个月时间完成音乐创作。1939年4月,《黄河大合唱》首演便获得了极大成功,很快就流传全国。

《黄河大合唱》全曲由八个乐章组成,依次为《黄河船夫曲》《黄河颂》《黄河之水天上来》《黄水谣》《河边对口曲》《黄河怨》《保卫黄河》《怒吼吧,黄河》。内容上它以黄河为背景,热情歌颂了中华民族源远流长的光荣历史和中国人民坚强不屈的斗争精神,痛诉了侵略者的残暴和人民遭受的深重灾难,展现了抗日战争的历史画面,并向全中国、全世界发出了民族解放的战斗警号,从而塑造起中华民族巨人般的英雄形象。形式上,它以诗朗诵贯穿全曲,采用了独唱、齐唱、轮唱、重唱、合唱等多种声乐演唱形式,或急促、或舒展、或慢板抒情、或叙事对唱、或含悲控诉、或波澜壮阔。音调上既有中国民间音乐风格,也有群众歌曲特点,从而成为我国现代大型声乐作品的典范。

2.《灯火里的中国》(YP3-8)

《灯火里的中国》是由田地作词、舒楠作曲,深圳市委宣传部指导支持、大鹏新区组织创作的一首献礼新时代的歌曲,也是近年来深圳推出的又一首优秀原创歌曲。2021年2月11日晚,在央视春节联欢晚会上,在万家团圆之夜,这首来自深圳的优美旋律走进了亿万中国家庭。这首时代之歌感悟家国情怀,激扬雄心壮志,以"深圳好声音"回应着人们对祖国的美好祝福及对未来的向往之情。

YP3-8
《灯火里的中国》

3.《长江之歌》

《长江之歌》是电视系列片《话说长江》的主题曲,词作者是国家一级编剧胡宏伟,曲作者是作曲家王世光。全曲以哺育了一代又一代中华儿女的"母亲河"长江为背景,形象地描绘了长江气势磅礴的雄姿和温婉秀丽的情怀,洋溢着对祖国山河的赞美之情。音乐深情厚实,简洁明朗。跌宕起伏的宏大场景令人荡气回肠,舒展流畅的优美旋律让人充满眷恋。该曲在一唱三叹的演绎中,将长江之险峻、长江之柔美、长江之豪迈、长江之依恋展示得淋漓尽致。

4.《在希望的田野上》

《在希望的田野上》创作于1981年,它通过对家乡充满希望的田野的赞美,反映了20世纪80年代初,社会朝气蓬勃、欣欣向上的气象,表达了青年一代对改革的期盼、对未来的憧憬,具有强烈的时代气息和乡土风情。该曲歌词朴实,朗朗上口,曲调轻快跳跃,优美流畅。在对新生活、新时代的讴歌中,表达了对祖国的一往情深。歌曲由歌词作家、诗人陈晓光作词,由被称为"时代歌手"的著名作曲家施光南作曲。

5.《掀起你的盖头来》

《掀起你的盖头来》是著名词曲作家王洛宾根据风趣而诙谐的歌舞曲——乌孜别克族民歌《卡拉卡西乌开姆》(一说为维吾尔族民歌《亚细亚》)改编创作成的

一首脍炙人口的民歌。这首歌曲描写了新婚之夜,新郎掀起新娘头纱时兴奋愉悦的情景。歌曲恣意奔放的情感,半遮半露的羞涩,构成一首青春的欢歌。

王洛宾一生创作了近千首歌曲,被人们誉为"西北民歌之父""西部歌王"。他创作的脍炙人口的歌曲还有《达坂城的姑娘》《在那遥远的地方》《半个月亮爬上来》《阿拉木汗》《青春舞曲》《玛依拉》《可爱的一朵玫瑰花》等。

二、中国器乐作品欣赏

1.《春节序曲》

此曲选自作曲家、指挥家李焕之(1919—2000)于1956年创作的管弦乐曲《春节组曲》,其创作灵感来自作者早年在延安过春节的生活体验与感受。此曲向人们展示了革命根据地人民在春节时热烈欢腾的场面,以及团结友爱、互庆互贺的动人图景。这部作品在管弦乐民族化方面获得了成功,是我国管弦乐作品中的佳作之一。作品的音乐以我国民间的秧歌调及陕北民歌为素材,旋律明快、优美,富有民族风格和特色,节奏鲜明热烈,生动再现了我国人民在传统节日里敲锣打鼓、载歌载舞、喜气洋洋的场景。《春节序曲》是管弦乐曲《春节组曲》中的第一乐章。这一乐章旋律优美、气氛热烈,因而最受欢迎,常常被单独演奏。

2.《春江花月夜》

《春江花月夜》是一首民族管弦乐曲,也是中国古典十大名曲之一。它最初是一首琵琶曲,早在1785年以前就流行于民间,名为《夕阳箫鼓》,1923年被改编为民乐合奏曲,更名为《春江花月夜》。全曲共分十段,每段都有一个富有诗意的小标题,分别是江楼钟鼓、月上东山、风回曲水、花影层叠、水云深际、渔歌唱晚、回澜拍岸、桡鸣远濑、欸乃归舟和尾声。乐曲意境优美,结构严密,旋律古朴、典雅,节奏平稳、舒展,既深情描绘了春江花月夜的迷人景色,向我们展示了一幅让人沉醉的山水画,又表达了人们欢快愉悦的心境,给人以绵延不绝的艺术享受。

3. 古琴曲《流水》

古琴又称为七弦琴(图3-4-1),是最早的弹弦乐器,以其历史久远、文献浩瀚、内涵丰富和影响深远为世人所珍视。唐宋以来历代都有古琴精品传世,现存南北朝至清代的琴谱百余种,琴曲达三千首,还有大量

图3-4-1 古琴

关于琴家、琴论、琴制、琴艺的文献,遗存之丰硕堪为中国乐器之最。古时,琴、棋、书、画中的琴就是指古琴。汉代以前,琴曲的传授完全依靠口传心授,到汉魏之交随着琴在形制上的定型及演奏技巧的成熟,有人便创造了初期的文字谱。著名的古琴曲有《高山》《流水》《广陵散》《胡笳十八拍》《酒狂》等。

《流水》是一首非常古老、著名的琴曲。相传,《高山流水》原来是一个曲子。到了唐朝才分成《高山》和《流水》两个曲子。在《吕氏春秋》中记载,俞伯牙擅长弹奏古琴。他的好友钟子期能听懂他的琴曲,可以在他的琴声中,听出"巍巍乎若泰山,洋洋乎若江海"的意境。钟子期死后,俞伯牙砸碎古琴,从此不弹。这个故事后来引申为人们对知音和挚友难得的感慨。《流水》的谱本最早见于朱权的《神奇秘谱》,现在大家弹奏的最多的是清代张孔山留下来的版本。该版乐曲意境深邃,若行云流水,旋律流畅,用多样的演奏手法体现出流水的不同形态。1977年,美国发射的"旅行者"号宇宙飞船上有一张用来与外星生物交流的唱片,其中就收入了我国著名古琴演奏家管平湖演奏的《流水》。

4. 琵琶曲《十面埋伏》(YP3-9)

琵琶是中国历史悠久的主要弹拨乐器(图 3-4-2)。琵和琶原是两种弹奏手法的名称,琵是右手向前弹,琶是右手向后弹。南北朝时,通过丝绸之路与西域进行文化交流,曲项琵琶由波斯经今新疆传入内地。到了唐代后期琵琶从演奏技法到制作构造上都得到了很大的发展。著名乐曲有《十面埋伏》《霸王卸甲》《浔阳月夜》《阳春白雪》《月儿高》《春雨》《彝族舞曲》《昭君出塞》《歌舞引》《大浪淘沙》《赶花会》《飞花点翠》《天鹅》《狼牙山五壮士》及协奏曲《草原英雄小姐妹》等。

YP3-9
琵琶曲《十面埋伏》

《十面埋伏》是一首著名的琵琶曲独奏曲,也是中国十大古曲之一。乐曲以公元前 202 年楚汉战争为题材,以音乐的形式生动描绘了当年项羽、刘邦垓下决战的情景。汉军用十面埋伏的阵法击败楚军,项羽自刎于乌江。乐曲共分 13 段,分别是列营、吹打、点将、排阵、走队、埋伏、鸡鸣山小战、九里山大战、项王败阵、乌江自刎、众军奏凯、诸将争功、得胜回营。乐曲描绘了短兵相接、刀光剑影的交战场面,音乐多变,节奏急促,在演奏上连续运用了弹、扫、轮、绞、滚、煞等手法,以描写激烈的厮杀及英雄末路的项羽发出的"悲歌慷慨之声"。

图 3-4-2 琵琶

YP3-10
二胡曲《二泉映月》

5. 二胡曲《二泉映月》（YP3-10）

二胡（图 3-4-3）是我国独具魅力的拉弦乐器，它既适宜表现深沉、悲凄的内容，也能描绘气势壮观的意境。二胡形制为琴筒木制，筒一端蒙以蟒皮，张两根金属弦，定弦内外弦相隔纯五度。主要作品有《赛马》《二泉映月》《月夜》《江河水》《三门峡畅想曲》《长城随想》《战马奔腾》等。通过许多名家的革新，二胡成为一种重要的独奏乐器和大型合奏乐队中的弦乐声部重要乐器。

《二泉映月》是中国民间音乐家华彦钧（阿炳）的代表作。这首乐曲自始至终流露的是一位饱尝人间辛酸和痛苦的盲艺人的思绪情感，展示了独特的民间演奏技巧与风格，以及无与伦比的深邃意境，显示了中国二胡艺术的独特魅力。它拓宽了二胡艺术的表现力，获"20 世纪华人音乐经典作品奖"。

图 3-4-3 二胡

6. 笛子曲《鹧鸪飞》

竹笛又称笛子（图 3-4-4），是我国最古老的乐器之一。在河南舞阳县贾湖村东新石器时代早期遗址中发掘的 16 支竖吹骨笛，据测定距今已有 8 000 余年历史。竹笛一般分为南方的曲笛和北方的梆笛。曲笛因伴奏昆曲而得名，广泛流行在中国南方各地，其音色浑厚而柔和，清新而圆润，是江南丝竹、苏南吹打、潮州笛套锣鼓等地方音乐和昆曲等戏曲音乐中富有特色的重要乐器之一。梆笛因伴奏梆子戏曲而得名。梆笛音色高亢、明亮，主要流行在北方，多用于北方的吹歌会、评剧和梆子戏曲（秦腔、河北梆子、蒲剧等）的伴奏，现今也经常用来独奏。竹笛代表作品有《喜相逢》《五梆子》《早晨》《姑苏行》《中花六板》等。

图 3-4-4 笛子

《鹧鸪飞》是江南笛曲的主要代表曲目之一，原是湖南民间乐曲。其乐谱最早见于 1926 年严固凡编写的《中国雅乐集》，现在常被演奏的是陆春龄先生和赵松庭先生改编的版本。此曲以唐代大诗人李白的"越王勾践破吴归，义士还家尽锦衣。宫女如花满春殿，只今惟有鹧鸪飞"为依据改编，运用了大量的

"颤""叠""赠""打""循环换气"等技法,把鹧鸪鸟时远时近、忽高忽低,在天空尽情翱翔的形象,刻画得极为生动,反映出了人们对幸福生活的向往和追求。

7. 古筝曲《渔舟唱晚》

古筝(图 3-4-5)是我国传统的民族乐器,距今已有两千多年的历史,古筝音色柔美、委婉动听,音域宽广、演奏技巧丰富,具有相当强的表现力,因此深受广大人民群众的喜爱。古筝的代表作品有《渔舟唱晚》《高山流水》《秦桑曲》《寒鸦戏水》《战台风》《黔中赋》《雪山春晓》《幻想曲》《溟山》等。

图 3-4-5 古筝

《渔舟唱晚》乐曲的第一部分以优美典雅的旋律和舒缓的速度,描绘出一幅傍晚时分,夕阳西下,阳光洒在河面上波光粼粼的景象。第二部分以三次反复逐层推进,表现了渔人悠然自得、片片白帆随波逐流、渔船满载而归的场景。

三、中国流行音乐作品欣赏

1.《乡恋》(YP3-11)

《乡恋》是电视旅游风光片《三峡传说》的插曲,也是中国内地流行歌曲的开山之作。1979 年经歌唱家李谷一第一次演唱后,迅速风靡大江南北。

这部作品曲调优美、歌词清新、饱含深情,深受广大观众喜爱,当年曾在音乐界、评论界乃至整个社会掀起了一场轩然大波,一度被指斥为"靡靡之音"而招致非议。直到 1983 年,李谷一在首届春节联欢晚会上重新演唱《乡恋》,这首经典的歌曲才又回到了舞台,重新唱响在广大听众的耳边。这不仅仅意味着思想的解放,更彰显着时代的进步。《乡恋》的出现,标志着中国流行音乐之门的开启,此后,中国的流行音乐如雨后春笋般蓬勃发展。

YP3-11
《乡恋》

2.《让我们荡起双桨》（YP3-12）

YP3-12
《让我们荡起双桨》

《让我们荡起双桨》是电影《祖国的花朵》的插曲，由我国当代词作家乔羽作词，著名作曲家刘炽作曲。这首小调五声音阶谱写的二部曲式的童声合唱，旋律优美抒情，节奏明朗轻快。透过如诗如画的景色、尽情游玩的场景，我们仿佛身临其境，平添许多感动。这是对新中国的礼赞，也是对人民幸福生活的讴歌。从1955年问世，这首歌一直留在几代人的记忆里。它让我们燃起激情，也让我们生发对渐行渐远的童年生活的真切回忆。在1980年全国第二次少年儿童歌曲评选中，这首歌曲荣获一等奖。

3.《让世界充满爱》（YP3-13）

YP3-13
《让世界充满爱》

这是收录在2004年12月发行的专辑《百年经典》中的一首中国公益歌曲，由郭峰作曲，陈哲、刘小林、王健、郭峰、孙铭作词，100名华语群星歌手同声演唱。歌曲结构清晰，歌词简洁洗练，独唱、领唱、重唱、齐唱、合唱并用，倾诉了人们对和平的渴望和憧憬，既洋溢着一股新时代的朝气，也散发着亲切委婉的情感魅力。更有意义的是，它打破了人们对"通俗音乐"的偏见，让人们意识到，流行音乐也可以诠释大主题、传播积极情感、传达爱的力量。正是这一突破，让它在中国流行音乐史上留下了浓墨重彩的一笔。

4.《传奇》

2010年，由刘兵作词、李健作曲的《传奇》作为王菲复出首选曲目登上央视春晚，并迅速在全国走红，成为2010年度最为炙手可热的金曲，同时蝉联百度新歌TOP100、歌曲TOP500等各大排行榜冠军达三个月之久。这首歌曲旋律清新、缥缈空灵，展现了一个唯美的爱情故事。

5.《一起向未来》

《一起向未来》是2022年北京冬奥运动会和冬残奥会的主题口号推广曲，由王平久作词，常石磊作曲。歌曲演绎了各行各业的工作人员参与备战冬奥会的场景，他们是全民迎冬奥的最美缩影，也是奥运精神与百姓相连、中国声音与世界相连的生动诠释。

四、西洋声乐作品欣赏

声乐是以人声歌唱为主的音乐。西洋声乐作品演唱方式一般分为独唱、齐唱、重唱、轮唱、合唱、对唱等形式。而声乐创作又被划分为多种体裁,诸如叙事歌曲、颂歌、酒歌、在意大利出现的"那坡里歌曲"、讽刺歌曲、摇篮曲、艺术歌曲及单乐章或多乐章的声乐套曲,在美国还有乡村歌曲、摇滚歌曲等。

1. 民歌作品欣赏

民歌是人们在劳动生活中经口头传唱产生和发展起来的歌曲艺术,具有口头性、集体性、流传变异性等特色。民歌一般分为山歌、小调、号子三种形式。

(1)《我的太阳》 这是一首意大利民歌,卡普鲁在创作歌词时,借用了莎士比亚的戏剧作品《罗密欧与朱丽叶》中"是什么光从那边窗户透出来?那是东方,朱丽叶就是太阳"两句台词的立意,把爱人的笑容比喻为"我的太阳",用赞美太阳来表达真挚的爱情。全曲具有浓郁的意大利那不勒斯风格,旋律优美华丽,情绪热情奔放。第一乐段在歌曲的中音区,用优美流畅的音调赞美暴风雨后的晴空和灿烂的阳光。第二乐段在高音区,曲调热情奔放,倾诉了对心爱的人爱慕之情。

(2)《伏尔加船夫曲》 这是一首俄罗斯民歌。伏尔加河,全长3 590千米,是欧洲最长的一条河流,被称为俄罗斯人民的"母亲河"。这首民歌早在18世纪就流传民间。这首沉重、粗壮而又富于反抗精神的纤夫之歌,会使人们想起俄罗斯著名画家列宾的名画《伏尔加河上的纤夫》。一群衣衫褴褛、胸前套着纤索的纤夫,用整个身体负着沉重的货船前行,伏尔加河空旷辽阔的沙滩上留下一串串脚印,前面的路程仿佛永没有尽头……这首歌真实地反映了船工们辛苦的劳动生活,表达了俄罗斯人民在沙皇统治下,向往光明的思想情感。缓慢的速度和小调式调性渲染了歌曲忧郁深沉的风格。20世纪初,该曲经俄罗斯著名男低音歌唱家夏利亚宾的演唱深受人们的喜爱,后流传世界各地。

2. 合唱作品欣赏

合唱是一种分声部的集体演唱形式。在音色上可分为同声合唱(男声合唱、女声合唱、童声合唱)、混声合唱(男女声合唱、童声与男声或者童声与男女声合唱)。按伴奏类型可分为有伴奏合唱和无伴奏合唱。按声部可分为二声部、三声部、四声部或者更多声部。四声部往往由女高、女低、男高、男低构成,称为混声四部合唱。合唱最重要的特点就是队员之间,各声部之间,队员与指挥之间,歌曲与合唱表演、指挥、乐队等之间的默契与融合,他们共同创造出富有层次而又和谐统一的美妙艺术。

《欢乐颂》(合唱) 这是德国著名作曲家贝多芬创作的一部合唱作品。贝多芬(1770—1827)是维也纳古典乐派向浪漫乐派过渡的杰出代表。他幼年便显露出超常的音乐天分,4 岁学钢琴,8 岁登台演奏,13 岁出版个人作品。贝多芬一生坎坷,贫困交加,孤单一生。虽然他从 28 岁起就受听觉失聪的折磨,但他仍以惊人的毅力创作了大量的不朽作品。他的创作承古典乐派之精华、开浪漫乐派之先河,成为横跨两个时代的音乐巨人。他不仅涉及当时所有音乐体裁,他的作品也表现了崇高的思想境界、鲜明的个性和时代特征、完美的艺术形式、深刻的戏剧性和哲理性及对人类的无限热爱之情,后人称其为"乐圣"。在器乐领域,其主要代表作品有《英雄》《命运》《田园》等 9 部交响曲,《月光》《热情》等 32 首钢琴奏鸣曲和 16 首弦乐四重奏等作品。在声乐领域,其代表作品有歌剧《费德里奥》、声乐套曲《致远方的爱人》等。其作品涉及歌剧、清唱剧、弥撒、康塔塔、合唱幻想曲和大量的艺术歌曲。

YP3-14
贝多芬《欢乐颂》

《欢乐颂》(YP3-14)是贝多芬《d 小调第九(合唱)交响曲》第四乐章第二部分。这部交响曲于 1824 年 5 月在维也纳首次演出,创作思想是"从黑暗到光明,从痛苦到欢乐,从斗争到胜利"的总结。贝多芬根据交响曲内容的需要,融合了自己的理念,并创造性地将合唱引入交响曲,体现了他崇高而伟大的思想。在交响曲中,有独唱、重唱、领唱、合唱、交响合唱部分,其中以德国诗人席勒的《欢乐颂》为歌词而谱写的大合唱,以恢宏的气势唱响"拥抱起来,亿万人民"的主题,展示了贝多芬真挚的思想与情感。这部交响曲在世界能产生这么大的影响,如此感人,与第四乐章《欢乐颂》合唱大有关系。

3. 艺术歌曲作品欣赏

艺术歌曲源于 18 世纪末至 19 世纪初,是欧洲盛行的一种抒情歌曲,歌词多采用歌德、席勒等诗人的诗为歌词。我国在 20 世纪二三十年代开始盛行。艺术歌曲创作技法比较复杂,着重个人感情的抒发和内心体验的揭示,旋律优美动人,感情细腻,多为抒情性很强的独唱曲,采用美声唱法,多用钢琴伴奏,伴奏在渲染气氛和刻画形象中起重要作用。

(1)《摇篮曲》 作者舒伯特(1797—1828)是奥地利浪漫派作曲家,生于维也纳。他幼年从父兄学习小提琴、钢琴,11 岁系统学习作曲理念,1814 年任小学教师并开始创作歌曲,两年多时间共创作 140 多首歌曲,其中有《野玫瑰》《魔王》等名作。舒伯特一生创作了多部歌剧及交响曲,600 多首艺术歌曲。他的创作继承了古典乐派音乐的传统,同时广泛吸收民间音乐的因素,创作了大量浪漫派的音乐作品,被誉为"歌曲之王"。他常用各种音乐手法来刻画个人的心理活动,将瞬间的遐想写于乐谱,把内心的感受变成音乐形象,创作出独特的旋律。其主要代表作有《未完成交响曲》《鳟鱼五重奏》《美丽的磨坊姑娘》。

《摇篮曲》是一首著名的女声独唱艺术歌曲,歌曲由三段歌词构成,全曲结构方整,为再现的单二部曲式,速度缓慢,旋律流畅,伴奏有如摇篮在轻摇,旋律没有强烈的对比,表现了一个轻轻摇动着摇篮的母亲对将入睡的小宝贝那种亲切的爱抚和良好的祝愿。

(2)《跳蚤之歌》 作者穆索尔斯基(1839—1881)是俄国民族乐派作曲家。他的音乐作品风格豪爽、形象生动,充满了对被压迫者的同情。其主要作品有歌剧《鲍里斯·戈杜诺夫》、交响音画《荒山之夜》、钢琴组曲《图画展览会》及大量声乐作品。

《跳蚤之歌》是一首创作于1879年并获得了世界声誉的讽刺歌曲,成为各国男低音歌手竞相演唱的曲目。作曲家借用德国诗人歌德的诗剧《浮士德》中的诗句谱写了此歌。它深刻地揭露了俄国沙皇的黑暗统治和专横跋扈,无情地鞭笞了权势者的昏庸和狂妄,同时也热情地肯定了人民群众不畏强暴、勇于斗争的精神。歌曲具有深刻的思想内涵和生动的音乐形象。它以旋律小调、中板速度及诙谐"笨拙"的宣叙性曲调,塑造了固执蛮横而又愚蠢的国王形象,用进行曲调描写狂妄骄横而又虚弱的跳蚤形象,又通过艺术化了的"笑声"和带有嘲讽口气的音乐语汇,充分表达了人民群众对国王和跳蚤的否定。

五、器乐作品欣赏

器乐是用乐器发声来演奏的音乐。器乐根据演奏方式的不同分为独奏、重奏、合奏、齐奏等形式。根据器乐的不同种类和演奏方法,可将音乐作品分为序曲、组曲、奏鸣曲、协奏曲、交响曲、管弦乐曲等。

1. 协奏曲作品欣赏

协奏曲指一件或多件独奏乐器与管弦乐队相互竞奏,并显示其个性及技巧的一种大型器乐套曲。此词源于拉丁文 concertare,原意为"竞争"或"斗争",一说源于拉丁文 conserere,原意为"同心协力"。从这两词的含义,可以窥见协奏曲的基本特征。在维也纳古典乐派以前的协奏曲通常称之为大协奏曲,是以弦乐为主的乐队合奏与部分乐器的独奏相竞奏的多乐章套曲,至18世纪下半叶才逐渐出现现代意义的独奏协奏曲及二重(三重)协奏曲。协奏曲开始采用奏鸣套曲的形式,通常有三个乐章:第一乐章奏鸣曲式,快板;第二乐章多采用复三部曲式,抒情的慢板;第三乐章回旋曲式,热烈的快板。

《F大调第二勃兰登堡协奏曲》——第一乐章　作者巴赫(1685—1750)生于爱森纳赫的一个音乐世家。他的祖辈、父辈都是宫廷乐长、教会乐长、管风琴师。他的作品数量之多、体裁之广举世罕见。他的音乐深刻地表达了经过三十年苦难战争,德国人民希望和平的思想感情,体现了他高尚的人道主义思想和对人类的爱。他继承了16世纪以来的德国音乐传统,吸收了意大利和法国音乐的先进技法,把复调音乐提高到前所未有的高度。他的创作代表了巴洛克时期音乐的最高艺术成就,被誉为"西方音乐之父",主要作品有《平均律钢琴曲集》《创意曲集》《法国组曲》《英国组曲》《勃兰登堡协奏曲》和大量管风琴曲等。

1721年3月,巴赫曾为勃兰登堡侯爵写了六首器乐协奏曲。《F大调第二勃兰登堡协奏曲》第一乐章,是巴洛克时期精美的复调代表作品之一。这首作品主要为小号、长笛、双簧管和小提琴四件乐器而写,再加上其他的伴奏乐器。作品共分三个乐章,第一乐章为快板。整个作品运用了大量的叠句,在叠句各次重复出现之间有着织体清晰的插部,简短而生动的独奏、二重奏、三重奏,主题此起彼伏,又相互关联。

2. 交响曲作品欣赏

交响曲一词源于希腊文,原意为"一齐响"。经过发展,后来指的是由交响乐队演奏的由若干个独立但又相互内在联系的乐章组成的大型器乐曲。以"交响曲之父"海顿、"音乐神童"莫扎特和"乐圣"贝多芬为代表的维也纳古典乐派交响乐在音乐史上竖立了一座不朽的丰碑。交响乐曲一般为四个乐章;第一乐章为快板,奏鸣曲式;第二乐章为慢板,具有抒情性和歌唱性;第三乐章为中速的小步舞曲或诙谐曲;第四乐章为急板,回旋曲式或奏鸣曲式。

《第九十四交响曲》(惊愕)　作者海顿(1732—1809)是奥地利作曲家,维也纳古典乐派代表人物。他童年受奥地利民间音乐的熏陶,8岁开始接受传统音乐教育。海顿的创作面很广,其中以交响曲与弦乐四重奏最为杰出。他为交响曲创造了一个固定而完美的典型形式,并形成了一套完美的交响曲乐队编制。他一生共写了100多部交响曲,为交响曲的发展奠定了坚实基础,被人们称之为"交响曲之父"。他还创作了80余部弦乐四重奏乐曲,被称为"弦乐四重奏之父"。

《第九十四交响曲》创作于1791年,关于这部作品,曾流传一段有趣的故事。当时伦敦的贵妇们是音乐会的常客,她们借欣赏交响曲附庸风雅,但却经常在乐队演奏时打瞌睡。海顿对此非常不悦，于是打算让贵妇们出丑。因此，他在这部交响曲的第二乐章中插入乐队全奏，使之爆发了强烈的弦音和定音鼓的猛击声，酷似惊雷忽起，将打盹的贵妇们吓得丑态百出。因此，这部作品被大家称为"惊愕"交响曲。全曲共分四个乐章。第二乐章为行板，是人们最为熟悉的乐章，优美的旋律具有一种内在的美和魅力。

3. 独奏曲作品欣赏

独奏曲是用各种乐器单独来演奏的音乐作品。如弦乐器中有小提琴、大提琴独奏曲等，铜管乐器中有小号、圆号独奏曲等，木管乐器中有单簧管独奏等，键盘乐器中有钢琴、手风琴独奏等。

1710年前后，意大利人克利斯托弗利(1655—1731)制成了音乐史上最早的现代钢琴。钢琴一般分为三角钢琴(图3-4-6)和立式钢琴两类，共有88个琴键(包括黑键和白键)。钢琴的表现力极其丰富，被誉为"乐器之王"。

图3-4-6　三角钢琴

《土耳其进行曲》(钢琴曲)（YP3-15）作者莫扎特(1756—1791)是奥地利作曲家，维也纳古典乐派的杰出代表。他3岁显露音乐天赋，4岁开始学钢琴，5岁开始作曲，6岁到欧洲各地大城市演出，被誉为"音乐神童"。莫扎特的主要作品有歌剧19部、交响曲47部、钢琴协奏曲27部、小提琴演奏曲5部，代表作品有歌剧《费加罗的婚礼》《魔笛》《G大调弦乐小夜曲》等。他奠定了近代协奏曲形式，丰富了交响乐和室内乐的表现力，对后世音乐创作产生极大影响。

YP3-15
《土耳其进行曲》(钢琴曲)

钢琴曲《土耳其进行曲》是《A大调钢琴奏鸣曲》的第三乐章，标题为"土耳其风格"，后被称为《土耳其进行曲》。这个乐章风格突出，常作钢琴小品单独演奏，旋律轻快活泼富有朝气，土耳其军鼓的节奏更增强了进行曲特点，具有威武雄壮的英雄气势。

4. 管弦乐作品欣赏

管弦乐曲是除交响曲、协奏曲外的由管弦乐队演奏的其他类型的作品。管弦乐队主要由弦乐组、铜管组、木管组、打击乐组等不同乐器组合而成(图3-4-7)，它们在乐队的指挥下共同完成对音乐作品的演绎(图3-4-8)。长笛高音区音色明亮，

图 3-4-7 管弦乐队的部分乐器

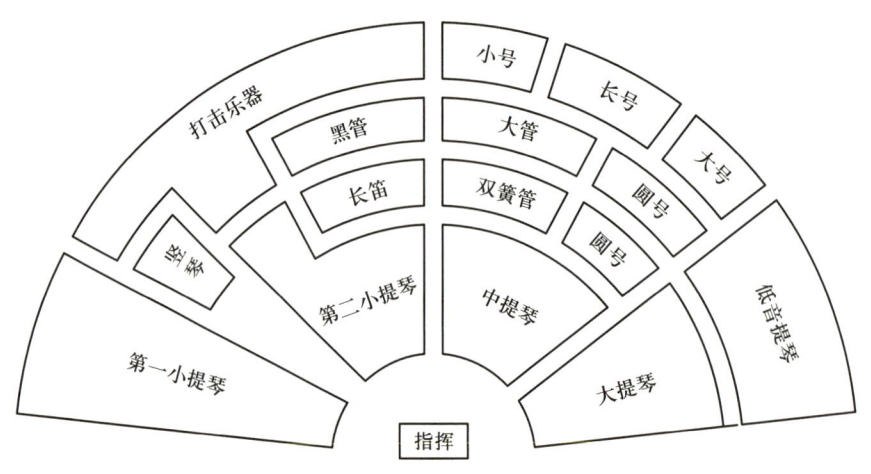

图 3-4-8 管弦乐队合奏座式

最高音区更为明亮而尖锐,也更富于光彩;中音区音色柔和而优美;低音区音色略带沙哑,但很有特色,有些像中国箫的音色。短笛的高音区音色明亮而有穿透力,低音区没有长笛效果好。双簧管高音区音色明亮;中音区音色甜美、柔和;低音区发音饱满但"鼻音重",适于表现优美抒情的音乐,具有田园风味。单簧管也叫黑管,高音区音色饱满、明亮;中音区发音柔弱;低音区是表情区,发音低沉饱满、紧张。大管也叫巴松,高音区与最高音区发音极富个性,表现力丰富;中音区发音柔和略带管风琴特色;低音区发音饱满、浑厚。小号高音区发音嘹亮、穿透力强;中音区音色优美、有透明性;低音区音色较暗淡。圆号高音区音色洪亮、表现力丰富;中音区发音柔润、丰满;低音区音色较粗糙。短号与小号基本相同,音色比小号柔和,表现力不如小号。长号高音区音色辉煌有力,有凯旋般的气势;中音区音色饱满圆润,音色宏大;低音区强奏时有庄严感,弱奏时音色淡。大号高音区发音效果差,较少使用;中音区发音饱满有力;低音区音色浓厚、低沉。定音鼓是有固定音高的打击乐器。大鼓是没有固定音高的打击乐器,发音宏大而且饱满。小鼓也是没有固定音高的打击乐器。小鼓在管弦乐队中既用来描写部队的行进与战斗场面等,又可以用来制造恐怖、紧张、阴森的效果。三角铁也是没有固定音高的打击乐器,音色独特又清脆明亮,穿透力很强,无论强奏、弱奏都可以听得到。

《动物狂欢节》 法国作曲家圣·桑斯1886年创作的管弦乐曲。圣·桑斯是法国民族音乐协会创始人之一,主要作品有管弦乐组曲《动物狂欢节》、歌剧《参孙与达利拉》、交响乐《骷髅之舞》《大提琴协奏曲》及小提琴《引子与回旋随想曲》等。

《动物狂欢节》由13首标题小曲和终曲组成:引子和狮子进行曲,母鸡和公鸡,野驴,乌龟,大象,袋鼠,水族馆,长耳朵的角色,森林中的杜鹃,大鸟笼,钢琴家,动物化石,天鹅,终曲。作曲家别出心裁地以拟人化的手法和性格化的旋律,描写各种动物的狂欢活动,形象诙谐有趣、生动活泼。这部作品的副题是"动物园大幻想曲",它对各种动物所作的描摹实在逗人喜爱,把人带入一个神奇的动物世界。

5. 室内乐作品欣赏

弦乐四重奏由第一小提琴、第二小提琴、中提琴、大提琴组成。四件乐器各演奏一个不同的声部,共同塑造一个艺术形象。它的特点是多样化的演奏技巧和丰富的表现力,长于表现旋律的歌唱性,有宽广的音色、音区和音域对比,对个人演奏技巧要求极高。小提琴的第一弦发音华丽而富有光彩,第二弦与第三弦发音柔和典雅,第四弦发音深沉而富有厚度。中提琴音色较暗淡,带有"鼻音",适于演奏柔

| 小提琴 | 中提琴 | 大提琴 | 低音提琴 |

图 3-4-9　弦乐四重奏的乐器

和、忧郁、略带伤感的旋律。大提琴的第一弦音色明朗,并且具有宽广的特色,第二弦音色柔和,第三弦音色深沉饱满,第四弦音色深沉、粗野,类似男低音的音色。低音提琴发音浑厚,低沉有力(图 3-4-9)。

弦乐四重奏——《如歌的行板》　作者是柴可夫斯基(1840—1893),俄国作曲家,他 10 岁开始学习钢琴和作曲,1862 年进入圣彼得堡音乐学院学习作曲,毕业后到莫斯科音乐学院任教。他的作品注重内心刻画,尤其把知识分子在沙皇统治下不满现实、渴望自由、但找不到出路的苦闷心情描写得淋漓尽致。艺术上,他在旋律配器等方面的造诣极高,在各种体裁领域都有所建树,其音乐充满内心的感受和戏剧力量,主要作品有《第六(悲怆)交响曲》等交响曲多部,《叶甫根尼·奥涅金》等歌剧 10 几部,《天鹅湖》等舞剧 3 部及各种器乐重奏曲、钢琴奏鸣曲等。

《如歌的行板》创作于 1871 年,是作曲家创作的《D 大调弦乐四重奏》的第二乐章。它以俄罗斯民歌《孤寂的凡尼亚》为主题,经变奏手法的处理,在乐曲中一再表现极其沉郁、伤感的情绪。在轻吟低回、如泣如诉的琴声中,该作品将专制政治之下人民的悲惨生活与难言的苦楚表达得淋漓尽致。作家托尔斯泰听完演奏后说:"从这首乐曲里,我已经接触到忍受苦难的人民的心灵深处。"

六、流行音乐作品欣赏

流行音乐起源于布鲁斯音乐(Blues),没有布鲁斯的影响,流行音乐的声音不会是现在这个样子。在百余年的发展中,流行音乐逐渐发展成了有别于古典音乐与现代音乐的音乐体系。它以爵士和声、拉丁音乐节奏、非洲音乐节奏、现代编曲技法为依据,主要特点有调式不限于大小调体系、和声以功能性为主、多元化、即兴及不稳定的节奏律动等,具有大众性、时尚性、新奇性、娱乐性、商业性、快速更替性、参与性、即兴性等特征。

(1)《手拉手》(*Hand in hand*) 《手拉手》是由著名音乐家乔治奥·莫罗德尔为第 24 届夏季奥运会创作的主题歌,它体现了理解、友谊、团结的奥运精神,一经问世就广为传唱,为世人所喜爱。

乔治奥·莫罗德尔是意大利音乐家,曾获得 3 项奥斯卡奖和 16 项格莱美奖。这首主题歌歌词内容浅显、易懂,主题鲜明、深刻,情感洋溢、激荡,很有感染力。歌词分两大节,每节的前两句都强调了"友谊""团结"的主旋律,即主题。通过反复吟唱"我们手拉手,友谊传四方",把"友谊、团结、理解"的主题鲜明地凸显出来,颂扬了友谊、团结和公平竞争的奥运精神,突出了体育给人们带来的美好的心灵感受。

(2)《我心永恒》(*My heart will go on*) 《我心永恒》是电影《泰坦尼克号》的主题曲,由好莱坞著名主流电影作曲家詹姆斯·霍纳(James Horner)一手制作。具有浓烈民族韵味的爱尔兰锡哨在他的精巧编排下,更显悠扬婉转而又凄美动人。歌曲的旋律从最初的平缓到激昂,再到缠绵悱恻的高潮,一直到最后荡气回肠的悲剧尾声,短短四分钟的歌曲实际上是整部影片的情感浓缩。该曲在全球取得了名副其实的战绩,登上多国单曲榜第一位,并成为全球最畅销的单曲之一,全球销量过千万。《*My heart will go on*》还获得第 70 届奥斯卡最佳电影歌曲奖和第 41 届格莱美奖。

(3)《温柔地爱我》(*Love me tender*) 埃尔维斯·普雷斯利(Elvis Presley)(猫王)是美国摇滚乐史上影响力最大的歌手,有"摇滚乐之王"的称誉。20 世纪 50 年代,猫王的音乐开始风靡世界。他的音乐超越了种族及文化的疆界,将乡村音乐、布鲁斯音乐及山地摇滚融会贯通,形成了具有鲜明个性的独特曲风,强烈地震撼了当时的流行乐坛,并让摇滚乐如同旋风一般横扫了世界乐坛。据估计,猫王已经销售超过 3 亿张专辑,是唱片业历史上销量最高的歌手之一。

《温柔地爱我》(*Love me tender*)是猫王于 1956 年根据自己的同名电影创作的

经典金曲。1956年秋,猫王以该曲闯入电影界,此后,他拍了许多部电影。不管电影里饰演什么角色,他那深情而富有磁性的声音总是能感动所有观众。一般来说,一首电影插曲,大都是"对号入座",即归宿于某部特定的影片。但《温柔地爱我》却是例外,它是1956年美国影片《兄弟情仇》的插曲,并由"猫王"担任配角和主唱。1957年,美国影片《情暖童心》上映时,又将这首歌作为该片的主题曲。该曲曾经多次被评为奥斯卡金曲。

美的体验

1. 课外阅读

阅读书目:《吕氏春秋》《尚书·益稷》《荀子·乐论》。

思考:如何领会"以乐和心"的思想?

提示:从新石器时代到近现代,音乐艺术承载了从古至今人类精神文明的需求。作为最早提出音乐美学思想且寻找形而上的古代音乐根源时期,通过数千年的传承,它将优美、壮美、崇高美、欢乐美、悲剧美和戏剧美的艺术表现形式融入了人类社会生活,成为精神品格与情感态度的美的体现。音乐艺术不仅能够使我们全面了解礼乐思想,而且对当今和谐社会的构建具有里程碑意义。

2. 课后活动

音随律动　声入人心

(1) 主题:2022年,央视网络春晚中展示了蕴含传统文化元素的19首音乐作品,以流行唱法和传统呼麦相互碰撞而诠释的屈原《天问》歌曲,成为最受欢迎的节目之一。该作品展现了悠扬的歌声、绚丽的舞美,给观众开启了一场"星际穿越",向伟大的中国航天事业致敬。让我们来学唱这首经典歌曲,开展一次与航天员之间的"声心"对话。

(2) 目标:体验歌词中表达的意境,感受旋律的舒扬,培养爱国精神和奉献意识。

(3) 步骤:读歌词,听旋律,学唱法,分小组进行学习,每组选1名同学上台演绎,随后将各组同学分配到不同的段落进行轮唱和合唱,由全班同学评选出配合度高、声情并茂、声入人心的同学。

3. 思维拓展

聆听课程中音频视频资料,以简谱 re(2) 为主音音符,将你喜欢的 1~7 的数字融入其中,即兴创作成以 ×× ×× 为节拍共 4 个小节的音律,配上简单的文字。此题重点是通过学习,培养和提高创造性思维能力,从模仿、即兴、创作来激发想象力,感受音乐带来的创造美。

测一测

1. 选择题

(1) 以下哪个属于民族乐器?(　　)

　　A. 二胡　　　B. 钢琴　　　C. 小提琴　　　D. 大提琴

(2) 以下哪个属于西洋乐器?(　　)

　　A. 琵琶　　　B. 古筝　　　C. 竹笛　　　D. 小号

(3) 以下音乐作品中属于中国声乐作品的是?(　　)

　　A.《流水》　　　　　　B.《黄河大合唱》

　　C.《十面埋伏》　　　　D.《鹧鸪飞》

(4) 以下哪位是近现代欧洲音乐史上浪漫乐派的代表人物?(　　)

　　A. 鲍罗丁　　　B. 格里格　　　C. 李斯特　　　D. 德沃夏克

2. 判断题

(1)《土耳其进行曲》是古典钢琴家贝多芬创作的。(　　)

(2) 维也纳三杰是指海顿、贝多芬、莫扎特。(　　)

(3) 弦乐四重奏由第一小提琴、第二小提琴、中提琴、低音提琴四种乐器共同演奏。(　　)

(4)《三门峡畅想曲》是我国民族乐器二胡的代表作。(　　)

测一测

第四单元

笔端的乾坤：绘画艺术

绘画以色彩、线条、形状作为艺术表达的媒介,在二维的平面上,感性具体地描绘客观对象。绘画艺术偏重于对象的客观再现,是艺术家内心世界和审美意向的表达。

学习目标

1. 初步了解绘画艺术的历史脉络,理解中国画与油画的差异。
2. 能依据绘画艺术审美特征鉴赏作品。
3. 能从绘画艺术中感悟美,学习中国画所蕴含的文人风骨。

课前导学

尝试按文字描述画下来:"天空像海水一样湛蓝,像软绵绵的棉花糖一样的云朵挂在天空上,碧绿的草坪上有各色的花朵正在绚烂地开放"。有没有发现,即使没有绘画基础,也能表现上述画面?可见,每一个人心中都住着一个绘画的天使,能感受,能表达。我们都是绘画潜力股,人人都拥有一双能开启美的眼睛!

美的印象

《富春山居图》(图 4-1-1)是元代画家黄公望晚年的作品,也是中国古代水墨山水画的杰作。这幅堪称山水画最高境界的长卷描绘了富春江两岸的秀丽景色,画作在"景随人迁,人随景移"的精心构思中,为我们呈现了富春江一带的秋初景色:丘陵起伏,峰回路转,云烟掩映村舍,水波出没渔舟。江水如镜,开阔辽远,使人心旷神怡。数十山峰,各具面貌;数百树,姿态各异。画面布局疏密有致,变幻无穷。画家以清润的笔墨、简远的意境,把浩渺连绵的江南山水表现得淋漓尽致。在清初,此画曾被焚烧为两段,后段称《无用师卷》,现藏于台北故宫博物院;前段称《剩山图》,藏于浙江省博物馆。2011年,《剩山图》赴台北展出,和《无用师卷》得以重逢,是两岸文化友好交流的见证。

图 4-1-1 黄公望《富春山居图》

绘画是指运用线条、色彩和形状等艺术语言,通过造型、色彩和构图等艺术手段,在二维空间(即平面)里塑造出静态的视觉形象,以表达作者审美感受的艺术形式。绘画种类繁多,主要可分为以油画、水彩、版画为主的西方绘画体系和以中国画为主的东方绘画体系。

美的历程：绘画艺术的发展巡礼

一、中国绘画艺术

1. 秦汉时期的浪漫

秦汉时期传承了远古传统的原始活力，充满奇禽异兽、神话巫术的浪漫和幻想，将现实和神界、神话和历史、人与兽结合，共同演绎出丰满而形象的画面。战国时期的帛画，汉代的画像砖与画像石，都展示了一个琳琅满目、极有气魄的世界。

如长沙楚墓出土的战国时期帛画《人物龙凤图》（图4-2-1），画面中部偏右下方绘一侧身伫立的妇女，身着绣卷云纹的宽袖长袍，袍裾曳地状若花瓣。其上部，一硕大的凤鸟引颈张喙，动态似飞。左边自下而上绘一只张举双足、向上升腾的龙。画面构图精巧，整体舒展流畅。

图4-2-1　长沙楚墓帛画《人物龙凤图》

2. 魏晋南北朝时期的传神

魏晋南北朝是中国画的滥觞期，这一时期真正意义上的中国画出现了。此时人物画是主要的创作类型。东晋顾恺之提出"传神写照"的理论，要求绘画作品应注重表现人物的风貌、气质，开中国画重"气韵"之先河。其代表作《洛神赋图》（图4-2-2）巧妙地利用了山石、林木、河水等，将画面分隔成不同情节，时间与空间首尾呼应，和谐统一，人物安排疏密得宜，画面虚实疏密相间，使人感受到诗意盎然的意境美。

图4-2-2　顾恺之《洛神赋图》（局部）

3. 隋唐时期的多元

隋唐是中国画发展的一个高峰,出现了百舸争流的局面。在此时期,人物画仍占主导地位,以皇室及贵族生活为创作内容的绘画风格盛行不衰,如以周昉创作的《簪花仕女图》为代表,创作视角由注重政治事件转为注重日常生活描写,极具感染力。代表人物阎立本、吴道子在人物画上各有创新。如吴道子《八十七神仙卷》(图4-2-3),线描遒劲奔放、变化丰富,并于焦墨痕中略施微染,实现天衣飞扬的效果。这一时期的宗教壁画创作也达到极盛。在敦煌莫高窟的壁画中,华美的人物造型、宏伟的规模、瑰丽的想象、丰富的内容、灿烂的色彩,均是其他时代的作品难以比拟的。

图4-2-3 吴道子《八十七神仙卷》(局部)

山水画摆脱了"人大于山"的稚拙状态而逐渐进入成熟时期。李思训、李昭道等人善以青绿赋色,臻丽而富有情趣;吴道子"纵以怪石崩滩"开创了豪放壮美的山水画新风格;王维以诗入画创"破墨山水",抒文人情怀。

花鸟画开始崭露头角,但多用以装饰环境及满足欣赏的需要,以皇室贵族善花鸟者颇多。如汉王李元昌善画鹰鹘;滕王李元婴、其子李湛然以画蜂蝶禽花著称;开元时户部侍郎冯绍正尤善画鹰、鹘、鸡、雉等;韩幹画马,杜甫以"笔端有神"赞之;韩滉擅摹牛、羊、驴等动物等。

4. 五代时期的开阔

五代的绘画风格为之一变。北方,荆浩和关仝开创了雄伟壮美的全景式山水。南方以董源、巨然为代表的江南画派则善于表现平淡天真的江南风景(图4-2-4)。

图 4-2-4　董源《潇湘图》(局部)

董、巨二人的画风在元代以后逐渐流行,对中国画的发展产生巨大影响。花鸟画坛出现了黄筌的精工富丽和徐熙的天然逸趣两种画风的分野,一直影响数个朝代的花鸟画风格。

5. 宋代时期的繁荣

在整个中国画风格的演变过程中,宋代是一个极为重要的时代。文人画带来的审美观念变化是导致中国画风格演变的重要原因。宋画所反映的广泛的现实生活内容,在古代绘画史上极为突出。其注重塑造性格鲜明的艺术形象,艺术上力求洗去铅华而趋于平淡素雅。宋代山水创作一度繁荣。北宋崇"北宗",上承唐之青绿山水和荆关的全景山水。南宋山水画的代表人物主要是号称"南宋四家"的李唐、刘松年、马远、夏圭。他们各自在继承前代的基础上有所创造,山水画风为之一变,出现"一角半边"式的构图及所谓"院体"的画风(图4-2-5),对后世山水创作有极为重要的意义。黄筌与黄居寀父子的"黄家富贵"占据画院主流并为宫廷所推崇。徐熙的"野逸"则于民间发展,其孙徐宗嗣继其祖业,创"没骨法",别具一格。另外,宋徽宗赵佶的精笔水墨花鸟是一种新的创造(图4-2-6)。宋代画家不拘成法,以写生为基础,创造出大量生动多样的艺术精品。

图 4-2-5 马远《踏歌图》(局部)

图 4-2-6 赵佶《瑞鹤图》

6. 元代时期的风骨

元代绘画风格的发展趋势是重视在传统的继承上创新立意,突出表现为文人画开始占据画坛的主导地位,给中国绘画的发展带来深刻的影响。适合表现文人画家意识和风骨的山水画和枯木竹石、梅、兰及墨笔花鸟大量涌现,人物故事画相对减少,绘画作品中诗、书、画进一步结合且成为普遍风尚。这加强了中国绘画的文学趣味,更好地体现了民族特色。元代虽然时间不长,但是在绘画上却是名家辈出,成就可观,有赵孟頫、黄公望、王蒙、倪瓒、吴镇等。

7. 明代时期的流派

中国画在明代产生了许多流派,各派又在创作和理论上自成体系。以吴门画派为代表的文人写意水墨画在元代的基础上形成了新风尚,如沈周的《庐山高图》(图 4-2-7)。山水题材重意趣和文雅淡逸。写意花鸟继元代后人胆创新,变化突出,对后世影响深远。晚明又有董其昌提出文人画的"南北宗论"之说,将文人画推为至尊,对清代山水画风格起了深远影响。

图 4-2-7 沈周《庐山高图》

8. 清朝时期的异变

清代的文人画日益占据画坛主流，山水画的创作及水墨写意画盛行。清初"四王"（王时敏、王鉴、王原祁、王翚）受皇室扶植，成为画坛正统派，他们以摹古为主旨，崇尚董其昌和元四家，讲求笔墨之韵，影响整个清代山水画坛。同时"四僧"（弘仁、髡残、朱耷、石涛）逐渐兴起，他们性格鲜明，主张抒发个性，感情真挚，有强烈的艺术创新精神，对后世影响较大。"康乾盛世"时期，宫廷绘画在皇室扶持下活跃一时。"扬州画派"兴起于扬州地区，接过石涛、朱耷的"反传统"旗帜，以革新的面貌现于画坛。他们钟爱梅、兰、竹、菊等题材和泼墨写意手法，如郑板桥的绘画（图4-2-8）对近现代花鸟画产生了深远影响。

鸦片战争后的中国一直处于动荡之中，随着西方文化的传入，要不要接受西方艺术，怎样接受西方艺术，如何保持本土艺术的面貌，成为19世纪中国画家思考得最多的问题。清末民初的绘画几乎可以用"萧条"二字概括，以吴昌硕为代表的海派画家及岭南派的"二高一陈"（高剑父、高奇峰、陈树人）的出现，才使得中国画坛有了生气。同时，接受了新思想和革命洗礼的艺术家开始仿照西方的模式开办新学校，倡导"美术革命"，并对古代绘画重新加以评定（图4-2-9）。

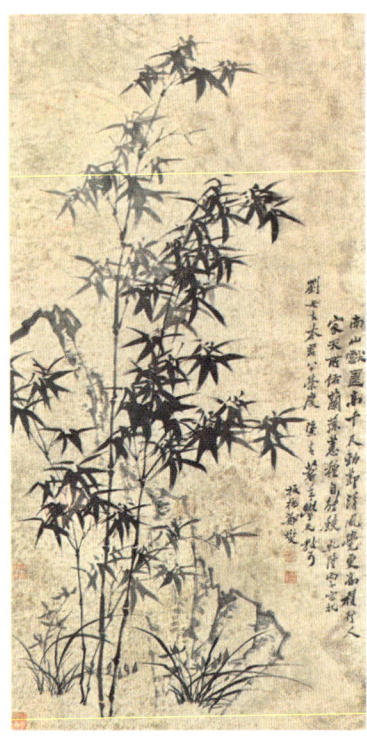
图4-2-8　郑板桥《竹石图》

图4-2-9　黄宾虹《富春江图》

9. 清末民初时期的论争

清末民初是一个翻天覆地的政治变革、社会转型、中西方文明冲突与融合的时代。"西学东渐"与"西体中用"在艺术界开始萌芽,人们对于继承传统中国画,抑或大胆吸收西方绘画理念与技法展开了激烈的争辩。蔡元培等人的美育理论,康有为、吕澂、陈独秀、徐悲鸿等人的中国画革命的思想,以及陈师曾对"文人画的价值"的论述,都给当时的"美术革命"的论争添上了浓墨重彩的一笔。以吴昌硕、任伯年、陈师曾等人为主的绘画艺术继承了写意画风,又敢于打破传统、自立门户、独树一帜,是传统文人画在近现代的一个历史高峰,如吴昌硕提出了"苦铁画气不画形"的主张。

论争为民国以后齐白石、徐悲鸿、朱屺瞻、潘天寿、蒋兆和等一大批杰出画家自觉与创新的出现提供了良好基础。

10. 新中国时期的创新

1949年中华人民共和国成立,涌现了一大批拥有崭新面貌、有朝气、有激情的艺术家,创作了很多有深刻思想和艺术高度的新中国画作。如叶浅予的《北平解放》;唐勇力的《新中国诞生》;黄胄的《载歌行(赶集图)》;陈之佛《樱花小鸟》;杨之光的《一辈子第一回》;韩书力的《高原祥云——和平解放西藏》;徐悲鸿的《九州无事乐耕耘》;齐白石《百花与和平鸽》;张大千的《长江万里图》(图4-2-10);傅抱石、

图4-2-10 张大千《长江万里图》局部

关山月的《江山如此多娇》等这些画作成为中国绘画新的经典,是现实主义同浪漫主义的结合,掀起了"新中国画"的创作高潮。

二、西方油画艺术

油画作为西方绘画的主要画种,在西方绘画艺术中占有非常重要的地位,产生了众多灿若星辰的艺术大师,绘制出无数精美的艺术作品。

1. 文艺复兴时期的绘画:以人为本

中世纪后兴起了欧洲文艺复兴运动(14—16世纪)。文艺复兴时期艺术的显著特点是关注现实与人文,在追溯古希腊、古罗马的精神旗帜下,创造了最符合现实人性的崭新艺术。

意大利是文艺复兴的中心地,14—15世纪,乔托、马萨乔等把人文思想与对自然的真实描绘相结合,显示了与中世纪不同的现实主义风格。乔托代表作有《逃亡埃及》《犹大之吻》等。他力图画出透视感和深度空间,被誉为"欧洲绘画之父"。

15世纪末至16世纪中叶,出现了文艺复兴三杰——达·芬奇、米开朗基罗、拉斐尔。达·芬奇(1452—1519)是一位思想深邃、学识渊博、多才多艺的艺术大师、科学巨匠、工程师和发明家,他在很多领域都有杰出贡献。壁画《最后的晚餐》,祭坛画《岩间圣母》和肖像画《蒙娜丽莎》是他的三大杰作,也是他留给世界的艺术遗产。

米开朗基罗(1475—1564)不仅是伟大的雕塑家、画家,还是一位了不起的建筑家、军事工程师和诗人。其著名作品有西斯廷教堂天顶壁画《创世纪》、壁画《最后的审判》及雕塑《被缚的奴隶》《垂死的奴隶》和《大卫》等。他的作品在写实基础上进行非同寻常的理想加工,成为整个时代的典型象征。他所塑造的英雄既是理想的象征又是现实的反映,这些都使他的艺术创作成为西方美术史上一座难以逾越的高峰。

拉斐尔(1483—1520)是意大利文艺复兴时期最伟大的画家之一。他的一生创作了不少作品,其风格代表了当时人们最崇尚的审美趣味,其中的《西斯廷圣母》和《教皇利奥十世与两位红衣主教》等成为后世古典主义者不可企及的典范。

这一时期出现的提香、乔尔乔内等威尼斯画派画家,注重光与影的表现,追求享乐主义的情调,对后世产生了深远影响。

2. 17—18世纪的绘画：生机勃勃

17世纪的西方绘画开创了一个生机勃勃的新局面。最具代表性的是巴洛克、学院派、古典主义和写实主义四个流派。

巴洛克风格起源于意大利，后风靡全欧洲，其特点是追求具有激情和运动感的表现，强调华丽绚烂的装饰性，佛兰德斯的鲁本斯是巴洛克绘画的代表人物（图4-2-11），同时代的现实主义大师如荷兰的伦勃朗、西班牙的委拉斯贵支等，也在一定程度上具有巴洛克的特点。学院派重视规范，包括题材的规范、技巧的规范和语言艺术的规范，要求高尚端庄，反对激烈的个性表现；重视基本功训练，强调素描，后期走向了缺乏生气的程式化道路。古典主义强调理性、形式和类型的表现，忽视艺术家的灵性、感性和情趣的表达。写实主义拒绝遵循古典艺术的规范及"理想美"，也不愿意对自然进行美化，即忠实地描绘自然。

18世纪，西方画坛洛可可风格兴盛一时，其特点是追求华丽纤巧和精致。代表画家有法国的乔托、布

图4-2-11 鲁本斯《海伦娜·弗尔曼肖像》

歇和弗拉戈纳尔。随着1789年法国资产阶级大革命的到来，进步的美术家们又一次重振了古希腊、古罗马的英雄主义精神，开展了一场新古典主义艺术运动，代表画家是法国的大卫和安格尔。之后，浪漫主义随着新古典主义的衰落而兴起。法国席里柯的《梅杜莎之筏》被视为浪漫主义绘画的开山之作，德拉克洛瓦也是浪漫主义画派的代表，其绘画色彩强烈、用笔奔放、充满强烈激情，代表作有《希阿岛的屠杀》和《自由引导人民》等。

3. 19世纪的绘画：释放情感

这一时期，法国绘画在欧洲起着主导作用。法国绘画的发展大致分为新古典主义、浪漫主义、现实主义、印象主义、新印象主义和后印象主义等阶段。

19世纪中期是现实主义蓬勃兴旺的时期。法国画家库尔贝是现实主义的倡导者，他的代表作《奥南的葬礼》堪称绘画中的"人间喜剧"。而《石工》（图4-2-12）则深刻地揭示了社会的矛盾，表现了作者对劳动人民的同情。

19世纪后期产生的印象派以创新的姿态出现，反对当时已经陈腐的古典学院

图 4-2-12 库尔贝《石工》

派的艺术观念和法则,受到现代光学和色彩学的启示,注重在绘画中表现光的效果。代表画家有马奈、莫奈、德加、毕沙罗、雷诺阿、西斯莱等。继印象派之后出现了以修拉和西涅克为代表的新印象派与以塞尚、梵高和高更为代表的后印象派。其中梵高的绘画着力于表现自己强烈的情感,色彩明亮,线条奔放;高更的画多具有象征性的寓意和装饰性的线条与色彩;塞尚的绘画则追求几何性的形体结构,因而被尊称为"现代艺术之父"。

4. 20世纪的绘画:千姿百态

20世纪以来,现代美术呈现出流派迭起、千姿百态的局面。1905年诞生的以马蒂斯为代表的野兽派绘画,强调形的单纯化和平面化,追求画面的装饰性。1908年崛起的以毕加索和布拉克为代表的立体派绘画继承了塞尚的造型法则,将自然物象分解成几何块面,从根本上挣脱了传统绘画的视觉规律和空间概念。随着德国1905年桥社和1909年蓝骑士社的先后成立,表现主义作为一种重要流派登上画坛,他们注重表现画家的主观精神和内在情感。1909年,意大利出现了未来主义美术运动,画家热衷于利用立体主义分解物体的方法来表现活动的物体和运动的感觉。抽象主义的美术作品于1910年前后产生,其代表画家有俄罗斯画家康定斯基(图4-2-13)和荷兰画家蒙德里安(图4-2-14),而两人又分别代表着抒情抽象和几何抽象两个方向。

图 4-2-13　康定斯基《构图七》

图 4-2-14　蒙德里安《黄、蓝和红的构图》

第一次世界大战期间产生了达达主义思潮,这一流派的艺术家不仅反对战争、反对权威、反对传统,而且否定艺术自身,否定一切。杜尚将达·芬奇的《蒙娜丽莎》画上胡须,并将小便池作为艺术品。随着达达主义运动消退,超现实主义艺术思潮出现。此派画家以柏格森的直觉主义、弗洛伊德的精神分析学和梦幻心理学为理论基础,力图展现无意识和潜意识世界。其绘画往往把具体的细节描写与虚构的意境结合在一起,表现梦境和幻觉的景象。代表画家有恩斯特、马格利特、达利、米罗等。

第二次世界大战后,以波洛克、德·库宁为代表的抽象表现主义绘画(图4-2-15)在美国产生,该流派综合了抽象主义、表现主义的特点,强调画家行动的自由性和自动性。20世纪50年代初萌发于英国、50年代中期鼎盛于美国的波普艺术,继承了达达主义精神,作品中大量利用废弃物、电影广告和各种报刊图片,将其拼贴组合,故又有新达达主义的称号。代表人物有美国画家约翰斯、劳生柏、沃霍尔等。

图 4-2-15　波洛克《1948年第5号》

美的视窗：绘画艺术的审美特征

绘画艺术之美，美在作品深刻的思想内涵和形式的完美结合。自绘画艺术诞生伊始，艺术家们创造了辉煌的艺术作品，其风格流派更迭变幻，纷纭繁复，呈现出百花齐放的状态。

中西文化差异导致中国绘画与西方绘画在绘画创作理念、绘画要素和艺术表现上有较大不同。中国文化讲究含蓄、婉约，重在写意，重视内在的心理感受，即"心理和谐"。西方文化追求坦率、直接，注重外在形式的表达。在绘画要素上，中国绘画被称为"线条"的艺术，以毛笔的灵活挥洒表现对象；其色彩以墨为主，色为辅，提倡"墨分五色"；对象表现以渲染为主，弱化明暗对比；以散点透视为造型法则。西方绘画则以色彩变化与明暗对比来暗示线条的存在；色彩的运用基于科学的色彩规律，主要以明暗对比表现体积感；遵循焦点透视的规律。在艺术表现上，中国绘画提倡以形写神，形神兼具，"计白当黑""外师造化，中得心源"，诗书画印完美结合，富有东方的艺术情趣；西方绘画则追求"真""美"及"和谐的形式"，签名隐蔽，力求完整。

无论中国绘画还是西方绘画，其审美特征主要体现在以下三个方面。

1. 形之美

我国古代典籍《尔雅》中就曾说，"画，形也"。假如抽掉了人的感受器——眼睛，以及感受的对象——"形"，也就无所谓美术了。形，赋予绘画作品内容、造型以思想和想象。形，离不开点、线、面三个基本元素，它们是构成视觉形象的基本载体。连点成线，涉线成面，多面成体。不同的视角看同一个物体会有无限的可能性，这正是绘画的无限魅力所在。

点由于大小、位置的不同，既可表现具体物象，又具有一种独特的美，增加画面的活力。山水画中传统的点苔法就是以各种形状的点来表现山石、坡地、苔藓杂草等。不同宽度、厚度的线条则饱含不同的情绪和感染力，是画面视觉故事的重要解读方式。水平直线有舒展、安宁、平静之感；垂直线有挺拔、刚毅、庄严之感；斜线具有节奏和动感；曲线则给人以自由、活泼、流动与愉悦的感受。线条是国画生命的符号，吴冠中曾说，"中国传统绘画的主要武器是线，用线构成画，用线营造深远，'密不透风''疏可跑马'皆凭线之功能，书写意境"。面是由点、线等多个元素与整个画面建立的关系，它有助于提升画面的艺术空间感，展现画面的不同艺术风貌，从视觉、分量上提升画面的内涵。点、线、面之间的情绪表达相辅相成，通过画家的组合,最终形成具象、意象、抽象三种主要绘画形态,使画面更为自然、生动,更具表现力,进而完整地表达画家对于事物本质的深刻洞见。

2. 色之美

色彩就像一扇迷人的窗口,在绘画开启的瞬间引领我们步入一个缤纷的胜境。色彩包含色相、明度、纯度三要素,分为无彩色系和有彩色系。无彩色系包含白、灰、黑色系列,中国画就将黑——墨色用到了极致。墨色最朴实的韵味承载了最丰富的画面层次变化,配合洒脱的笔法,蕴含着中国人的风骨气魄。有彩色系包括在可见光谱中的全部色彩,不同的色彩能给予人不同的生理、心理感受和联想等。凡是偏向于红、橙、黄的色相,由于能引起人对太阳、火光的联想,给人以暖和的感觉,故被称为"暖色",常表达喜庆、热烈等情绪。反之为冷色。毕加索的绘画就曾经有过忧伤的"蓝色时期"和浪漫的"粉色时期"。正如歌德所说:"颜色对于人的心灵有一种作用,它能够刺激感觉,唤起那些使人激动、使人痛苦或使人快乐的情绪。"色彩运用得好坏直接关系到绘画作品的优劣。

3. 情之美

情感是绘画作品的灵魂和生命。情感来源于对自然、对生活、对人生、对社会的感悟、经历和理性思考。它是无形的,却能通过对构图、造型、色彩的处理给人以不同的感受。如吴道子开创的兰叶描有飘动之势,其运笔时提时顿,以产生如同兰叶般的线条,展现出自己内在的精神力量。一幅优质的绘画作品,就像一个人需具备足够的魅力,蕴涵着微妙而难以描述的画家的个性、偏好及情感意趣,从而能带动观众的思绪在画面传递的情境氛围中来回游走,并且有效激发其内心深处的潜在悟性。

欣赏绘画作品,应该掌握四种方法。

(1) 理解美术作品的立意和主题。美术家对客观事物的认识与情感都呈现在作品中,中国画就有"意在笔先,画尽意在"的哲理和方法,所以欣赏画作要注意作品的立意。当然,作品的立意有高低之分,意境深远当然能让人产生共鸣。

(2) 感受美术作品的情趣和意境。美的首要特征,是具有吸引人、感染人、鼓舞人的魅力。从这一特征出发,美的形象总是耐看的、令人过目不忘的、令人心花怒放的。美是和谐的,美从对立统一中求得和谐。因此,观赏美术作品时,应该尽情地去享受它所创造的优美情趣和意境。

(3) 了解作者本人及作品创作的时代背景。美术作品可以说是作者形象化的自传,是作者人生态度、审美价值的具体表现,即所谓的"画如其人"。如果没有对作者生平的了解,很难对作品有正确的理解。同时,一幅绘画作品总是一个时代生活的映射,也体现着一个时代的本质特征,如果没有对作品创作背景的了解,就无法深刻体会作品的精妙之处和创新之处。

(4) 多看是提高欣赏能力的一种便捷途径。在艺术中,美是第一位的,离开了美,世界的一切都将变得憔悴和枯萎。因此,无论怎样理解作品,首先还是要能发现它的美。在提高自身艺术修养的同时,多看作品是一种提高欣赏能力的便捷途径。有比较才能有鉴别,看得多自然会有自己的体会和见解。

知识链接

国 画 六 法

国画六法由南北朝时期的画家谢赫提出。他的著作《古画品录》初步奠定了中国画理论的基础,提出了品画的艺术标准——"六法论"。六法包括:气韵生动、骨法用笔、应物象形、随类赋彩、经营位置、传移摹写。

印 象 主 义

以莫奈、毕沙罗、西斯莱三人为代表,主张用色彩来表现大自然的光色变化,反对墨守成规的学院派、古典主义绘画,主张走出画室到野外写生,因此他们的作品色彩浓郁、鲜明,善于把握瞬间的光色变化,把自然风景的空气感、不同时间的色彩表现得淋漓尽致。

1874年,印象主义画派的第一届画展开幕,莫奈展出了他的著名作品《日出·印象》。这幅画已没有传统绘画的影子,它以全新的绘画面目使观众目瞪口呆,把人们传统的欣赏趣味引向灿烂的光色世界。

美的欣赏:绘画名作欣赏

一、中国画作品欣赏

1. 人物画

凡以人物为内容的绘画统称人物画。人物画从题材上大体可分为道释画、仕女画、肖像画、风俗画、历史故事画等。人物画范围很广,从画面的人物数量来看,一般又可分为群像画和肖像画,前者以突出人物活动为主,后者以描绘人物形象为主。二者表现的侧重点虽有不同,但都要求形神兼备,即不但形象要符合人物的形体、服饰结构、比例、场景透视原理等,而且要表现出人物的性格、气质和精神、神态等。另外,中国人物画的主要特点是以线条表现人物的神情(神似),这有别于西方绘画注重质感、光影变化的特色。

《女史箴图》(局部)(东晋·顾恺之)(图4-4-1) "女史"是女官名;"箴"是规劝、劝诫的意思。大臣张华为劝诫西惠帝写成《女史箴》,后来顾恺之据文配画,有了《女史箴图》。《女史箴图》以日常生活为题材,采用游丝描手法,用笔细致连绵,如春蚕吐丝,形神兼备。画家注重人物神态的表现,衣带飘洒,形象生动。

图4-4-1 顾恺之《女史箴图》(局部)

《步辇图》(唐·阎立本)(图4-4-2) 《步辇图》的画面右侧是宫女簇拥下坐在步辇中的唐太宗,左侧三人分别为典礼官、禄东赞和通译者。唐太宗的形象是全图焦点。作品设色典雅绚丽,线条流畅圆劲,构图错落,富有变化,为唐代绘画的代表作品,具有珍贵的历史和艺术价值。

《送子天王图》(局部)(唐·吴道子)(图4-4-3) 作品所画人物的衣褶波折起伏,宛如迎风起舞,灵动飘逸,有人评价为"天衣飞扬,满壁风动",故有"吴带当风"之称。其画法被称为"吴家样",又称"吴装"。

图 4-4-2　阎立本《步辇图》(绢本)

图 4-4-3　吴道子《送子天王图》(局部)

《韩熙载夜宴图》(局部)(五代·顾闳中)(图 4-4-4)　《韩熙载夜宴图》是中国十大传世名画之一。它以连环长卷的形式描绘南唐巨宦韩熙载开宴行乐的场景。作品突出表现了传统工笔重彩画的特点,在我国古代美术史上占有重要的地位。作品的用笔设色匠心独运,韩熙载面部的胡须、眉毛的勾染好似从肌肤中生出一般。人物衣纹勾勒严整简练,利落洒脱,如屈铁盘丝,柔中有刚。人物服装用色大胆,红绿相互穿插,有对比又有呼应,用色不多,但却显得丰富而统一。

图 4-4-4　顾闳中《韩熙载夜宴图》(局部)

《荷花仕女》(林风眠)(图 4-4-5)　林风眠笔下的中国画和传统中国画拉开了很大的距离,他采用的表现形式在很大程度上是"西方化"的,但是画面效果和作品所体现的意境却又充满东方诗意,具有浓厚的中国传统审美趣味。

2. 山水画

山水画指以自然山川景观为描写对象的中国画,它从魏晋南北朝时期开始逐渐从人物画中分离出来,形成独立的画科,到唐代已完全成熟。传统山水画按画法风格分为青绿山水、水墨山水、浅绛山水、没骨山水等。山水画是禀自然的精华、

图 4-4-5　林风眠《荷花仕女》

天地的秀气,所以画中的阴阳、晦明、晴雨、寒暑、朝昏、昼夜皆有无穷的妙趣。从六朝到唐代,山水画家虽然很多,但他们的笔法、画法、章法(构图)各有千秋,也逐渐形成了中国山水画的面貌。五代的荆浩、关仝更一扫山水画的陈规旧习,开拓了新的局面。到了宋代,董源、范宽、李成三家鼎立,前无古人,山水画法几近完美之境。

《游春图》(绢本)(隋·展子虔)(图 4-4-6)《游春图》是中国现存最古老的一幅山水画,此图描绘了江南二月桃杏争艳时人们春游的情景。在构图上,画家将"丈山、尺树、寸马、豆人"的比例关系用于画面,给人以"远近山川,咫尺千里"之感。作品运用了浓重的青绿填色作为全画的主调。这种色彩的使用被称为"青绿法",开创了中国山水画独具风格的一种画法。

图 4-4-6　展子虔《游春图》(绢本)

《溪山行旅图》(北宋·范宽)(图 4-4-7)《溪山行旅图》为范宽的代表作。该作品构图雄奇,在静谧的山野中,树木葱郁,山石苍劲,瀑布飞流而下,溪声回荡,驼铃声声,构成一幅动静交融的感人画卷。

《万山红遍》(李可染)(图 4-4-8)　作品取毛泽东《沁园春·长沙》之词意,气势雄壮豪迈。此画以墨作底,红为主调,强调"遍"字。以朱砂色铺陈整个画面,可谓大胆创新之举,同时也使画面滋润明亮,富有层次变化。

《山林秋色》(黄宾虹)(图 4-4-9)　这幅画尽管描绘了崇山峻岭,山路曲折盘旋,林木丛生,层次颇多,但仍清妍秀润,意趣生动。该画作构思平中见奇,近取其质,远取其势,不落寻常蹊径,笔墨枯润相间,有虚有实,繁而不乱,显示了画家的技艺达到炉火纯青的境地。

图 4-4-7　范宽《溪山行旅图》

图 4-4-8 李可染《万山红遍》　　图 4-4-9 黄宾虹《山林秋色》

3. 花鸟画

花鸟画是以动植物为主要描绘对象的中国画。花鸟泛指各种动植物,包括花卉、蔬果、翎毛、草虫、畜兽等。根据墨色的不同,可分为水墨、设色、白描、没骨等类别。

《五牛图》(局部)(唐·韩滉)(图 4-4-10)《五牛图》中所画的五牛神态各异,姿态迥然,或行,或立,或俯首,或昂头,动态十足,活灵活现。尤其中间一牛完全画成表现难度极大的正面,视角独特,显示出韩滉高超的造型能力和深厚的美术素养。

图 4-4-10 韩滉《五牛图》(局部)

《墨葡萄图》(明·徐渭)(图 4-4-11) 画家用大写意的酣畅笔墨挥洒出错落的低垂老藤,茂叶以大块水墨绘成,串串果实倒挂枝头,水灵晶莹,鲜嫩欲滴,产生了极佳的晕散效果。该画构图奇特,风格疏放,意趣横生,状物不拘泥于形似而得其神似,将水墨的表现力提升到新的高度。

《眠鸭图》(清·朱耷)(图 4-4-12) 眠鸭回脖闭目,缩成一团,状如浮出水面的礁石,沉稳而内敛,一副与世无涉、孤傲自守的模样。寥寥数笔逼真地画出了眠鸭绒绒细羽的蓬松质感与立体感。画面大片空白,使人联想到无际水面,平添空旷孤寂的情调。作此画时朱耷已 64 岁,正值晚年,反清复明无望,年轻时愤世不平的火气渐消,心态日趋平和无争,"眠鸭"似乎正是这种无奈心情的状写。

图 4-4-11 徐渭《墨葡萄图》　　　　图 4-4-12 朱耷《眠鸭图》

《墨竹图》(局部)(清·郑板桥)(图4-4-13) 画中修竹数竿,高低错落,挺拔清秀,颇具清爽高洁之精神。用笔遒劲圆润、疏爽飞动。竹后石柱挺立,纯用淡墨,与竹叶浓淡相映,虚实相照,妙趣横生,气势骏逸,傲气风骨令人感慨。

郑板桥画墨竹,多为写意之作。他的画展现了浓厚的生活气息,一枝一叶,不论枯竹新篁、丛竹单枝,还是风中之竹、雨中之竹,都极富变化之妙。如竹之高低错落、浓淡枯荣,点染挥毫,无不精妙。画风清劲秀美,超尘脱俗,给人与众不同之感。

《虾》(局部)(齐白石)(图4-4-14) 齐白石曾说:"为万虫写照,为百鸟张神,要自己画出自己的面目。"他注意观察花、鸟、虫、鱼的特点,揣摩它们的精神。其画笔下的虾,堪称一绝。灵动活泼,栩栩如生,落墨成金,笔笔传神。细笔写须、爪、大螯,刚柔并济、凝练传神,显示了画家高妙的绘画功力。

图4-4-13　郑板桥《墨竹图》(局部)　　　　图4-4-14　齐白石《虾》(局部)

二、西方油画作品欣赏

《蒙娜丽莎》（意大利 达·芬奇）（图 4-4-15） 《蒙娜丽莎》堪称是世界上最负盛名的传世杰作之一，也是巴黎卢浮宫的镇馆之宝之一。此画描绘了一名表情神秘的女子，静静地坐在风景前，双手自然地搭放在一起。其丰满的体态、端庄的表情体现出神秘的性感。最让人琢磨不透的是她的微笑，显露出人物神秘莫测的心灵活动，富有魅力，打动人心。因此这幅画也被后人称为"神秘的微笑"。

图 4-4-15 达·芬奇《蒙娜丽莎》

《最后的审判》（意大利 米开朗基罗） 此画题材取自《圣经》。作者受罗马教皇委托，历时六年半，完成这幅作品。整幅壁画场面恢宏，人物有 400 余人，分为天上、人间、地狱三个空间。全画以基督为中心形成一个漩涡形的结构，犹如被暴风卷起的人群，场面壮观。天使吹奏起生命的号角，基督站立在云端，高举有力的手臂，铁面无私地行使他神圣的权力，令人叹为观止。

《雅典学院》（意大利 拉斐尔）（图 4-4-16） 这幅壁画以柏拉图和亚里士多德为中心，描绘了来自希腊、罗马、斯巴达及意大利的 50 余位学者和哲学家聚集一堂展开热烈学术讨论

图 4-4-16 拉斐尔《雅典学院》

的场景。作品充满了对人类智慧的赞美,也展现了拉斐尔出色的肖像画才能和空间构成技巧。该画与达·芬奇的《最后的晚餐》、米开朗基罗的《最后的审判》并称为文艺复兴盛期的三大杰作。

《花神》(意大利 提香)(图4-4-17)
《花神》是提香的代表性作品。花神原为希腊神话中的女神芙罗拉。画家以半身肖像构图。画中人转身俯视,目光专注作沉思态。金黄色的秀发披散在圆浑的双肩上,与充满生命的肉体形成对比,使健壮的身体透露出青春的活力,整个形象给人以庄重、典雅之感。

图 4-4-17 提香《花神》

图 4-4-18 维米尔《倒牛奶的女仆》

《倒牛奶的女仆》(荷兰 维米尔)(图 4-4-18) 约翰尼斯·维米尔是 17 世纪荷兰著名画家。《倒牛奶的女仆》是他的代表作。

画中描绘了在一个简陋厨房的角落,淳朴的妇人将陶罐中的牛奶缓缓倒下,阳光透过窗子照进来,屋子中的每一样物品都静静的,平淡无奇,但却充溢着一种时光的空灵之感,所有的一切都统一在和谐的气氛当中。画面给人的感觉是柔和的,那一瞬间仿佛是被凝固了的平常生活场景,呈现出令人难以忘怀的神奇力量。

《拾穗者》(法国 米勒)(图 4-4-19) 《拾穗者》是米勒最重要的代表作。画面中的三个农妇穿着粗布衣裙和沉重的旧鞋子在低头拾穗,在她们身后是一望无际的麦田和堆得像小山似的麦垛,这些似乎和她们毫不相干。米勒没有正面描绘她们的脸,也没有作丝毫的美化,她们就像现实中的农民一样默默地劳动着。造型上,米勒采用较明显的轮廓使形象坚实有力,很好地表现了农民特有的气质。

图 4-4-19 米勒《拾穗者》

《日出·印象》(法国 莫奈)(图4-4-20) 莫奈被称为"印象派之父"。他是自然的观察者,也是人生的观察者。在印象派出现之前,人们普遍认为只有写实画才是佳作。而印象派作品的出现,颠覆了人们这一传统观念。作品描绘勒阿弗尔港口一个多雾的早上,旭日东升,晨曦笼罩下的海水呈现出橙黄色和淡紫色,天空被各种色块晕染得微微发红,强烈的大气反光形成了多彩的世界,给人一种朦胧之感。

图4-4-20 莫奈《日出·印象》

《伏尔加河上的纤夫》(俄国 列宾)(图4-4-21) 《伏尔加河上的纤夫》是俄国画家伊里亚·叶菲莫维奇·列宾的作品,也是俄国19世纪后期批判现实主义绘画的代表作之一。作品描绘了被烈日炙烤得焦黄的河岸上拉纤的纤夫形象。画中的背景空旷奇特,近景只有埋在沙里的几个破筐,整个画面显得迷蒙、孤独、憋闷,契合了纤夫们的心境。

1869年,还在学生时代的列宾去涅瓦河野游,无意中看到一群套着绳索在拉货船的纤夫。他们蓬头垢面、骨瘦嶙峋的形象让他震颤。他想要描绘一幅表现纤夫苦役般劳动景象的作品。他花了三年时间观察和写生,最终完成这幅享誉世界的佳作。

图 4-4-21　列宾《伏尔加河上的纤夫》

《向日葵》(荷兰　梵高)(图 4-4-22)　《向日葵》是后印象主义画派重要代表画家梵高的名作之一。很多人将梵高称为"向日葵画家",因为向日葵是梵高表现思想的最佳题材。这幅画描绘了花瓶里的 12 朵向日葵,它们热烈地盛放着,辐射的金色花瓣,低垂的花蕊,醒目的绿茎和花萼,在蓝绿色背景的映衬下,彰显着天真而充沛的生命力。

《亚威农少女》(毕加索)(图 4-4-23)　《亚威农少女》是现代艺术创始人、西方现代派绘画大师巴勃罗·鲁伊斯·毕加索早期立体主义的代表作品,也是一幅颠覆了以往绘画方法的立体主义经典画作。这幅画显示的空间非常浅,看起来像是一个浮雕的图像。毕加索有意消除人物与背景间的距离,力图使画面的所有部分都显示在同一个面上。可以说,《亚威农少女》是毕加索一生的转折点,没有它,就不会诞生现在的立体主义。所以,人们往往称呼它为现代艺术发展的里程碑。

图4-4-22 梵高《向日葵》

图4-4-23 毕加索《亚威农少女》

<u>《记忆的永恒》（西班牙 达利）（图4-4-24）</u>《记忆的永恒》是20世纪超现实主义大师达利创作的著名画作。在一片荒凉的旷野上，几个软绵绵的钟表或挂在枯枝上，或摆在桌台上，或搁在一个不明物上，没有人影，没有鸟兽，在死一般的沉静中，一切事物似乎不近情理，却又真实的存在。画家刻意创造一种现实与臆想、具体与抽象之间的"超现实境界"。有人认为这是对逝者如斯的无奈和恐慌，也有人觉得这是对动荡不安的社会表现出的不安和焦虑。尽管人们难以猜测画家通过这些扭曲的东西要传达一种怎样的思想，但它给人的感觉却是无比震惊的，这也正是这幅画震撼而扣人心弦的魅力所在。

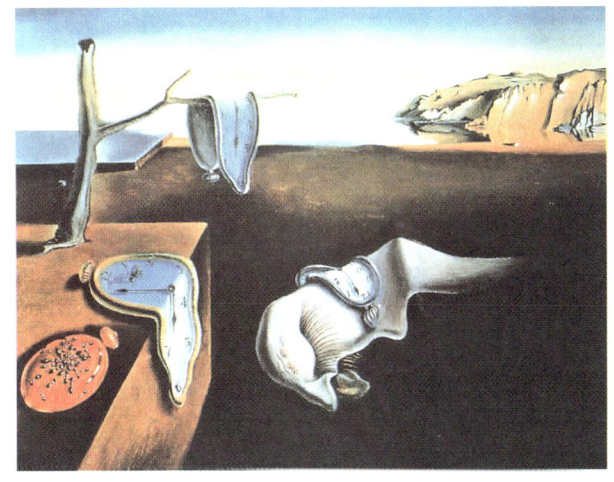

图4-4-24 达利《记忆的永恒》

三、中国油画作品欣赏

《田横五百士》(徐悲鸿)(图 4-4-25) 《田横五百士》是著名艺术大师徐悲鸿的成名作。它选材于《史记·田单列传》。这幅画渗透着一种撼人心魄的历史悲壮感。画中穿绯红衣袍的田横拱手诀别,他昂首挺胸,表情严肃,眼望苍天,似乎在对茫茫天地发出诘问。横贯画幅的人物组群,则以密集的阵形传达出群众的合力。人群右下角有一老妪和少妇拥着幼小的女孩仰视田横,眼神满含哀婉凄凉,背影衬以明朗素净的天空,给人以澄澈肃穆的感觉。在当时流行现代主义艺术之风的中国,徐悲鸿坚持关注生活、关注社会,并借历史画表达他对社会正义的呼唤。

图 4-4-25 徐悲鸿《田横五百士》

《水乡》(吴冠中)(图 4-4-26) 吴冠中是 20 世纪现代中国绘画的代表画家之一,他致力于油画民族化和中国画现代化的探索,形成了鲜明的艺术特色。吴冠中的画综合了西方画与中国画的精髓,用笔简练,善用点、线造型诠释自然之美。

图 4-4-26 吴冠中《水乡》

《父亲》(罗中立)(图4-4-27) 该作品以精心的造型和精细的写实手法,刻画了一个历经磨难的具有典型意义的当代农民形象,产生了震撼人心的视觉效果。画面中的父亲皱纹满脸,写满沧桑,但那忧郁而坚毅的眼神让我们感受到深重苦难中难以泯灭的善良与力量。正是这样一代父亲,支撑了一个民族,也让我们体悟到一种责任和使命。

《春风已经苏醒》(何多苓)(图4-4-28) 《春风已经苏醒》刻画了一位纯洁的乡村少女形象。那位不知名的少女正处于充满幻想的豆蔻年华,她坐在杂草丛中神情专注地看向远方,旁边有一条仰天而视的狗和一头直视前方的牛,三者从不同角度各自翘望,把观众引出画面,带向了对春天和未来的无尽遐想与渴盼之中。这幅以乡土生活为题材又兼具文化寻根的画作,将春暖花开的意象渗透到饱经风霜的历史深处,放飞人们的意识,掀起了思想解放的波澜。

图4-4-27 罗中立《父亲》

图4-4-28 何多苓《春风已经苏醒》

四、水彩画作品欣赏

1.《恋人与花束》

这幅画的作者是俄罗斯画家马克·夏加尔。无论是油画、水彩还是版画,这位现代绘画史上的伟人都娴熟自如,以画作实现心灵的自由飞翔。

"爱"是夏加尔创作中最常见的主题。在《恋人与花束》(图4-4-29)中,他用色彩创造出独特的平行世界,使整个画面呈现梦幻意境,倾注了他对妻子贝拉的爱,也充满了他对生活、对周围的一切——动物、太阳、花朵、诗歌的向往。

图4-4-29 马克·夏加尔《恋人与花束》

图 4-4-30　温斯洛·霍默《水边》

2.《水边》

温斯洛·霍默是一位美国的著名画家,他开创了一种美国特色鲜明,既现代又古朴的画风,将19世纪的美国风俗画创作推向了巅峰。他熟知水的特性,善于表现水的透明感,在其代表作《水边》(图4-4-30)中,他把光与影处理得非常完美,笔触和颜色更加自由,作品更具生命力和感染力。

3.《海边的风》

安德鲁·怀斯终生住在故乡,他总是力图在最简单、最平凡、最直接的事物中寻找创作的灵感,表现美国的田园生活,他的画被称为"引起怀乡之情的写实主义"。《海边的风》(图4-4-31)取材身边的景致,色彩柔和、笔触细腻、刻画精细入微而又带有感伤、凄凉和悲冷的情调。

4.《故乡秋趣》

中国画家黄铁山坚信"水彩画的魅力,在于真实和真诚,只有完美地表现了作者对自然、对生活的真情实意,才能引起观众的共鸣"。他的画作《故乡秋趣》(图4-4-32)描绘了自己对故土的感受,充满朴实无华的真情,犹如饱含真情的田园之诗。

图 4-4-31　安德鲁·怀斯《海边的风》

图 4-4-32　黄铁山《故乡秋趣》

5.《收割》

陈坚的水彩善于将原野山川的地貌同阴晴风雨的现象结合起来,以主观情感描写大自然的喜、怒、哀、乐,《收割》(图4-4-33)很好地展示了这一点。无论是风景,还是人物,都成为他的心灵之诗,既神秘又亲切。其意象可追溯到文艺复兴早期静谧且富有人文精神的意象,也可从英国水彩风景中感受到水色空蒙的气象,更可以从中感受到中国宋元山水的气韵。

图4-4-33 陈坚《收割》

五、版画作品欣赏

1.《反抗》

这是德国画家珂勒惠支创作的一幅铜板蚀刻版画。珂勒惠支一生致力于为底层人民呐喊,其创作直面人间的苦痛,充满人文关怀,表现的大多是"生与死""压迫与反抗""骨肉亲情"等沉重的现实题材。《反抗》(图4-4-34)便体现了她对妇女、儿童及一切受苦、受难的人的悲悯。

图4-4-34 珂勒惠支《反抗》

2.《金刚经》

《金刚经》扉页插图于唐咸通九年(868年)木版刷印。作者在形象处理上注重神和形的结合,而不是简单的形似;行线讲究起承转合,流畅生动,构图饱满。

美的体验

1. 课外阅读

阅读书目:《宋人山水》《元代花鸟》《聆听原始的毕加索》《夏加尔:守望乡愁与爱的色彩诗人》《色彩的性格》。

思考:如何领会"外师造化,中得心源"?

提示:中国画在思想内容和艺术创作上,反映了中华民族的社会意识和审美情趣。中国画以其特有的笔墨技巧作为状物及传情达意的表现手段,以点、线、面的形式描绘对象的形貌、骨法、质地、光暗及情态神韵。这里的笔墨既是状物、传情的技巧,又是对象的载体,同时还是有意味的形式,其痕迹体现了中国书法的意趣,具有独特的审美价值,集中体现了中国人对自然、社会及与之相关联的政治、哲学、宗教、道德、文艺等方面的认识。

2. 课后活动

绘画 Cosplay① 秀　体验形之美

(1) 主题:2022 年虎年央视春晚,在舞蹈诗剧《只此青绿》中,一群女孩绛唇高髻,以舞绘出中国十大传世名画《千里江山图》的美,她们舞出了山水相依,更舞出明月般存在千年的灵魂,让我们也来一场绘画艺术 Cosplay 秀。

(2) 目标:体验绘画中人物形象的奥妙,感悟形的美感,培养审美意识。

(3) 步骤:寻找一幅喜欢的名画,仔细琢磨人物形象的特征,用服饰、妆容等扮演画里的人物角色,并进行走秀;或将扮演的角色拍下来,与原图一起摆放,由大家评比哪张 Cosplay "秀"得最像。

---

① Cosplay 是英文 Costume Play 的简写,原指利用服装、饰品、道具及化妆来扮演动漫作品、游戏或古代人物角色。

3. 思维拓展

最近,有网友发起一项挑战,就是由一个人随意画一笔,其他人接着画下去。各位网友脑洞大开,呈现的画面也是让人或捧腹大笑,或摩拳擦掌。请你随意画一根线,邀请你身边的人接着画下去,看看最后能得到什么样的画面。注意,该活动重点是训练绘画时的发散性思维,没有标准答案,能天马行空地发挥想象,就是对绘画艺术最好的致敬。

测一测

1. 选择题

(1)(　　)山水画摆脱了"人大于山"的稚拙状态而逐渐进入成熟时期。

　　A. 秦朝　　　　B. 隋唐　　　　C. 元代　　　　D. 明清

(2)东方绘画体系以(　　)为主。

　　A. 版画　　　　B. 油画　　　　C. 中国画　　　D. 水彩

(3)山水画中传统的点苔法就是以(　　)来表现山石、坡地、苔藓杂草等。

　　A. 各种形状的线　　　　　　B. 各种形状的面

　　C. 体　　　　　　　　　　　D. 各种形状的点

(4)中国古代《墨葡萄图》的作者是(　　)。

　　A. 徐渭　　　　B. 范曾　　　　C. 李元昌　　　D. 齐白石

2. 判断题

(1)文艺复兴三杰是指:米开朗基罗、达·芬奇、乔托。　　　　　　　　(　　)

(2)油画以渲染为主,弱化明暗对比。　　　　　　　　　　　　　　　(　　)

(3)凡是偏向于红、橙、黄的色相,由于能引起人对太阳、火光的联想,给人以暖和的感觉,故被称为"暖色"。　　　　　　　　　　　　　　　　　　(　　)

(4)《亚威农少女》的作者是西方现代派绘画大师毕加索。　　　　　　　(　　)

第五单元
线条的气韵：书法艺术

党的二十大报告中明确要"坚守中华文化立场,提炼展示中华文明的精神标识和文化精髓"。中国书法以线条作为艺术语言,通过线条的运动、组合与变化,展示其独特的个性和审美意蕴。中国书法在线条中集中体现了典型的东方情调,即东方民族的生命意识和审美取向。

学习目标

1. 了解书法的构成要素,掌握书法艺术的审美特征。
2. 能用毛笔或硬笔书写一首古诗并用专业术语向大家介绍。
3. 体会汉字之美和书法艺术的审美意蕴,涵养对中华优秀传统文化的热爱之情。

课前导学

教师分别推送楷书、隶书、行书、草书作品各一件,学生分为四组,进行作品赏析,并将赏析结果在班级微信群或课堂中分享。

美的印象

曲水流觞与王羲之的《兰亭序》（YP5-1）

《兰亭序》（图5-1-1）是东晋著名书法家王羲之在永和九年（353年）创作的书法作品，是他的得意之作。作品记述了他与当朝文人墨客、达官贵人雅集兰亭的壮观场景，抒发了他对人生志向和生死的感叹。他在崇山峻岭之下，茂林修竹之边，乘着酒意挥毫泼墨。这部作品文笔清新淡雅，书风遒劲飘逸，被历代书界奉为极品，被后世称为"天下第一行书"。同时这部作品也滋养和影响了一代又一代书法家，王羲之因此也被尊称为"书圣"。后人在研究其书法艺术时赞誉："点画秀美，行气流畅""清风出袖，明月入怀"。《兰亭序》在中国书法史上的地位是不可替代、不可撼动的。

YP5-1
《兰亭序》

图5-1-1　王羲之《兰亭序》（局部，冯承素摹本）

中国书法是世界上最独特的东方艺术，也是东方美学的杰出代表之一。它凭借着点画的组合、线条的变化和笔墨的运用而成为一种独立的艺术门类，并且在传统艺苑中具有很重要的地位。

中国书法作为一门古老的艺术，凭借线条和形体结构来表现人的某种气质、品格、情操。它是中华民族审美经验的集中表现，不仅具有悠久的历史，形成了各种书体、流派并涌现出许多独具风格的书法家，而且在发展中吸收了其他艺术（如绘画、建筑、音乐、舞蹈等）的经验，丰富了自身的表现力，因而具有无穷的韵味、独特的情趣及独特的审美价值。

美的历程：书法艺术的发展巡礼

中国书法作为一门古老的艺术，古称"书契"，孔颖达注《尚书·序》说："书者，文字；契者，刻木而书其侧。故曰'书契'也。"

中国书法原本只是汉字的一种书写方式，但它能成为人类艺术长廊中独放异彩的文化瑰宝，被誉为"无言的诗，无形的舞，无图的画，无声的乐"，这无疑与它蕴含的文化内涵和审美价值息息相关。

唐代杰出书法家孙过庭曾写过一部著述，即《书谱》（图 5-2-1），这是我国古代书法理论史上一部具有里程碑意义的著述。在这本洋洋洒洒的论著中，他在阐述篆、隶、草、章各体的不同特征后说："然后凛之以风神，温之以妍润，鼓之以枯劲，和之以闲雅。故可达其情性，形其哀乐。验燥湿之殊节，千古依然。体老壮之异时，百龄俄顷。"

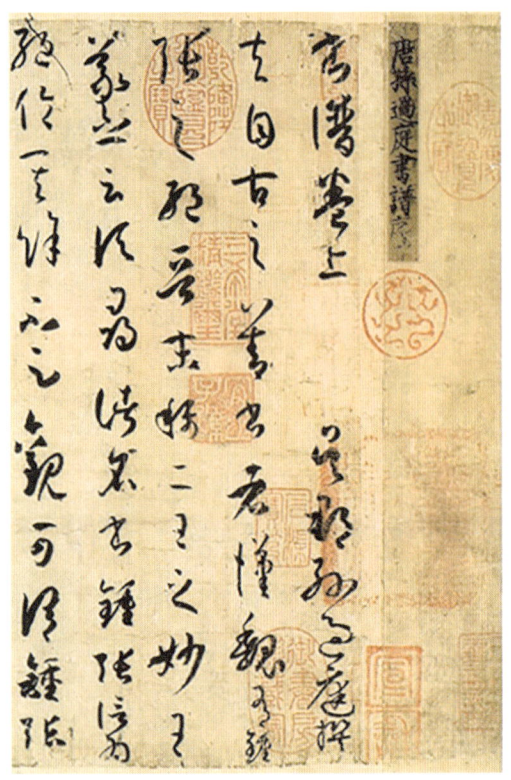

图 5-2-1 孙过庭《书谱》

孙过庭的这段话告诉我们，掌握了各体书写特征，并不等于掌握了书法艺术。只有使文字的书写具有"风神"，才能升华到艺术境界，进而上升为书写艺术。孙过庭的论述与中国现代著名美学家宗白华所说的中国书法的美学思想有异曲同工之妙。宗白华说，中国书法之所以能成为艺术品，就是因为汉字的象形特点和毛笔用笔的丰富性，这两者给书法家提供了无限的想象空间，于是就产生了书法艺术。

的确，当我们挥毫泼墨，那淡淡翰墨飘香会让我们凝神静思，点线之间，那涌动的思绪和灌注的真情渐渐融入字里行间，让人进入物我两忘之境。正如元代学者杜本在《论书》中所说："夫兵无常势，字无常体：若坐，若行，若飞，若动，若往，若来，若卧，若起，若日月垂象，若水火成形。倘悟其机，则纵横皆成意象也。"

从实用性书写，到书法艺术的形成，再到中国美学中所崇尚的审美意境的创造，书法艺术终于在人类艺术长廊中独树一帜，成为具有中国气韵、中国风格和中国审美情趣的艺术门类。

中国书法艺术源起汉字，也可以说，书法艺术与汉字的发展演变如影随形。而汉字作为中国人的文化符号和历史记忆,经历了一个漫长的发展历程。

早在3 000多年前,我国就出现了甲骨文,这是刻在龟甲和兽骨上的最早的象形文字。甲骨文字形大小不一,笔画横平竖直,粗细多有变化,结构平衡对称、疏密相间,已初步具备了书法的用笔、结体和章法三个基本要素。之后,刻在古代钟鼎等器物上的金文就诞生了。金文用笔较粗,笔线渐趋圆转,笔画开始讲究起收,开藏锋用笔之先河。随后的石鼓文,经金文之后笔形渐粗,字大逾寸,笔画圆畅遒劲。从秦代以后,书法才脱离工艺美装饰而成为一门独立的艺术,并逐步发展成为篆、隶、真(正楷)、行、草五种基本字体(图5-2-2)。

甲骨文　石鼓文　篆书　隶书　楷书　行书　草书

图5-2-2　不同的字体

篆书是在甲骨文基础上发展而来的,分大篆和小篆两种。大篆始于周代,小篆创于秦代。字形修长、起笔浑圆、转角处带有弧形是篆书的特点。隶书流行于两汉时期,这种字体的横笔首尾方中带圆,撇和捺下端比楷书宽阔厚重,字形方扁。三国曹魏时期,产生了笔画平直、字形方正的楷书。笔势连绵回绕,字体变化繁多的草书起源于汉末。行书在东晋时渐趋成熟,它是楷书的流动与快写,点画之间,强调牵丝联系,看起来生动活泼。

我国的书法艺术发轫于先秦,在东晋时期空前繁荣,盛唐达到鼎盛阶段,元、明、清三代众多的书法家在个人风格上比前代更为多样。新中国成立后,我国书法艺术进入了一个崭新的发展阶段,人们以高尚情操、生活情调和思想情感去充实与丰富书法艺术的内涵,从而使其在体现美感形象的同时,又具有深沉的宇宙感、历史感和人生感。

1. 中国书法的源头:先秦书法

书法是汉字的书写艺术,它不仅是中华民族的文化瑰宝,而且在世界文化艺术宝库中独放异彩。汉字在漫长的演变过程中,一方面起着思想交流、文化继承等重要的社会作用,另一方面它本身又形成了一种独特的造型艺术。

世界上各民族的文字,概括起来有表形文字、表意文字、表音文字三大类型。

图 5-2-3　象形文字

汉字则是典型的在表形文字基础上发展起来的表意文字。象形的造字方法是把实物画出来(图 5-2-3)。不过画图更趋于简单化、抽象化,成为突出实物特点的一种符号,代表一定的意义,有一定的读音。我们的汉字,从图画、符号到创造、定型,由古文大篆到小篆,由篆到隶、楷、行、草,各种形体逐渐形成。在书写应用汉字的过程中,我国逐渐产生了世界各民族文字中唯一的、可以独立门类的书法艺术。

中国书法史的分期以唐代颜真卿为分界点,以前称作"书体沿革时期",以后称作"风格流变时期"。在书体沿革时期,书法的发展主要倾向为书体的沿革,书法家艺术风格的展现往往与书体相关联。在风格流变时期,书法家提出了"尚意"的主张,在"意"的崇尚中,强化了书法家的主体作用。

我国目前发现的最早的古汉字是商代中后期的甲骨文和金文。这些最早的汉字已经具有了书法形式美的众多因素,如线条美、单字造型的对称美、变化美及章法美、风格美等。从商代后期到秦统一中国,汉字演变的总趋势是由繁到简,这种演变具体反映在字体和字形的嬗变之中。西周晚期,金文趋向线条化;战国时代,民间草篆向古隶的发展,都大大削弱了文字的象形性。然而书法的艺术性却随着书体的嬗变而愈加丰富起来。

图 5-2-4　殷商甲骨文《祭祀狩猎涂朱牛骨刻辞》

甲骨文发现于清光绪二十五年(1899),是殷商时期刻写在龟骨、兽骨、人骨上记载占卜、祭祀等活动的文字,是经过巫史加工过的古汉字。严格地讲,只有到了甲骨文,才称得上是书法。因为甲骨文已具备了中国书法的三个基本要素:用笔、结体、章法。此前的图画符号并不全有这三个要素。《祭祀狩猎涂朱牛骨刻辞》(图 5-2-4)作为殷商甲骨文的代表作,是商代武丁时期的作品,风格豪放,字形大小错落,生动有致,各尽其态,富有变化而又自然潇洒,不愧为甲骨文书法中的杰作。

毛公鼎是西周青铜器中赫赫有名的重器之一,内壁铸有多达近 500 字的长篇铭文(图 5-2-5)。其内容是周王为中兴周室,革除积弊,册命重臣毛公,要他忠心辅佐周王,以免遭丧国之祸,毛公为感谢周王,特铸鼎记其事。其书法是成熟的西周金文风格,结构匀称准确,线条遒劲稳健,布局妥帖,充满了理性色彩,显示出金文已发展到极其成熟的境地。

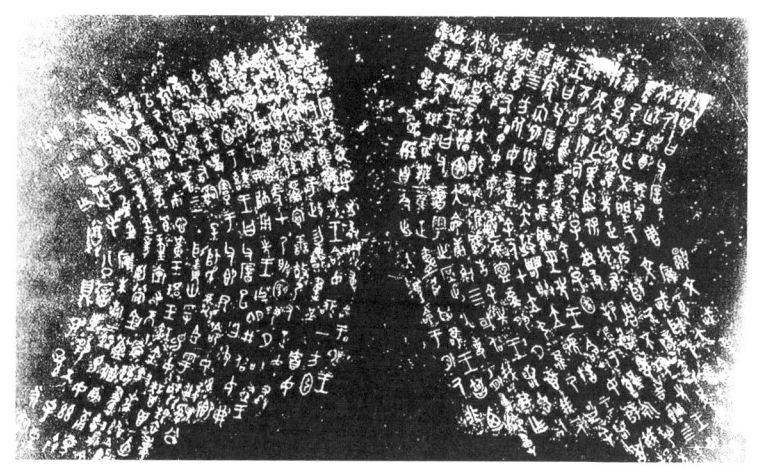

图 5-2-5 金文《西周毛公鼎铭文》

2. 中国书法的第一次变革:秦汉书法

秦始皇统一六国后,统一了文字。其文字称为秦篆,又叫小篆,是在金文和石鼓文的基础上删繁就简而来。秦代是继承与创新的变革时期。《说文解字序》说:"自尔秦书有八体,一曰大篆,二曰小篆,三曰刻符,四曰虫书,五曰摹印,六曰署书,七曰殳书,八曰隶书。"基本概括了此时字体的面貌。

隶书的出现是汉字书写的一大进步,是书法史上的一次革命。自此之后,汉字趋于方正楷模,而且在笔法上也突破了单一的中锋运笔,这为以后各种书体流派奠定了基础。秦代书法在我国书法史上留下了辉煌灿烂的一页,与雄伟的万里长城和壮观的兵马俑一样,气魄宏大,堪称开创先河,是中华民族无穷智慧的结晶。

《泰山刻石》(图 5-2-6)的作者是秦代宰相李斯,他是我国书法史上第一个有记载的书法家,该作品也是秦统一后的标准字体小篆的代表作。其结构特点直接继承了石鼓文的特征,给人以端庄稳重的感受。

《云梦睡虎地秦简》(图 5-2-7)是 1975 年 12 月在湖北出土的秦代古隶代表作。它的出土,不仅让现代书法家们眼界大开,而且也为书法史研究提供了重要的文献资料。古人说:"篆之捷隶也。"毛笔的运用,篆书的快写,真正把中国书法向隶书的方向推进。

汉代是汉字书法史上的关键朝代。该时期书法由籀篆变隶分,由隶分变为章草、真书、行书,至汉末,我国汉字书体已基本齐备。隶书是汉代普遍使用的书体。汉代隶书又称分书或八分,不但笔法日臻纯熟,而且书体风格多样。

这个时期的主要作品有《马王堆帛书》和《张迁碑》。《马王堆帛书》(图 5-2-8)用笔沉着、遒健,给人以含蕴、圆厚之感。总体反映了由篆至隶的隶变阶段的文字特征。

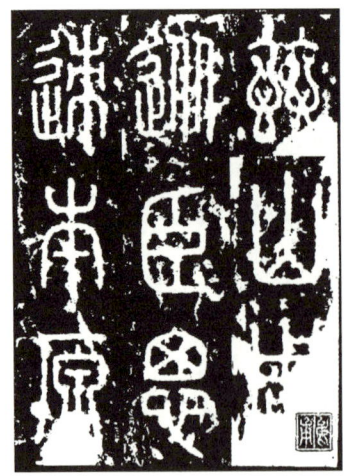
图 5-2-6　秦李斯小篆《泰山刻石》（局部）

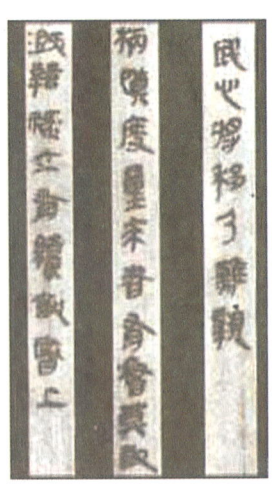
图 5-2-7　秦古隶《云梦睡虎地秦简》（局部）

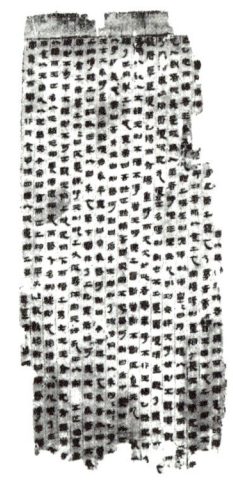
图 5-2-8　《马王堆帛书》（局部）

《张迁碑》（图 5-2-9）全称为《汉故谷城长荡阴令张君表颂》，碑文记载了张迁的政绩，是谷城故吏韦萌等为追念他的功德而刻立的。碑文书体以方笔为主，结构严整、端正朴茂。

3. 中国书法的演变：魏晋书法

两汉书法基本以隶书为主宰，至魏

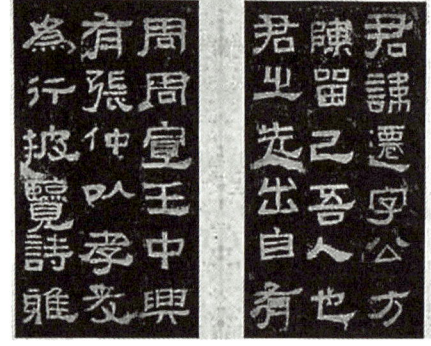
图 5-2-9　汉隶《张迁碑》（局部）

晋，完成了书体演变，主要标志是草书、楷书、行书的定型，这无疑是汉字书法史上的又一巨大变革。而钟繇和王羲之的出现，不仅揭开了中国书法发展史的崭新一页，而且树立了草书、楷书、行书美的典范。此后历朝历代，乃至东邻日本，学书法者莫不宗法"钟王"。

钟繇（151—230），字元常，三国魏颍川（今河南许昌）人。因为做过太傅，世称"钟太傅"。他的书法以曹喜、蔡邕、刘德升为师，博采众长，兼善各体，尤精小楷。其书法特色为结构朴实严谨，笔势自然，开创了由隶书到楷书的新貌。其作品《宣示表》和《荐季直表》为楷书经典的开山之作。梁武帝萧衍誉其"势巧形密，胜于自运"。

王羲之（303—361），字逸少，琅琊人（今属山东临沂）。官至右军将军，会稽内史，故后世称为"王右军"。他小时候就师从当时著名的女书法家卫夫人学习书法，之后他渡江北、游名山，博采众长，观摩学习，"兼撮众法，备成一家"。他的主要成就除了表现在楷书外,还表现在行书和草书上,被世人尊为"书圣",主要书法作品有《乐毅论》和《兰亭序》等。王羲之的行书有如行云流水,其中以《兰亭序》为极品,有"遒媚劲健,绝代所无"之誉。

4. 中国书法的繁盛:唐代书法

魏晋以下,南北朝书法以魏碑为胜,隋代以楷书著称,期间书法家灿若群星,创造了不少优秀作品,为唐代书法形成"百花竞妍、群星争辉"的鼎盛局面创造了必要的条件。王羲之的七代孙子智永的《真草千字文》,线条饱满,笔意飞动,运笔精熟,飘逸之中犹存古意,温润秀劲兼而有之。宋代米芾《海岳名言》评曰:"智永临集千文,秀润圆劲,八面具备。"

唐代文化博大精深、辉煌灿烂,达到了中国封建文化的最高峰,可谓"书至初唐而极盛"。整个唐代书法,对前代既有继承又有革新。初唐书法家有虞世南、欧阳询、褚遂良、薛稷、陆柬之等,此后具有创造性的书法家还有李邕、张旭、颜真卿、柳公权、释怀素、钟绍京、孙过庭。唐太宗李世民和诗人李白也是值得一提的大书法家。楷书、行书、草书发展到唐代都跨入了一个新的境地,对后代的影响远远超过了之前任何一个时代。

欧阳询(约557—641),字信本,潭州临湘(今湖南长沙)人。其书法成就以楷书为最,笔力险劲,结构独异,后人称为"欧体"。书体源出于汉隶,骨气劲峭,法度谨严,于平正中见险绝,于规矩中见飘逸,笔画穿插,安排妥帖。代表作有楷书《九成宫醴泉铭》等,行书《梦奠帖》《张翰帖》等。

《九成宫醴泉铭》(图5-2-10)由魏征撰文,欧阳询书写,记载唐太宗在九成宫避暑时发现泉水之事。其用笔方整,且能于方整中见险绝,字画安排紧凑、匀称,间架开阔稳健。

盛唐时期,名家辈出,风格纷呈。主要代表有李邕、张旭、颜真卿、柳公权、释怀素等。

李邕的楷书平中见奇,优游不迫,主要作品有《叶有道碑》《麓山寺碑》《云麾将军碑》《法华寺碑》等。《李思训碑》(图5-2-11)书法瘦劲,凛然有势,结字取势纵长,奇宕流畅,其顿挫起伏奕奕动人,历来为人推崇。

图5-2-10 欧阳询《九成宫醴泉铭》(局部)

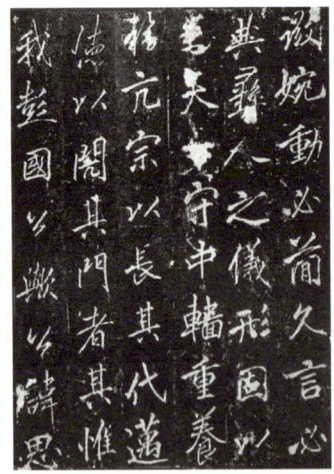

图 5-2-11　李邕《李思训碑》(局部)

张旭的草书彻底变革了"二王"的草书范式，纵横跌宕，享有"颠张""草圣"之誉。其《古诗四帖》(图 5-2-12)，前两首是庾信的《步虚词》，后两首是南朝谢灵运的《王子晋赞》和《四五少年赞》。

颜真卿楷书熔铸古今，代表作有《多宝塔碑》《东方朔画像赞》《麻姑仙坛记》《颜勤礼碑》《颜氏家庙碑》《告身帖》等；其行草作品有著名的《祭侄文稿》《祭伯父文稿》《争座位帖》等。其书法以楷法为基，收放得宜，法度森严，为后世推崇，其中《祭侄文稿》(图 5-2-13)更被誉为"天下第二行书"。

怀素的狂草作品，下笔连绵不绝，鼓荡而下，其《自叙帖》《食鱼帖》(图 5-2-14)《苦笋帖》与张旭比肩，合称"颠张狂素"。至于其《圣母帖》《小草千字文》，则冲和

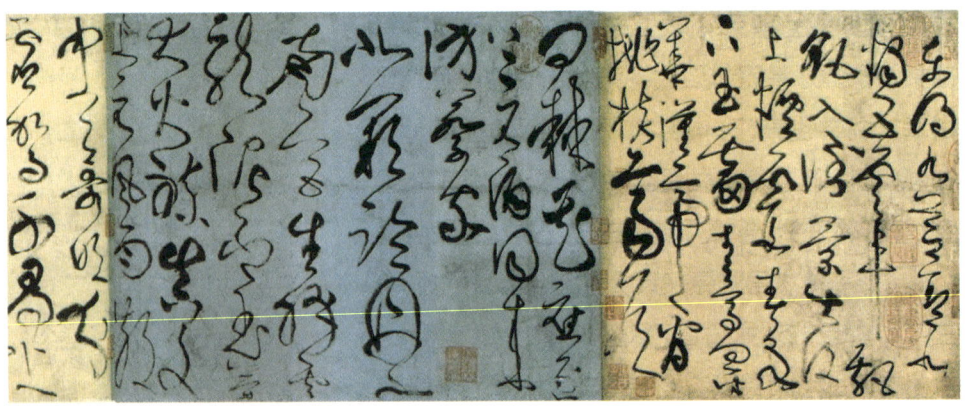

图 5-2-12　张旭《古诗四帖》(局部)

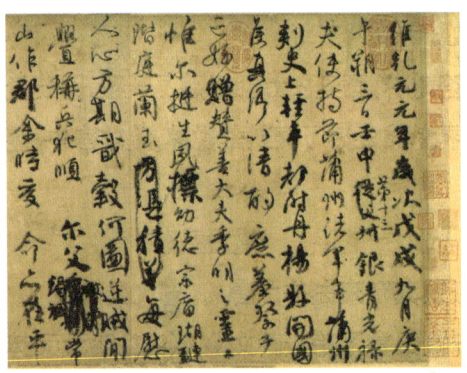

图 5-2-13　颜真卿《祭侄文稿》(局部)

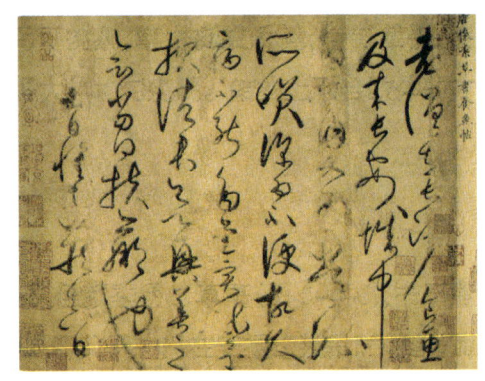

图 5-2-14　怀素《食鱼帖》

雍雅,尚有几分章草余意,可窥其草法变化之来源。

另外,该时期的著名作品还有孙过庭的草书杰作《书谱》和杨凝式的楷书代表作《韭花帖》。

中晚唐书家以柳公权为代表,作品有《玄秘塔碑》《神策军碑》《蒙诏帖》《王献之送梨帖跋》等,骨峻气遒。《玄秘塔碑》(图 5-2-15)是柳公权 64 岁时所书,书体端正瘦长,笔力挺拔矫健,行间气脉流贯,顾盼神飞,全碑无一懈笔。

5. 中国书法的缓慢发展:宋元明书法

从宋代到明代,这一时期的书法或大行帖学,或崇尚复古,呈现缓慢发展的局面。

图 5-2-15　柳公权《玄秘塔碑》(局部)

宋代为后世所推崇者主要有苏轼、黄庭坚、米芾和蔡襄四大家。苏轼(1037—1101),字子瞻,号东坡居士,眉山(今属四川)人,北宋著名政治家、文学家、诗人、画家、书法家,宋四家之一。他遍览晋唐诸家,转益多师,自成一家,长于行书、楷书,笔法肉丰骨劲,传世书迹有《黄州寒食诗帖》《赤壁赋》《答谢民师论文帖》《洞庭春色赋》《中山松醪二赋卷》等。《黄州寒食诗帖》(图 5-2-16)是苏轼行书的代表作,在书法史上影响很大,被称为"天下第三行书"。诗写得苍凉惆怅,书法则寓心境情感于点画线条变化中,起伏跌宕,一气呵成。

元代的书法名家有赵孟頫,《洛神赋》是其行书代表作。他的书法运笔和间架结构出自王羲之,书风清新妙丽,兼得《兰亭》《圣教》两序的法度。元人倪瓒称此卷"圆活遒媚",并推赵为元朝第一书人。

明代书体以行楷居多,至永乐、正统年间,杨士奇、杨荣和杨溥先后进入翰林院和文渊阁,写了大量的制诰碑版。这些碑版以姿媚匀整为工,号称"博大昌明之体",即"台阁体"。士子为求干禄也竞相摹习,横平竖直十分拘谨,缺乏生气,使书法失去了艺术情趣和个人风格。

这个时期值得称道的书法名家是唐寅。唐寅,字伯虎,号桃花庵主,有"江南第一风流才子"之称。其《落花诗册》(图 5-2-17)共 30 首,是他看到地上落英满布,联系自己的坎坷遭遇,抒发心中愤慨的作品。它是唐寅传世的书法代表作之一,用笔圆转妍美,玉骨丰肌,风流潇洒,温文尔雅。

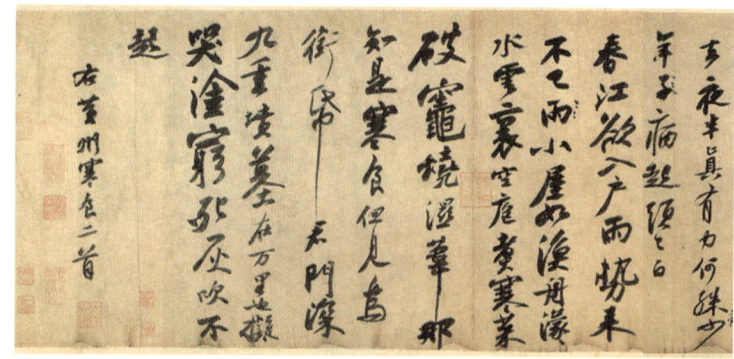
图 5-2-16　苏轼《黄州寒食诗帖》(局部)

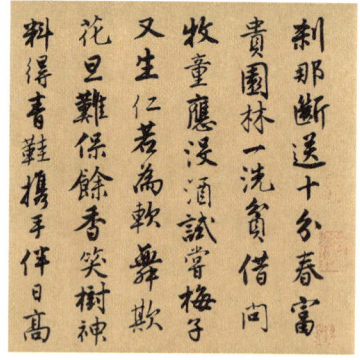
图 5-2-17　唐寅《落花诗册》(局部)

6. 中国书法的中兴：清代书法

清代初年，统治阶级采取了一系列稳定政治、发展经济文化的措施，因此书法得以弘扬。顺治喜临《黄庭》《遗教》二经；康熙推崇董其昌书，书风一时尽崇董书，这一时期，惟傅山和王铎能独标风格，另辟蹊径。乾隆时，尤重赵孟頫行楷书，空前宏伟的集帖《三希堂法帖》刻成，内府收藏的大量书迹珍品著录于《石渠宝笈》中，帖学至乾隆时期达到极盛，出现一批取法帖学的大家。至清中期，兴起了金石学。嘉庆、道光时期，帖学已入穷途，当时的集大成者有刘墉。邓石如开创了碑学之宗，阮元和包世臣总结了书坛创作的经验。咸丰后至清末，碑学尤为昌盛。前后有康有为、伊秉绶、吴熙载、何绍基、杨沂孙、张裕钊、赵之谦、吴昌硕等大师成功地完成了变革创新，至此碑学书派迅速发展，影响所及直至当代。纵观清代 260 多年，书法的发展由继承、变革到创新，挽回了宋代以后江河日下的颓势，其成就可与汉唐并驾齐驱。该时期各种字体都有一批造诣卓著的大家，可以说是书法的中兴时期。

刘墉（1720—1805），字崇如，号石庵、青原、日观峰道人等，山东诸城人。其书法不随俗，初师从赵孟頫，法魏晋，学钟繇，兼颜真卿、苏轼及各家法帖，中后不受古人牢笼，貌丰骨劲，味厚神藏，超然独出，自成一家。刘墉书法的特点是用墨厚重，体丰骨劲，浑厚敦实，别具面目，有"浓墨宰相"之称。他书法的境界可以"静""淡""清"三字概括，这是他超过常人之处。

知识链接

颜 筋 柳 骨

"颜"指颜真卿,"柳"指柳公权。书法在唐代为鼎盛时期,凡及楷书,言必称颜、柳。中国楷书发展到唐代可以说达到顶峰时期,其成就以颜真卿为代表。稍晚的唐代书法家柳公权亦受到颜真卿的影响,后世并称为"颜柳"。颜真卿的书法筋力丰满,气派雍容堂正;柳公权的书法则偏重骨力劲健,所以又有"颜筋柳骨"之称。

美的视窗:书法艺术的审美特征

一、书法艺术语言

书法是以汉字为基础,通过点画运动来表现一定情感和意蕴的艺术。它的艺术语言包括用笔、用墨、结构和章法。

1. 用笔

用笔是指行笔的方式和方法,如运笔中的刚柔、急缓、轻重、藏露、提按等。历代书家都重视用笔,主张用笔要"逆入、涩行、紧收",也就是落笔要藏、运笔要涩、收笔要回。这是一种以中锋为主、侧锋为辅的用笔方法,中锋取劲,侧锋取妍,可使点画实现刚柔结合。但是,历史上也有一些杰出的书法家的用笔方法是以侧锋为主的。中国书论中所谓"棉裹铁""折钗股",都是指用笔中刚柔相济的艺术效果。

2. 用墨

用墨是指墨的着色程度及变化,如浓淡、枯润等。墨色对于烘托书法的神采、意境和情趣具有重要作用。所谓"润含春雨,干裂秋风""润取妍,燥取险""带燥方润,将浓遂枯"等,都是描述用墨的审美特性的。墨色处理得当,可以产生血润骨坚的艺术效果。用笔和用墨相结合,"以笔取气,以墨取韵",可以使书法作品更显气韵生动。

3. 结构

结构是指字的分间布白、经营位置。如果说用笔体现书法的时间特征,那么结构则体现了书法的空间特征,如大小、宽窄、欹正等。用笔赋予线条的美是在字的结构中表现出来的。字的结构犹如建筑,结构对于表现情感也很重要。明代祝枝山说:"情之喜怒哀乐,各有分数。喜则气和而字舒,怒则气粗而字险,哀则气郁而字敛,乐则气平而字丽。"这里所说的"舒""险""敛""丽",都包含了结构的因素。王羲之和颜真卿写同样的字,由于各自结构的差异,可以产生不同的艺术效果。

4. 章法

章法又称"布白",是指书法作品的整体布局。布白体现了作品的整体效果。欣赏一幅字,首先感受到的是通篇的黑白效果。考虑布白最重要的是处理好虚实关系。书法中的点画运动是一个连续的过程,积画成字、积字成行、积行成篇,全篇是一个有生命的整体,在创作中一气呵成。书法中有所谓的"一笔书",并不是说全篇每个字都连接在一起,而是指气脉连贯,即使笔不连也要意连。在点画的运动中形成了各种空间,在布"黑"中同时也在布"白",这种"白"并不是没有意义的空洞,"白"本身也包含了某种意味。书法创作中的"计白当黑",就是把空白作为一种表现因素,它和点画的实体具有同等美学价值。

二、书法的文化特征

作为一种传统艺术,书法是根据汉字的特点,运用毛笔这一特殊书写工具,以民族语言为书写内容,体现艺术家的个性风格,表达一种精神境界和内涵的艺术。书法艺术的文化特征主要有以下几点。

1. 以汉字为书写对象

汉字作为一种语言符号,除了与其他文字一样具有思想交流、文化传播的普遍功能,还有其特有的衍形特点和阐释方式。

汉字的构造,谓之"六书",即象形、指事、会意、形声、转注和假借六种。其中,前四条为造字法,转注、假借为用字法。指事、会意、形声又是从象形中派生而来,所以象形是整个汉字的本源,也是书法形体美的基础。

由于汉字为衍形文字,是把自然界形形色色的客观实体浓缩、简化成块架结构的语义符号,因而具有"因形见义"的鲜明的感性特征。此外,汉字的方块结构主要是由点画组合而成,不论古文字时期的象形组合,还是现代文字的抽象组合,由点画到形象都浸透着鲜明的中华民族文化精神和强烈的生命意识。

2. 以毛笔为书写工具

中国书法之所以成为艺术，除了因汉字的衍形特点外，还得益于特殊的书写工具——毛笔。

中国人用毛笔书写可追溯到新石器时代。根据湖南长沙和河南信阳两处战国楚墓出土的毛笔实物来看，毛笔在战国时已被广泛使用，只是名称不一。东汉许慎在《说文解字》中便有"楚谓之聿，吴谓之不律，燕谓之拂"和"秦谓之笔"的记载。毛笔因其质软，富有弹性，伸缩幅度极大，最能表现线条的粗细、方圆、枯润和曲直等各种姿态。而字形的美，就是从变化着的线条中反映出来的。换言之，字的生命、精神和艺术性都有赖于毛笔的表现。以毛笔书写的文字，能带有强烈的艺术色彩，构成自身独特的艺术语言，使字的体态风格和传统绘画作品一样，有的柔婉，有的俏丽，有的灵气，有的疏阔，有的雄厚，有的狂放，有的谨严，有的以气见长，有的以姿取胜。

3. 以民族语汇为书写内容

书法艺术深深扎根于中华民族文化沃土，是中华民族文化艺术之精华。数千年的历史渊源与文化积淀，使之形成了一种具有独特艺术品质的民族语汇。

首先，书法艺术作为民族文化中的特质现象，无论哪一个书法家，也无论书写的是楷、行、草、隶、篆中的哪一种书体，抑或是阴柔阳刚不同的风格，在书法语义上都昭示着一种带有共性的精神情感，其情感语汇就是在自我精神、自然精神和社会精神的综合体现中得到肯定。

其次，中国书法艺术历来注重美与善的统一，特别强调法与意的结合、文与质的完满、功与性的圆成。在书法艺术史上，任何片面追求形式之形式的"唯美"论者，都必然失去其艺术的真正价值；而唯有文质相兼、尽善尽美，方可人书流芳、千古不朽。

此外，中国书法作为人文精神的载体，具有书象符号与语义符号的双重内涵。书象符号是文化人格的物态体现，语义符号则是思想情感的直接流露。二者的相互契合、交相为用，使中国书法的文化品位不断雅化和提升。

4. 以个性风格为艺术特征

书法"附丽"于文字，文字因其实用性功能而要求书写趋于秩序化、规范化和法则化。书法因其审美功能而要求书写趋于主体化、个性化和艺术化。因此，书法史上晋代王羲之、王献之父子虽属家法薪传，但并不妨碍两人各自的个性风格发扬；唐代欧、颜堪称楷法森严，但两人照样各自成家。正是由于书法家所追求的意境和吸收传统的不同，形成了各自的个性和笔墨情趣，才使中国书法艺术具有无穷的魅力。

三、书法艺术的审美特征

1. 笔墨之美

不同的书体对线条有不同的要求，如楷书要求线条规整敦实，行书则要求线条流畅飘逸等。粗细一致毫无节奏感的线条也将丧失其美感，所以准确地表达出线条的节奏、情绪、质感就需要书法家具有细腻的手上功夫，这也是学习书法最应具备的技法。古人云："墨分五色"。即焦、浓、中、淡、清。墨的颜色虽然只有黑色，但书法家则可以通过控制墨中的水分来表现丰富的墨色层次，从而使作品具有强烈的色彩层次之美。

2. 结构之美

不同的汉字有着不同的笔画数量、笔画位置、笔画形态，因而造就了丰富多彩、千变万化的汉字结构。不同书体对于间架结构的审美要求是不同的。如楷书要求结构严谨肃穆，行草书则要求结构灵活多变等。所以结构是否和谐是决定一个字成功与否的重要因素。这些或平稳、或欹侧、或险峻、或迎让、或向背的汉字结构呈现出生动自然、虚实相生、轻重协调却又不失浪漫洒脱的精神面貌，给人以美的享受。

3. 章法之美

章法是指书法作品整体的构成和布局。一幅好的书法作品需要书法家在对作品内容准确理解的基础上运用章法布局的要领将作品表现出来。正所谓一点乃一字之规，一字乃终篇之准，即通篇需要做到首尾呼应、疏密得当、气息流畅、意蕴飞扬。这种合理的"排兵布阵"有利于巧妙地将书法家的情感和审美情趣表达出来。

4. 形式之美

书法既有艺术性，同时也具有实用的特点，不同形式的书法作品适用于不同的场合。传统的书法作品形式有中堂、对联、条幅、扇面、册页、横幅、条屏等。书法家可以通过不同的装裱手段，对作品进行进一步加工完善，使其富有装饰性。

四、书法艺术欣赏方法

1. 从欣赏笔法入手

笔法，是指书写的笔画要合乎规矩法度。笔画是汉字的构成元素，也是书法美的物质基础。要使写字成为书法，首先用笔时应讲究提按、粗细、轻重、强弱、徐疾和起笔、收笔的方法技巧；行笔时应具有节奏和韵律，使所写每一个字的点、横、竖、撇、捺、挑、钩、折等笔画都笔笔入法。只有把一笔一画写好，整个字才会美观，才会圆润厚重、富有质感。因此，在欣赏书法用笔时应注意笔画是否具有实在的形体感。成功的书法用笔，即使是细如游丝、轻若蝉翼，也能使人感到具有某种浑圆的体积或某种厚度；而失败的书法用笔，则是平贴、飘浮在纸上的，没有实在的形体感。其次，应注意笔画的长短、粗细和浓淡是否多变且适宜。成功的作品，若干笔画皆有变化，或长或短，或粗或细，或曲或直，或浓或淡，或回锋收笔，或露锋收笔；失败的作品则笔画一模一样。最后，应注意笔画的"骨肉"是否相称、"筋脉"是否相通。古人说："善笔力者多骨，不善笔力者多肉；多骨微肉者谓之筋书，多肉微骨者谓之墨猪。"即骨肉筋脉应以骨和筋为主，以肌肤血脉为辅。只有"丰骨多筋"，才能达到美的境界。

2. 重视欣赏结体

结体，又称"结字""结构""间架"等，是指要按照文字的构成原则和美的规律，进行笔画间的合理安排。王羲之在《题卫夫人〈笔阵图〉后》中就强调，作字必须先"凝神静思，预想字形，大小偃仰，平直振动，令筋脉相连，意在笔先，然后作字"。这也就是说，书法要写出仪态活泼而富有生命力的形象，不能以点画的平庸搭配为满足，这种形象的创造是与"意"紧密关联的，即是作者艺术构思驾驭的。古代书法家论述"字形在纸，笔法在手，笔意在心，笔笔生意"等，正道出了这一审美原则的内涵。他们要求"行行要有活字，字字须求生动"。对每个字的长短、大小、疏密和宽窄等，有造诣的书法家总是精思熟虑、意随心到、笔随势生，使之曲尽其美、富有生趣，让人从静止的字形中领略出活泼飞舞的动势，给人以凝神观赏及回味无穷的艺术享受。

3. 注意章法布局

章法，是指一件作品中字与字之间、行与行之间，以及所留空白的整篇布局和总体效果。好的章法布局,各字之间顾盼有姿、错落有致,各行之间气势不断。丰子恺在谈欣赏吴昌硕的作品时说:"各笔各字各行,对于全体都是有机的,即为全体的一员。字的或大或小,或偏或正,或肥或瘦,或浓或淡,或刚或柔,都是全体构成上的必要,绝不是偶然的。"他还说:"有一次我看吴昌硕写的一方字,觉得单看各笔画,并不好。单看各个字、各行字,也并不好。然而看这方字的全体,就觉得有一种说不出的好处。单看时觉得不好的地方,全体看时都变好,非此反不美了。"这段话充分说明书法的美在于整体的和谐,而局部的审美价值也须从整体衡量。

4. 领悟内在精神

所谓内在精神,就是书法作品中体现出来的书法家的人格美。书法和其他艺术一样,都是富有生命力的。古代书法家一向就有"书者,心之迹也"的说法。好的作品必定倾注着书法家强烈的思想感情,这些内在的感情真实地蕴涵在笔画之中,人们可以从书法的外形中潜移默化地受到书法家的人格熏陶。因此,欣赏书法艺术,固然不可忽视一笔一画、一字一行和整体作品的外形的观赏,但是还需要了解书法家所处的时代,以及他们的生活态度、人格和书写的内容、技巧之间的关系。只有这样,才能进入全面欣赏的境地。

知识链接

文 房 四 宝

文房四宝为中华民族传统文化中的文书工具,即笔、墨、纸、砚。文房四宝之名,起源于南北朝时期。历史上,"文房四宝"所指之物屡有变化。在南唐时,"文房四宝"特指安徽宣城诸葛笔、安徽徽州李廷圭墨、安徽徽州澄心堂纸、安徽徽州婺源龙尾砚。自宋朝以来"文房四宝"则特指宣笔(现安徽省宣城市)、徽墨(徽州,现安徽省歙县)、宣纸(现安徽省泾县)、端砚(现广东省肇庆,古称端州)、歙砚(现安徽歙县)和洮砚(现甘肃省卓尼县)。

永 字 八 法

永字八法是中国书法用笔法则。以"永"字八笔顺序为例,阐述正楷笔势的方法:点为侧,侧锋峻落,铺毫行笔,势足收锋;横为勒,逆锋落纸,缓去急回,不可顺锋平过;直笔为努,不宜过直,太挺直则木僵无力,而须直中见曲势;钩为趯,驻锋提笔,使力集于笔尖;仰横为策,起笔同直划,得力在划末;长撇为掠,起笔同直划,出锋稍肥,力要送到;短撇为啄,落笔左出,快而峻利;捺笔为磔,逆锋轻落,折锋铺毫缓行,收锋重在含蓄。

美的欣赏：书法名作欣赏

一、中国古代书法名作

1. 篆书作品欣赏

《峄山碑》 即《秦峄山碑》(图 5-4-1)的简称,为秦相李斯撰文并书写。它是秦刻石中最早的一块,内容是歌颂秦始皇统一天下、废分封、立郡县的功绩。该碑刻犹如一幅精美的画卷,工细到令人叹为观止。风格清秀雅致,线条圆润均匀,严谨流畅中蕴蓄着强大的力量。结体纵长,上紧下松,稳健匀称。章法布列,大小统一,井然有序,行气贯通,给人一种含蓄内敛的美感,同时也是临习小篆最好的范本之一。

2. 隶书作品欣赏

《曹全碑》 全称《汉郃阳令曹全碑》(图 5-4-2)。此碑保存较为完整,字迹较为清晰,是汉代隶书中的精品代表之作,现藏于陕西西安碑林。此碑风格飘逸秀丽、婀娜多姿,笔法精妙细腻,"蚕头燕尾"特征明显,没有过多的起伏,温和含蓄,阴柔之美是此碑特色之处,但却柔中带刚、艳而不俗。结构多取扁形横向态势,左右开张给人稳健之感,为历代书法家所推崇。临习者不可只关注到此碑秀美的特色,而应在秀美的外表下发现其骨力挺拔之处,方能写出其精妙。

3. 楷书作品欣赏

《九成宫醴泉铭》 唐代书法家欧阳询晚年的得意之作(图 5-4-3)。该作品记

图 5-4-1 《峄山碑》(局部)　　图 5-4-2 《曹全碑》(局部)　　图 5-4-3 欧阳询《九成宫醴泉铭》(局部)

述了唐太宗在九成宫避暑时发现醴泉之事。现位于陕西省麟游县杜水之阳九成宫遗址，是我国国宝级文物之一。此碑点画瘦劲，风骨凛凛，同时又不失丰润，行笔一丝不苟，收笔之处带有隶书的笔意。结构取势大方得体，多用修长的态势，法度严谨，内紧外松，疏密对比强烈。章法上字距和行距都拉得比较大，给人以散淡清心之感，神采飞扬。正因此碑法度森严，一点一画都成为后世模范，故后人学习楷书往往以此碑作为临习范本。

图 5-4-4　颜真卿《颜勤礼碑》(局部)

《颜勤礼碑》　全称《唐故秘书省著作郎夔州都督府长史护军颜君神道碑》(图 5-4-4)，现藏于陕西西安碑林。此碑为唐代书法家颜真卿成熟时期的代表作之一。此碑已基本将初唐时期的楷书法度淡化，用笔一改唐楷瘦硬之风，取而代之的是雄浑丰润，尽显大丈夫之气。用笔上横细竖粗，方圆并用，对比非常鲜明，方圆转折果敢清晰。结字宽博疏朗，骨架开阔，体势外拓，气势雄强。章法上外紧内松，行距、字距及边白都较窄，视觉冲击力强烈，气势逼人，三者有机结合，将颜体厚重、宽博、挺拔和雍容大度的风采展现得淋漓尽致。

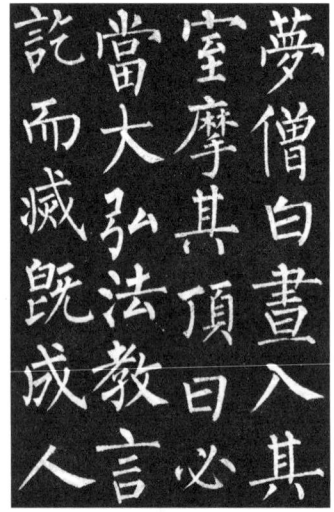

图 5-4-5　柳公权《玄秘塔碑》(局部)

《玄秘塔碑》　全称《唐故左街僧录内供奉三教谈论引驾大德安国寺上座赐紫大达法师玄秘塔碑铭并序》(图 5-4-5)，现藏于陕西西安碑林。此碑是唐代书法家柳公权的楷书代表作。此碑用笔结字几乎无可挑剔，笔力挺拔矫健，斩钉截铁，棱角分明，避开了颜字肥壮的竖画，将横竖写得大体均匀瘦硬。结构上融合欧体的方整，中宫收紧，将楷法推到了极致的境界。

4. 行书作品欣赏

《祭侄文稿》　唐代书法家颜真卿追祭从侄颜季明的草稿(图 5-4-6)，书于唐乾元元年(758)。此文稿追叙了常山太守颜杲卿父子一门在安禄山叛乱时，挺身而出，坚决抵抗，以致取义成仁，英烈彪炳之事。本帖用笔之时情如潮涌，书法气势磅

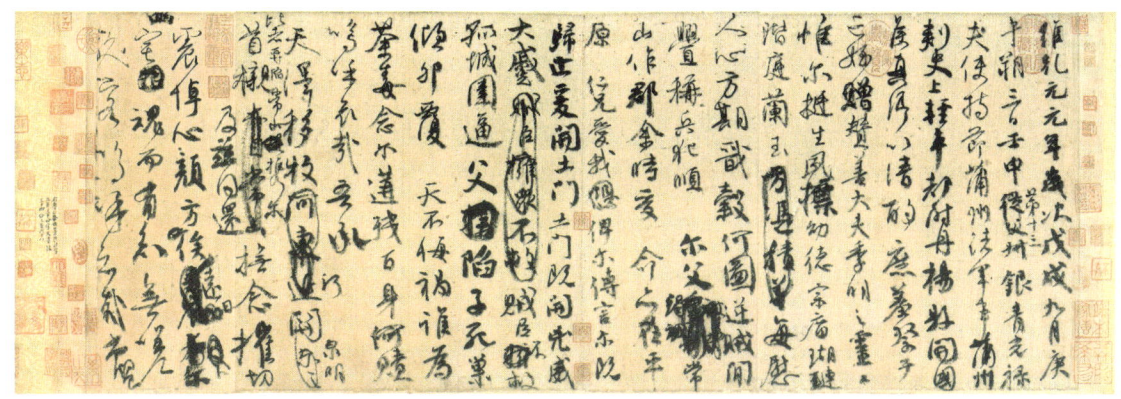

图 5-4-6　颜真卿《祭侄文稿》

礴,纵笔豪放,一泻千里,常常写至枯笔,更显得苍劲流畅,其英风烈气,不仅见于笔端,悲愤激昂的心情流露于字里行间。此帖用笔极为精妙,纯用中锋行笔,一改中侧并用的传统用笔方法,刚中带柔,娴熟稳健,采用大量枯笔,书写时思如泉涌,肝肠寸断,悲愤至极,速度极快,这也显现出书法家技艺之高超。结构上扬抑、刚柔、向背、收放也被运用得生动自然。很多字仍保有颜体字开阔博大的取势特点,文章通篇充斥着浓烈的正义之气,尽显雄浑刚健的神韵,被誉为"天下第二行书",现藏于台北故宫博物院。

5. 草书作品欣赏

《自叙帖》　唐代书法家怀素所书的草书巨作(图 5-4-7)。此帖用笔大量使用中锋,行笔过程中极少做提按的动作,以圆形线条完成书写,因此笔画遒劲秀健,力

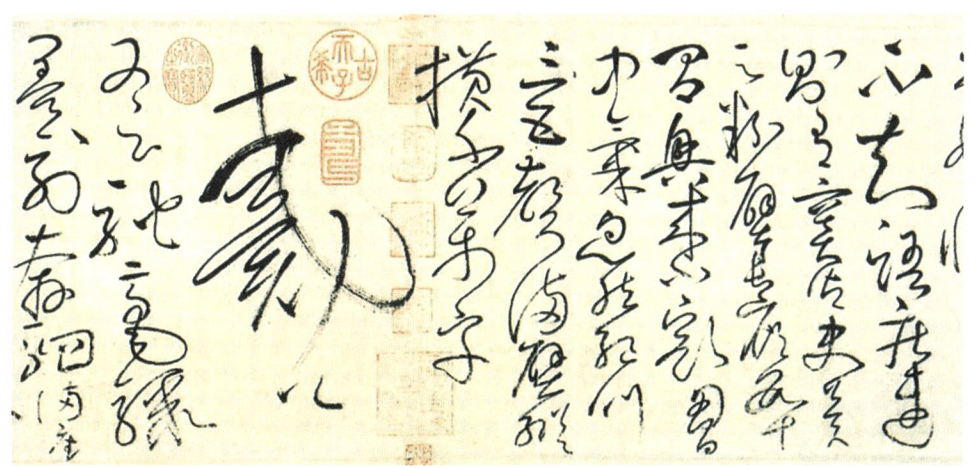

图 5-4-7　怀素《自叙帖》(局部)

量感极强,且运笔速度快,将流动中的线条自由地表现于纸面,摆脱了传统笔法的束缚,手随心动,心手合一,给人耳目一新的感觉。结体上多以圆转取势,圆中带方,甚至塑造出如"评""满""疑"等圆的字形结构,不得不说,这是怀素打破既定规则的一种创新。布局上并非一味地采用平整的布白方式,而是大小错落相间,左右参差,上下灵活穿插,加大字里行间的摆动幅度,给人笔走龙蛇、气势磅礴、惊心动魄之感,妙不可言。此帖现藏于台北故宫博物院。

二、中国现当代书法名作

1949年10月1日,中华人民共和国成立,标志着中国进入当代社会。新中国成立后,当代书法也是经历了一段艰难曲折的发展历程,至20世纪70年代才得以蓬勃发展。这一时期著名的书法家有毛泽东、沈尹默、林散之、陆维钊、沙孟海、启功等。

毛泽东,字润之,湖南湘潭人。他是伟大的无产阶级革命家、战略家和理论家,中国共产党、中国人民解放军和中华人民共和国的主要缔造者和领导人。1949年至1976年,毛泽东担任中华人民共和国最高领导人。毛泽东一生热爱中华传统文化艺术,对于书法也是情有独钟,战争年代一直随身携带《三希堂法帖》晋唐小楷等字帖,勤于练习,形成了独具一格的书法面貌。他的书法结体严谨,笔画瘦劲有力,章法布局错落有致,大小对比强烈,气势雄强,给人独特的审美享受,世人称之为"毛体"(图5-4-8)。

启功,字元白,著名书画家、古典文献学家、红学家,曾任北京师范大学教授。其书法集众家之长,法度严谨,淡雅平和,超凡脱俗,耐人玩味(图5-4-9)。

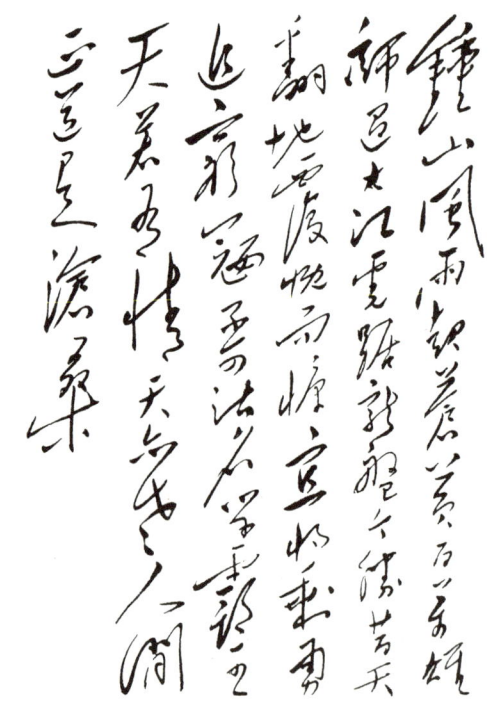

图5-4-8 毛泽东《人民解放军占领南京》

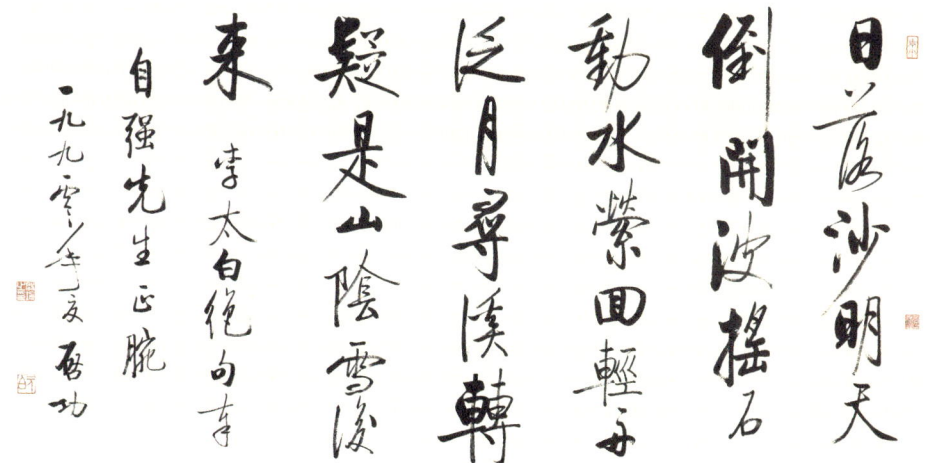

图 5-4-9　启功行书（横幅）

李铎，湖南省醴陵市人，著名书法家。他自幼习书，曾遍临历代名家碑帖。广集博采，兼收并蓄，创出古拙沉雄、苍劲挺拔、雍容大度而又舒展流畅的独特书风。其作品（图 5-4-10）于平淡朴素中见俊美，于端庄凝重中显功力，气度不凡，雅俗共赏，深受国内外人士喜爱。

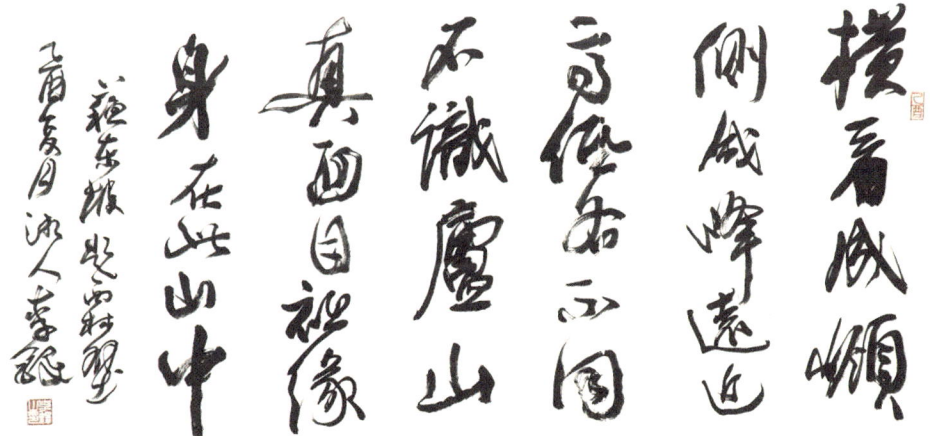

图 5-4-10　李铎行草书（横幅）

美的体验

1. 课外阅读

阅读书目：金开诚《启功论书》、王岳川《中国书法文化大观》。

思考：有人说，书法是"无言的诗，无形的舞，无图的画，无声的乐"。你如何理解？

提示：书法与国画、武术、中医、京剧、汉服和丝绸、茶叶、瓷器、围棋、剪纸和刺绣并称"中国十大国粹"，书法作为中国文化的符号，不仅有着悠久的历史，而且蕴含着中华民族的审美追求和美育精神。

2. 课后活动

"点与线的乾坤世界" 书法才艺展示

(1) 主题："德"行天下，"书"写人生。

(2) 目标：体验书法艺术之美，激发民族文化之情。

(3) 步骤：以小组为单位，围绕"德""艺""职""魂"四个关键词，用毛笔或硬笔书写一幅书法作品，并公开展示。

3. 思维拓展

有人说，书法是一种高雅的艺术，不应该和写字混为一谈，把字写得漂亮只能说是技术好。你认同这个观点吗？

测一测

1. 选择题

(1) "楷书四大家"是指（   ）。

　　A. 欧阳询、颜真卿、柳公权、赵孟頫

　　B. 马东篱、郑德辉、关汉卿、白仁甫

　　C. 李白、杜甫、白居易、元稹

　　D. 欧阳询、虞世南、褚遂良、薛稷

(2) 张旭被后世誉为（   ）。

　　A. "第一草圣"　　　　　　B. "第二草圣"

　　C. "书圣"　　　　　　　　D. "小圣"

(3) 柳公权为人正直，他（   ）的故事传为佳话。

　　A. 抵制外敌　　B. "笔谏"　　C. 无心仕途　　D. 书不传外夷

(4) "行书四大家"是指（   ）。

　　A. 张旭、怀素、王羲之、王献之

B. 欧阳询、颜真卿、柳公权、赵孟頫

C. 苏轼、黄庭坚、米芾、蔡襄

D. 祝允明、文徵明、唐寅、王宠

2. 判断题

(1) 沈尹默、沙孟海、林散之、谢稚柳、启功五位书法家被誉为"新中国成立以来书坛的五大丰碑"。　　　　　　　　　　　　　　　　　　　　(　　)

(2) 颜真卿书体被称为"颜体",与柳公权并称"颜柳",有"颜筋柳骨"之誉。
　　　　　　　　　　　　　　　　　　　　　　　　　　　　　(　　)

(3) 书法的艺术语言包括用笔、用墨、结构和章法。章法又称"飞白",是指书法作品的整体布局。　　　　　　　　　　　　　　　　　　　　　(　　)

(4) 最有名的汉代帛书是长沙马王堆汉代帛书。　　　　　　　(　　)

第六单元
乐舞的交融：舞蹈艺术

> 舞蹈艺术是人类最早创造的艺术形态,是人类最美的艺术之一。舞蹈艺术通过运用节奏、表情、造型和空间运动等要素来塑造直观的动态形象,在反映社会生活的同时,鲜明地传递思想情感和审美理念。

学习目标

1. 了解舞蹈的基本分类,掌握舞蹈艺术的审美特征与欣赏方法。
2. 能简单地辨析舞蹈类型,学跳不同风格的舞蹈,体验形体美。
3. 培养协调性与想象力,获得身心愉悦和心灵震撼。

课前导学

观看一个舞蹈节目,如《舞蹈风暴》,学习五个基本动作,并在班级内展示。

美的印象

大型音乐舞蹈史诗《复兴之路》(SP6-1)

《复兴之路》(图 6-1-1)是为庆祝中华人民共和国成立六十周年而创作的大型音乐舞蹈史诗。这部史诗以时间为线索,以重大历史事件为载体,在《山河祭》《热血赋》《创业图》《大潮曲》《中华颂》五大板块中,展示了中华民族自 1840 年鸦片战争至今生生不息、上下求索的奋斗征程。既有回顾历史的悲情陈述,又有展望未来的时代豪情,这使得《复兴之路》在大气磅礴的史诗气质之外,平添一份直指人心的感人魅力。这部作品将音乐、舞蹈、合唱、戏曲等多种艺术形式相结合,全方位、多角度、深层次地展现了中国共产党领导人民所走过的波澜壮阔的历史进程,热情而壮观地歌颂了党和人民为国家、为民族奋斗不已的伟大精神。这种音乐舞蹈史诗是承担重大历史叙事的重要艺术载体。

SP6-1
《复兴之路》
片段

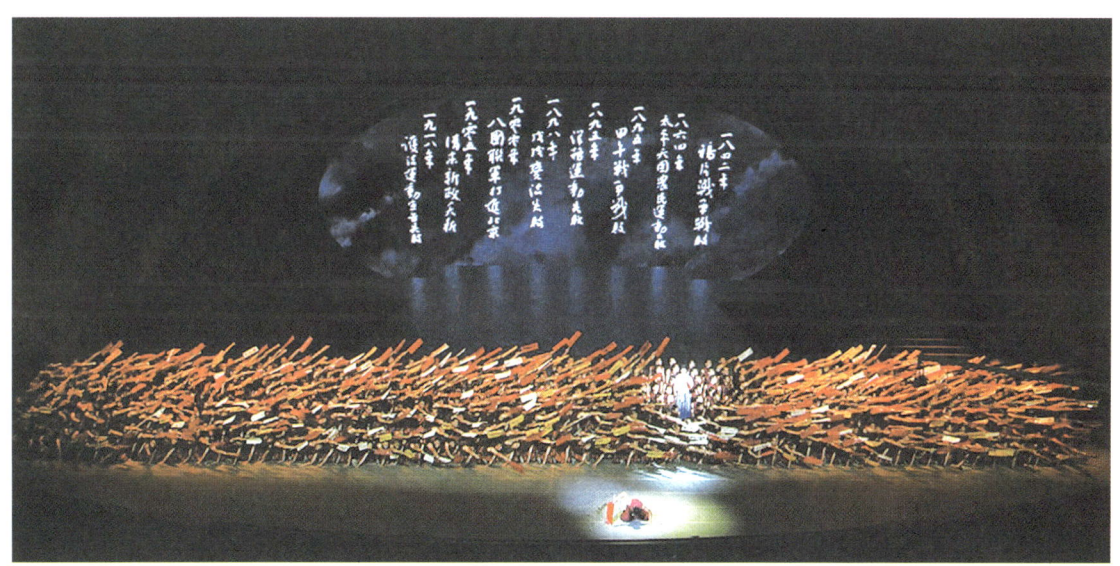

图 6-1-1　大型音乐舞蹈史诗《复兴之路》

美的历程:舞蹈艺术的发展概况

一、舞蹈的起源

众所周知,千姿百态的舞蹈艺术充满着人们对真善美的渴望,抒发着人的思想感情,是一种融入音乐、展现自身美的动态艺术。一般认为,"美"分为外在美与内在美。舞蹈的外在美表现在视觉效果上;其内在美则通过形体艺术彰显内心的情感,表达人们对美好生活的追求,感受艺术精华的滋润,领悟人与人、人与自然的和谐关系。

关于舞蹈的起源,学术界存在不同的观点,集中体现在以下几个方面。

1. 神授说

神授说是人类历史上最早涉及舞蹈起源的学术观点,认为舞蹈的出现与神有关。人类诞生初期,认知水平较低,没有正确区分人与神的主观意识,从而产生了认知偏差,将部分人才出众或者贡献突出的人视为神。在中国和古希腊的神话传说中,存在大量关于神的记录,其中就有人类舞蹈是得到神的启发才产生的说法。

2. 宗教巫术说

宗教巫术说认为"巫"和"舞"是一致的,比如人类早期的巫术祭祀舞、图腾崇拜舞均属于典型的舞蹈。持宗教巫术学说的学者认为,人类初期尚不能区分主观和客观,从而将世间所有事物灵魂化,促进了巫术祭祀、原始宗教的诞生。由于这类活动往往采用舞蹈形式,因此不少学者认为舞蹈起源于宗教巫术。

3. 繁衍说

部分学者认为,原始社会中的人们基于对生存的重视,把繁衍后代当作头等大事。通常,人们在择偶、求爱时多采用舞蹈这一表现形式。由此观之,人们对繁衍的重视促进了舞蹈的出现。

4. 模仿说

模仿说认为,舞蹈的出现与人类观察、模仿动物的行为活动紧密相连。此外,人们对自然景观的观察与模仿,如火山喷发、河水流淌、树木摆动等,在一定程度上也促进了舞蹈这一艺术形式的诞生。

5. 游戏说

游戏说认为,原始社会之所以产生舞蹈,原因在于原始人精力旺盛却得不到合理排解,因而只能采用游戏的方式来宣泄。这里所说的游戏,指的是人类的审美需求,即以假想为乐,比如人类之所以模仿动物行为,是想通过此种游戏方式来表达自身的情感。游戏能够充分体现人性的自由,从而将人与动物区分开来。

6. 劳动说

劳动说强调,人类的生产劳动促进了舞蹈的诞生,原因在于劳动具有健美形体的功能,为舞蹈艺术的出现奠定了基础。劳动动作的力量与美感,造就了舞蹈动作技巧的多变。人们进行的各种类型的劳动,都不可避免地涉及四肢动作,因此在某种重复不断地动作中隐藏着一定的节奏,加之伴有一定的敲打、呼喊等声音,从而形成了最初的舞蹈。

二、舞蹈的发展

舞蹈是人与人、人与社会之间的一种交流方式,以形体动作来表达对社会生活的感受,以美启智。舞蹈具有精神和形体的双重表现力,在舞者营造的精神世界中,人们仿佛重新找回自我,从而能净化心灵,完善个性。

我国舞蹈发展历史十分悠久。最早的原始舞蹈大多与生产劳动相关,是我国先民的一种生活方式和生存状态。目前发现的古代岩画中,就保存着许多狩猎舞的形象(图 6-2-1),表明当时的舞蹈与先民们的狩猎生活密切相关。

图 6-2-1 云南沧源岩画原始舞蹈

随着社会发展和民间诗歌兴起,诗、乐、舞三位一体的文化传统逐渐形成,"乐"必有"舞","舞"必奏"乐"。如周代的巫术舞蹈、傩舞蹈和汉代的百戏类舞蹈。

我国汉代时期,随着国家综合实力的强大,舞蹈频繁出现于社会生活的各种场合,主要为宴会助兴。汉代不仅专门设置了乐舞机构,还诞生了我国历史上第一本舞蹈美学著作《舞赋》。

中国古代舞蹈在唐代达到了顶峰(图6-2-2),它以宏大的演出规模,千姿百态的表演形式及雅俗共赏的姿态赢得了世人喜爱。《韩熙载夜宴图》(图6-2-3)就形象地展示了当时"六幺舞"的场景。

宋代舞蹈独辟蹊径,创造了具有程式性特征和划时代意义的舞蹈形式——队舞。宋元之后,部分舞蹈与戏剧艺术相融合,戏曲这一全新的艺术形式由此诞生。

明清时期,舞蹈作为戏曲艺术的表现手段之一,形成了高度程式性和综合性的美学特点。

从明清至当代,中国舞蹈发展生机勃勃,先后出现了裕容龄、黎锦晖、吴晓邦、戴爱莲、贾作光等著名舞蹈家和一系列的舞蹈精品。20世纪50年代和80年代,中国舞蹈又分别系统地引进了西方芭蕾舞蹈和现代舞。1950年,我国创作了新中国成立后的第一部芭蕾舞剧《和平鸽》。50年代初期,北京舞蹈学校开办了芭蕾专

图6-2-2 唐代乐舞图

图6-2-3 《韩熙载夜宴图》中"六幺舞"场面

图 6-2-4　芭蕾舞剧《红色娘子军》

图 6-2-5　芭蕾舞剧《白毛女》

业教育。1964年、1965年、1976年又相继创作演出了反映中国革命斗争的芭蕾舞《红色娘子军》(图6-2-4)、《白毛女》(图6-2-5)和《草原女民兵》(图6-2-6)。

改革开放后,中国芭蕾舞迅速发展,创作和演出活动非常活跃,题材范围扩大,并在芭蕾舞民族化方面做了大胆尝试,出现了《祝福》《雷雨》《林黛玉》《梁祝》《魂》《黄河》等一批深受中国观众欢迎的作品。

图 6-2-6　舞蹈《草原女民兵》

美的视窗:舞蹈艺术的审美特征

一、舞蹈的类别

舞蹈在其自然演进过程中,逐步形成了各种不同的流派、风格和品种。舞蹈一般分为生活舞蹈和艺术舞蹈两大类。

1. 生活舞蹈

生活舞蹈一般是指与人们日常生活有着直接紧密的联系,人人都可以参加的具有广泛群众性的舞蹈活动。它一般包括习俗舞蹈(如我国一些民族在婚、丧、嫁、娶,及一些喜庆节日所举行的各种习俗和仪式的舞蹈活动等)、宗教舞蹈(人们用来祭祀祖先和神佛,以求达到求雨、去灾、治病、除疫等目的的舞蹈)、社交舞蹈(人们在生活中为社会交往、增进友谊、联络感情而进行的交际舞、集体舞等)和体育舞蹈等。

2. 艺术舞蹈

艺术舞蹈是由舞蹈家创作的,运用具有节奏感和韵律感的人体动作,表达人们的情感,反映社会生活,具有观赏性和审美效应的舞蹈。

根据不同风格和特点,艺术舞蹈可分为古典舞、民族民间舞和现代舞三种。

古典舞,即具有古典风格的传统舞蹈。它是在民间舞蹈的基础上,经过历代专业工作者提炼、加工、整理和创造,并经过较长时期的考验而流传下来的具有典范意义的舞蹈。古典舞具有整套的规范性技术和严谨的程式。例如,西方的芭蕾舞经过几百年发展,已具有古代流传下来的经典舞蹈的意味。在不同的舞蹈中,不论艺术风格有怎样的发展和变化,芭蕾舞基本的程序都有严格规范,并得到公认。我国的古典舞一部分是在古典戏曲基础上创新发展的,如《宝莲灯》《小刀会》等;另一部分则是从古老的壁画和彩塑中经过模仿、研究和再创作而成的,如《飞天》(图6-3-1)、《丝路花雨》等。

图6-3-1 舞蹈《飞天》

民族民间舞,是在人民群众中广泛流传,具有鲜明的民族风格和特色的传统舞蹈形式。它与特定民族的历史传统、风俗习惯和审美趣味存在着内在联系,大都格调清新、欢快,带有明显的民族特色和地方特色,体现着浓郁的生活气息。例如,维吾尔族舞蹈以节奏鲜明、幽默风趣见长;朝鲜族舞蹈常以飘逸、优美取胜等。此外,日本人民喜爱稳健、优美的樱花舞,而俄罗斯人民则赞赏豪放、激烈的水兵舞等。

现代舞,是20世纪初发展起来的以美国舞蹈家邓肯为代表的一种舞蹈流派。其主要特点是摆脱古典芭蕾舞的程式和束缚,反对当时芭蕾艺术的因循守旧和机械僵化,主张舞蹈应该自由、坦率地抒发人们的内心情感,表现一种不受约束的自然美。

二、舞蹈艺术的审美特征

舞蹈艺术的审美特征是指舞蹈创作主体和审美接受者对舞蹈美的感受、理解、认识和表现,是舞蹈反映出的具有一定美丑属性的感性形象,是舞蹈引发的在生理和心理上的各种情感反映。其特征主要包括以下几个方面。

1. 形象性:以情带舞、以舞传情

舞蹈家的艺术创作是通过处于运动状态的、有形可见的人体动作去展示那些无形的思想、感情、观念、精神和感觉。通过动作、姿态、节奏、线条、平衡和处于变化中的对称与不对称的构图,构成"有意味的"舞蹈艺术形式。无论舞蹈家采用何种舞蹈形式进行表演,其本意都在于通过对特定生活内容的表述,抒发舞者的喜、怒、哀、乐之情,并使欣赏者在享受中为之动情,进而受到感染和熏陶。

2. 感染性:动而合度、形变神真

凡舞必动,但并非凡动皆舞,只有通过提炼、美化、节律化的动作才可能成为舞蹈,这就要讲究"动而合度",既"动"又"合度"方能产生舞蹈美,"形变而神真"实际上是形神兼合,所以观众不但从形式上接受了它,而且为之感动。舞蹈表演的"形"是指舞蹈者的表情姿态、动作流动、服装造型等外在形态,由这些外在形态传达出的韵味、情感、意境,则是舞蹈表演的"神"。

3. 技艺性:技艺结合、引人入胜

舞蹈艺术作为一种物态化的审美意象,通常是以人体动作的流动造型为基础的表现手段,构建成"有意味"的形式,用以表达思想、抒发感情。事实上,舞蹈的动作积淀了不同时代、不同社会的人们对主客观世界的改造。在舞蹈动作中,社会生活的内容失去了本来面貌,而与人体运动的抽象形式结合在一起。因此,它既是人类社会实践活动的不断抽象与升华,又是人类审美感受与理想的物化和具象化。

4. 独创性:风采独具、富于创造

一个舞者除了具有舞蹈基本能力和技巧外,还应当具有艺术创造力、表现力和感染力,这就要求舞者能够进行艺术化的创造,它是舞蹈艺术美的灵魂。有无独创性是区分普通舞者和舞蹈表演家的衡量标准。

三、舞蹈的欣赏方法

1. 要善于把握作品的思想内涵

舞蹈作品都是现实生活的形象展示,它渗透着舞蹈者的生活体验、美学追求和价值取向。只有把握了作品的思想内涵,才能获得更多的美的享受和启迪,才能产生心灵深处的共鸣。

2. 要了解舞蹈的表现形式

舞蹈的表现形式主要是舞蹈动作、舞蹈造型、舞蹈表情和舞蹈构图。

(1) 舞蹈动作:包括上身的舞姿和下身的舞步,它是创造舞蹈艺术的基本元素。舞蹈动作的形态美、韵律感和技巧性本身就具有很强的形式美和欣赏价值。从某种意义上说,欣赏舞蹈就是欣赏舞蹈演员的动作。

(2) 舞蹈造型:在动与静的舞蹈动作组合中,呈现舞蹈艺术的形态美和神韵美。如在舞剧《丝路花雨》中,英娘反弹琵琶的舞蹈动作组合,展现出敦煌舞姿的 S 型特点和英娘天真、淳朴的性格特点。

(3) 舞蹈表情:通过面部神情的表露、手臂的姿态、躯体的摆扭、足部的移动来表达内在的情感。我国的舞蹈就特别强调眼神的运用,要求舞者通过眼睛表露特定的心理状态。

(4) 舞蹈构图:包括舞蹈画面和舞蹈队形,它是舞蹈表现内容和表达特定情绪的手段。如舞剧《丝路花雨》第四场神笔张"梦幻"一段中,众伎乐天神的队形变化,构成了优美的仙境和典雅的气氛,表现了神笔张的内心思绪和对美好生活的憧憬。

美的欣赏:舞蹈作品欣赏

一、中国舞蹈作品欣赏

1.《爱莲说》

舞蹈《爱莲说》(图 6-4-1)由赵小刚编导,创作思路来源于宋代诗人周敦颐的散文诗《爱莲说》。根据散文诗对荷花形态与气质的描述,赵小刚用古典舞对此做出了新的诠释。舞者以舒展的身姿表现了芙蓉初出水的画面。舞者将自己高超的舞蹈技艺与完美的艺术表演和自己心中的情感结合在一起,通过开始的动作与标

图 6-4-1 舞蹈《爱莲说》

志性的脚腿和上身的两头翘起将荷花的美展现了出来。此舞动静结合,随着高低起伏的美妙音乐,舞者的动作也有开有合。

2.《丝路花雨》(SP6-2)

民族舞剧《丝路花雨》(图 6-4-2)取材于丝绸之路和敦煌莫高窟壁画,是博采各地民间歌舞之长而创作的大型民族舞剧,被赞誉为"活的敦煌壁画,美的艺术享受"。该舞蹈歌颂了老画工神笔张和英娘的光辉艺术形象,描写了他们的悲欢离合,

SP6-2
《丝路花雨》

图 6-4-2 舞蹈《丝路花雨》

高度颂扬了中国和西域人民源远流长的友谊,再现了唐朝内政昌明,对外经济、文化交往频繁的盛况。

3.《酥油飘香》

《酥油飘香》是由达娃拉姆编导的藏族女子群舞(图6-4-3),表现了一群热情开朗的藏族姑娘打制酥油送给解放军战士的欢快情景,体现了新时期藏族妇女充满自信、健康向上的精神风貌,弘扬了军民鱼水一家亲的经典主旋律。《酥油飘香》里的舞者从体态上一改传统藏族人含胸前倾的身体姿态,而是以上身后仰、昂扬向上的身姿出现,在舞动中满含着幸福和自豪。

4.《士兵与枪》

《士兵与枪》(图6-4-4)是总政歌舞团创编的一个以士兵和枪为主题的军旅新风舞蹈。舞蹈抓住了士兵手握钢枪这一形象。钢枪既是军队雄伟士气的象征,也是每一个士兵赤诚灵魂的写照,那手握钢枪的士兵群像就是我军英武军威的外化表现。该作品以群舞的形式,抒发了士兵们对钢枪的热爱和珍惜之情,表现了当代部队严明井然的作风和昂扬向上的精神。

图6-4-3 舞蹈《酥油飘香》

图 6-4-4　舞蹈《士兵与枪》

5.《雀之灵》

纤长的身影,白色的长裙,手臂的波浪,优美的"三道弯"曲线,轻盈地旋转,宁谧而纯美,这是杨丽萍的《雀之灵》(图 6-4-5)。该舞蹈以诗性的构思表现出一个被升华了的孔雀之灵。《雀之灵》虽然是创作作品,但舞蹈语汇仍然依赖于傣族民间舞蹈元素。它的舞蹈动作并不是简单的再现,而是注入了现代人的意识,从而创造出更加挺拔、舒展奔放的舞蹈语汇。杨丽萍塑造的将真善美集于一身的美丽、圣洁的孔雀形象具有无穷的艺术魅力。

图 6-4-5　舞蹈《雀之灵》

图 6-4-6 舞蹈《春江花月夜》

6.《春江花月夜》

《春江花月夜》是中国古典音乐名曲。舞蹈《春江花月夜》(图 6-4-6)创作于 20 世纪五六十年代,是著名舞蹈家陈爱莲的成名之作。舞蹈动作语汇全部采用的是中国古典舞蹈风格的动作、姿态和造型,舞者双手持白色羽毛折扇,在柔曼、典雅和律动的表演中,把一位少女在特定情境中对未来幸福生活的向往表现得淋漓尽致。

图 6-4-7 舞蹈《宝莲灯》

7.《宝莲灯》

《宝莲灯》(图 6-4-7)是新中国成立以后,第一部将我国民族民间传统舞蹈的表现手段和芭蕾舞剧的结构方式融会贯通而创作的、具有浓郁的中华民族风格特色的优秀大型民族舞剧作品。舞剧主要人物的舞蹈语言基本来源于中国古典舞蹈,并大量吸收和运用了群众喜闻乐见的民族民间舞蹈素材,不仅民族风格浓郁,而且扩展了舞剧的表现手段,丰富了舞蹈语汇,展示了独特的文化魅力。

图 6-4-8 舞蹈《扇舞丹青》

8.《扇舞丹青》

《扇舞丹青》(图 6-4-8)借用一把延长手臂表现力的折扇,演绎了中华民族书法艺术的神韵之美,动态地展现了"纸上的舞蹈"。作品通过表演者似飞腾狂草、像描画丹青般的一招一式的精彩表演,在整个舞台上塑造出一种典雅、端庄,充满中国传统舞蹈文化内涵的体态形象。该舞蹈将古典舞与中国书法文化、扇文化、剑文化融为一体,把舞、乐、书、画熔于一炉,在情景交融、人与自然的浑然一体中,达到含蓄蕴藉、言有尽而意无穷的艺术境界,营造了一个恬静、雅致、高远的意境。舞蹈《扇舞丹青》不愧为赏心悦目的"墨舞"精品。

9.《踏歌》

《踏歌》(图6-4-9)是一个群舞,舞者成群结队,手拉手,以脚踏地,边歌边舞。水袖是《踏歌》中一个最明显并且是最重要的服装特征。正是水袖的运用,让女子在"抛袖"时更显轻盈,在女子含颔、斜前举臂时,那长长的水袖更是赋予了一份难得的灵气,使得少女婀娜多姿的体态展现无遗。含蓄、优美、轻盈是《踏歌》最明显的舞姿特征。

10.《桃夭》

《桃夭》(图6-4-10)属汉唐古典舞,展现了待嫁女子的羞涩及对未来生活的美好期盼,整个舞蹈洋溢着青春的气息。舞者妙曼的身姿为观众塑造了如同小桃树一般的、充满青春气息的少女形象。少女们轻盈地跳跃着,如同桃之精灵一般,整个舞蹈充斥着一种喜气洋洋、欢乐愉悦的气氛。

图6-4-9 舞蹈《踏歌》

图6-4-10 舞蹈《桃夭》

二、外国舞蹈作品欣赏

1.《天鹅湖》

1895年,刘·伊凡诺夫与马利乌斯·皮提帕编导的《天鹅湖》(图6-4-11)是芭蕾舞的代名词,至今仍被看作是古典芭蕾不可超越的丰碑。《天鹅湖》沿用芭蕾舞

图 6-4-11　舞蹈《天鹅湖》

剧中的善与恶的矛盾、善终将战胜恶的主题,演绎了忠贞爱情战胜魔法,公主重新获得自由,王子齐格弗里德与公主奥杰塔共同迎来美好生活的故事。自该版本舞蹈问世的百余年来,无论是在审美上还是艺术性上都达到了古典芭蕾的极致,该舞是芭蕾艺术皇冠上一颗璀璨的明珠。

2.《大河之舞》

爱尔兰踢踏舞形成于 18 世纪 20 年代,舞风自由,节奏明快。《大河之舞》(图 6-4-12)场面宏大、气势恢宏,是爱尔兰踢踏舞的典型代表。该作品以百老汇音乐剧的形式呈现,不仅有爱尔兰的踢踏舞,还包含了西班牙的弗拉明戈舞、俄罗斯的芭蕾舞,以及爵士风格的踢踏舞等。

3.《吉赛尔》

法国芭蕾舞剧《吉赛尔》(图 6-4-13)是早期浪漫主义芭蕾舞的代表作品,由简·克拉里和朱尔·佩罗共同创作,泰奥菲勒·戈蒂埃等编剧,阿道夫·亚当作曲,1841 年首演于巴黎。故事来源于欧洲莱茵河畔的民间传说,描写农村少女吉赛尔被贵族阿尔伯特诱骗、遗弃,化为幽灵后仍至死不渝的故事。该舞剧刻画了一个纯真、笃信命运的少女形象,富有浪漫的抒情气息。

图 6-4-12 踢踏舞《大河之舞》

图 6-4-13 芭蕾舞剧《吉赛尔》

4.《睡美人》(SP6-3)

《睡美人》(图 6-4-14)是根据法国作家夏尔·佩罗的爱情童话小说《沉睡森林的美人》改编而成。俄罗斯芭蕾舞编导大师马留斯·彼季帕与作曲家柴可夫斯基

SP6-3
《睡美人》
(片段)

图 6-4-14　芭蕾舞剧《睡美人》

密切合作,把这个童话故事搬上了舞台,继而成就了一部古典芭蕾舞的巅峰之作,享有"古典芭蕾艺术的百科全书"之誉。一百多年来,芭蕾舞剧《睡美人》以其震撼人心的音乐、气势恢宏的舞蹈、雍容华贵的服装、奢华灿烂的布景,创造出了空前绝后的剧场舞蹈奇观,吸引了各国的舞蹈家和观众。

《睡美人》虽属于古典芭蕾舞的经典代表,但经过现代的包装与演绎,这部有些凝重的芭蕾舞剧又平添了华丽的现代气息。该作品传神地表达了光明战胜黑暗,正义战胜邪恶的主题,以及对忠贞爱情的讴歌,给人一种耳目一新的感觉。

5. 埃及肚皮舞

埃及肚皮舞(图 6-4-15)作为一种优美的身体艺术,主要通过骨盆、臀部、胸部和手臂的旋转及令人眼花缭乱的胯部摇摆动作,塑造出优雅、性感、柔美的舞蹈语言,充分发挥出女性身体的阴柔之美。肚皮舞是一种有阿拉伯风情的舞蹈形式,起源于中东地区,并在巴基斯坦、伊朗等其他受阿拉伯文化影响的地区获得长足发展。该舞于 19 世纪末传入欧美地区,至今已遍布世界各地,成为一种较为知名的国际性舞蹈。

图 6-4-15　埃及肚皮舞

图 6-4-16　巴西桑巴舞

6. 巴西桑巴舞

巴西桑巴舞（图 6-4-16）被称为巴西的"国舞"。在巴西，桑巴舞之普及有这样的说法：人不分男女老幼，平时跳，节假日也跳；在舞台上跳，在大街上也跳；白天跳，晚上也跳。桑巴舞现已被认为是巴西狂欢节的象征，是最大众化的巴西文化的表达形式之一。

美的体验

1. 课外阅读

阅读书目：《毛诗序》《人体律动的诗篇》《返回原点》《说舞》《中国古代舞蹈审美历程》《共和国的红舞鞋：陈爱莲传》。

思考：如何理解舞蹈艺术中"身体要透明可见"？

提示：千姿百态的舞蹈艺术充满着人们对真善美的渴望，抒发着人的思想感情,是一种融入音乐、展现自身美的动态艺术。它是人与人之间、人与社会之间的一种交流方式,具有精神和形体的双重表现力,能促使个性的不断完善。伟大舞蹈艺术变革者邓肯曾提出,舞蹈艺术即是"努力通过舞姿和动作表现出自己的真实生活,是身体的体操动作与心灵的合一,使之回归生命、高扬生命并表现生命的复兴",舞蹈艺术创造出了可被人感知的舞蹈形象、审美情感和审美理想,反映了生活的审美属性。

2. 课后活动

舞动青春　体验感知力

(1) 主题:2018 年 9 月 10 日,厦门六中合唱团以一曲用书本敲打阿卡贝拉(无伴奏合唱)版《夜空中最亮的星》向老师们致以节日的问候。该视频迅速在网上流传开来,视频中合唱时编排的舞蹈动作也成了一种新的风向标。由书本和杯子创造的"舞蹈"并没有特定的形式,它更像是一种创意,可以随心所欲地表演,调节紧张的情绪,改善单调的生活,提升自信心和成就感。这种手势伴奏的动作,不仅可以培养节奏感,锻炼手眼协调能力,开发大脑潜能,提升专注力,而且可以让人们体会与音乐配合、与他人合作的乐趣。

(2) 目标:体会音律的节拍,培养舞蹈感知能力,使之愉悦身心。

(3) 步骤:观看《大王叫我来巡山》手势舞,学习并模仿你认为最难的一个动作。用一张 A4 纸制作好道具,将此动作分解练习,然后加上简单的三个舞蹈动作进行展示。由大家评比,哪位同学创编的动作更符合《大王叫我来巡山》的主题。

3. 思维拓展

近些年,"你来比画我来猜"(成语类)节目在某卫视一档综艺节目中火了起来。模仿者通过肢体语言表达所要展示的成语,被猜者则通过所见所想来回答。参赛者提前准备好成语题板,学号单号和双号的学生分别成对,组合进行展示。注意,该活动的重点是考验人们对文字的直观感受和深入理解,旨在将中国汉字文化与舞蹈艺术紧密相融,实现身心合一。

测一测

1. 选择题(1-2 为单选,3-4 为多选)

(1) 下列作品中,哪一个不属于芭蕾舞剧(　　)。

　　　　A. 天鹅湖　　　　B. 吉赛尔　　　　C. 红色娘子军　　D. 雀之灵

(2) 下列舞蹈表现形式中错误的表述是(　　)。

　　　　A. 舞蹈动作　　　B. 舞蹈构图　　　C. 舞蹈表情　　　D. 舞蹈内涵

(3) 下列作品中哪几个属于古典舞(　　)。

　　　　A. 宝莲灯　　　　B. 睡美人　　　　C. 飞天　　　　　D. 士兵与枪

(4) 下列人名中哪些是中国著名舞蹈家(　　)。

　　　　A. 杨丽萍　　　　B. 戴爱莲　　　　C. 谭晶　　　　　D. 赵青

　　　　E. 郭兰英　　　　F. 殷秀梅

2. 判断题

(1)《天鹅湖》是中国舞蹈作品。　　　　　　　　　　　　　　　　(　　)

(2)《复兴之路》是大型音乐舞蹈史诗。　　　　　　　　　　　　　(　　)

(3) 舞蹈的起源集中体现在:神授说、宗教巫术说、繁衍说、模仿说、游戏说、劳动说。　　　　　　　　　　　　　　　　　　　　　　　　　　　　(　　)

(4) 汉代时期,诞生了我国历史上第一本舞蹈美学著作《舞赋》。　　(　　)

第七单元 智慧的火花：设计艺术

> 人类是"按照美的规律来建造"的。设计是以满足人的需要为目的所进行的文化创造活动,有其独特的美学规律。这种"以人为本"的艺术是创新的桥梁,也为人们带来了更为舒适和写意的生活。

学习目标

1. 了解设计艺术的历史脉络,掌握设计艺术的审美特征。
2. 能从"以人为本"的出发点鉴赏设计作品。
3. 体会中国传统设计艺术隽永而温暖的审美趣味,学会尊重人性,珍惜生活。

课前导学

如果我是设计师

选取一生活用品(可就地取材,如手机、自己穿的服装等。有兴趣者可自行设计),组建三个小团队,分别模拟该用品的设计师、客户(需要该设计作品,并投入生产,将之转化为产品的客户)、消费者,其余学生为观众。活动流程为:"设计师"对用品的设计进行解说(重点解说设计的原因);"客户"依据需求对设计师提问题;"消费者"对用品提己方诉求;观众评价上述三方表现。

美的印象

2022 年 2 月，北京冬季奥运会开幕，吉祥物冰墩墩（Bing Dwen Dwen）（图 7-1-1）成为名副其实的超级明星。

曹雪设计的冰墩墩将熊猫形象与富有超能量的冰晶外壳相结合，体现了冬季冰雪运动的特点。熊猫是世界公认的中国国宝，形象可爱、性格温顺、憨态可掬。其头部装饰彩色光环，灵感源自北京冬奥会的国家速滑馆——"冰丝带"；头部装饰流动色彩线条，象征着冰雪运动的赛道和 5G 高科技；头部外壳造型取自冰雪运动头盔。冰墩墩整体造型像航天员，是一位来自未来的冰雪运动专家，寓意现代科技和冰雪运动的结合，充满未来感、时代感、速度感。

图 7-1-1　2022 北京冬季奥运会冰墩墩形象

"冰"象征纯洁、坚强，契合冬奥会主题。"墩墩"二字则意喻敦厚、敦实、可爱，契合熊猫的整体形象，象征着冬奥会运动员强壮有力的身体、坚韧不拔的意志和鼓舞人心的奥林匹克精神。冰墩墩展示了中华文化的独特魅力，寓意创造非凡、探索未来，体现了追求卓越、引领时代，以及面向未来的无限可能，表达了中国推动世界文明交流互鉴、构建人类命运共同体的美好愿景。

设计是出于人类生活的需要，根据一定的目的，运用对称、韵律、均衡、节奏、形体、色彩、材质和工艺等艺术元素，经过预先设计并形成作品的创意活动。设计艺术既服务于人类生活，也彰显着人类的审美意趣，其本质是实用艺术与审美意趣的结合。设计之美一方面以不同的艺术形态和艺术表现方式广泛服务于人类的衣、食、住、行、用等各个方面，另一方面又通过一定的审美法则，表现人们对于设计艺术形式美、内涵美和意境美的深刻理解。

设计艺术与纯艺术是艺术范畴内的两种不同艺术形态，它们各有所长又相互联系。艺术作品的设计、制作过程也是一个审美过程。它表达着设计者的审美理想和创意，也在潜移默化中改变着人们的审美趣味和生活情趣。在现代生活中，无论是错落有致的建筑物，还是造型别致的园林；无论是绚丽多姿的广告海报，还是别开生面的陶瓷制品，都会让我们的心中充满喜悦与兴奋，使我们关注的焦点不再是工艺、技术，而是怀着一种愉悦和放飞的心情去欣赏、去享受作品中渗透的思想与创意，并在体会实用与艺术完美结合的高超技艺中，寻找那份属于生活的美好、感受它带给我们的精神愉悦。

美的历程:设计艺术的发展巡礼

一、中国设计艺术的发展

1. 新石器时期的质朴

彩陶(图7-2-1)是新石器时期黄河流域的一种特殊的陶器样式。彩陶的彩是一种矿物质颜料,呈现黑褐色,这是利用陶土的黄橙色质感,把陶坯打磨成光亮的胎器,用赭红色的颜料,进行纹饰绘制,使之成为斑驳奇丽的装饰。红色是一种充满生命力的色彩,彩陶图案有大量的几何形纹饰,既是早期陶器中编织物纹印及渔网、水涡、树叶等图案的延续和变化,也是原始人内心的音乐涌动和视觉表现,可以使人在彩陶有限的圆面中体会到一种"无尽"的意味。

2. 先秦时期的厚重

自夏朝起,中国开始进入青铜时代。青铜器制作精美,造型丰富,有礼乐器、兵器及杂器等。每一器种在每个时代都呈现不同的风采。商晚期至西周早期,是青铜器发展的鼎盛时期,其器型多种多样,浑厚凝重,铭文逐渐加长,花纹繁缛富丽,具有很高的观赏价值。"国之大事,在祀与戎",青铜在较长时间内主要用于祭祀礼仪和战争,由此形成了迥异于他国的具有中国传统特色的青铜器文化体系。四羊方尊(图7-2-2)是中国现存商代青铜器中最大的方尊,高约58.3厘米,重近34.5千克。尊的四肩、腹部及圈足设计成大卷角羊,增加了变化,在宁静中突出威严的感觉。

图7-2-1 马家窑文化彩陶

图7-2-2 四羊方尊

3. 秦汉时期的精巧

秦汉时期的青铜工艺逐渐向轻便、精巧、实用的生活用器和观赏艺术品发展。其中,"长信宫灯"(图7-2-3)引人注目。一位宫女跽坐手持灯具,左手托底盘,右臂的衣袖与灯体连接,中间空洞而封闭,利用虹吸的物理原理,将灯油的烟气排放到宫女身体中贮存的水里,使烟气得到自然的净化。同时,灯具部分利用灯罩旋钮的开合,调节灯光的亮度,使灯光产生不同的变化效果。整个宫灯构思精妙、意味浓郁,是一件超凡脱俗的设计艺术佳作。

图7-2-3 长信宫灯

4. 隋唐时期的华美

隋朝各种花色、风格、样式的瓷器开始呈现,至唐代,瓷器制作与设计从蜕变到成熟,跨入真正的瓷器时代,"中国"的英文"China"的原意即为瓷器。唐代最著名的越窑与邢窑各具特色:越窑的青瓷明彻如冰,晶莹温润如玉,色泽青中带绿,接近茶青色;邢窑所产的白瓷,器壁坚而薄,土质细润,器型稳厚,线条流畅。同时,唐代经济繁荣,服饰愈益华丽,其女装的特点是裙、衫、帔统一(图7-2-4)。在服饰图案设计上,它融周代的严谨、战国时期的舒展、汉代的明快、魏晋的飘逸为一体,又在此基础上进一步提升,趋向于表现华美、圆润、自由、丰满的艺术风格,成就达到了历史上的高峰,如缠枝纹在历朝历代都被大量运用,承载着不同朝代的文化烙印,沿用至今。

图7-2-4 唐代服饰示意图

5. 宋朝时期的气韵

宋代是传统制瓷工艺发展史上一个非常繁荣昌盛的时期,有著名的五大名窑:汝、哥、官、定、钧。宋代瓷器以其古朴深沉、素雅简洁,同时又千姿百态、各竞风流的气象在工艺发展史上矗立起一座让世人景仰的丰碑。其釉色优美,典雅含蓄,高贵朴实,有类似玉的效果,体现了儒家文化所提倡的简洁素雅之美,有明显的民族精神体现。纹饰设计表现丰富独特,龙、凤、山水景色等常作为主体纹饰突显于器形的显著部位,而回纹、云头纹、等多用作边饰间饰。整体追求完整、意境、气韵,其神情意态与胎体的方圆长短巧妙结合,成为宋代文化的典范(图7-2-5)。

6. 明清时期的凝练

明清家具不仅有着深厚的中华民族文化艺术底蕴,而且具有经久耐用的品质和隽永高远的审美趣味,令人回味无穷。人们把花纹美丽的优质硬木,如榉木、花梨、紫檀等统称为"文木"。明代家具尤被人推崇,其木材坚硬、纹理优美;造型简练大气、以线为主;结构严谨、做工精细,卯榫结构极富有科学性;装饰适度、繁简相宜,整体呈现出一种出类拔萃的艺术风貌,成为中华民族文明史中一颗艺术明珠(图7-2-6)。

图7-2-5 宋代青瓷瓶　　图7-2-6 明代家具　圈椅

7. 近现代的设计艺术

受"西学东渐"背景下社会、文化的影响,近现代的设计艺术形成新的风格:设计思想解放,提出了"立足中华、面向世界"的民族设计发展方向。中华人民共和国国徽的设计凸显了这一设计思想。国徽的图案设计象征着中国人民自五四运动以来的新民主主义革命斗争和工人阶级领导的以工农联盟为基础的人民民主专政的新中国的诞生。四颗小五角星环绕一颗大五角星,象征着中国共产党领导下的全国人民大团结;齿轮和麦穗象征着工人阶级领导下的工农联盟;天安门则体现中国人民的革命传统和民族精神,同时也是我们伟大祖国首都北京的象征。国徽上用正红色和金黄色互为衬托和对比,体现了中华民族特有的吉祥喜庆的民族色彩和传统,国徽的设计和完成是集体智慧的结晶,它是国家的象征,也是人民意志的体现,它代表着中华人民共和国的尊严。因此,我们必须尊重、爱护国徽。

二、西方设计艺术的发展

1. 古代埃及:神明的敬畏

古埃及金字塔(图 7-2-7)是人类设计史上的杰作,金字塔外形庄严、稳重、雄伟,与周围无尽的高地、沙漠浑然一体,十分和谐。它的内部构造复杂多变,匠心独具,凝聚着非凡的智慧。其历经数千年沧桑不变形,显示了古代不可思议的高度科技水平与精湛的建筑艺术。

图 7-2-7 埃及金字塔

2. 古希腊、罗马：人性的推崇

古希腊的手工艺设计主要体现在陶器上，它们多为水器、小口大腹而呈现的橄榄形，独特美观。最为精致的是红、黑两色的陶瓶。古希腊建筑的主要成就是一些纪念性的建筑，其代表是雅典的帕提农神庙。它们讲究形式、比例相结合，富有程式化，称为"柱式"。其中，爱奥尼克柱式（图 7-2-8）秀美轻盈，多立克柱式（图 7-2-9）刚劲有力，这种设计风格不仅在建筑中被广泛使用，在家具、室内设计、日用品中也有表现。古罗马的设计继承了古希腊的设计特点，其中家具的设计更是直接的继承，体现在以铜制家具为主，陶器采用翻模，具有早期批量生产的特点。

图 7-2-8　爱奥尼克柱式

图 7-2-9　多立克柱式

3. 欧洲中世纪：宗教的融入

欧洲中世纪设计的最高成就是哥特式建筑，其特点是垂直向上，尖顶高耸入云，彩色玻璃工艺拼组成一幅幅巨大斑斓的圣经故事。设计中利用尖肋拱顶、飞扶壁、修长的束柱，营造出轻盈修长的飞天感。扶拱垛上往往有繁复的装饰雕刻，高耸峭拔。其卓越的建筑技艺表达了神秘、崇高、哀婉的强烈情感，使教堂内产生一种浓厚的宗教气氛。代表性的建筑有巴黎圣母院、科隆大教堂。

4. 文艺复兴后：灵活的变革

文艺复兴之后的设计主要有巴洛克和洛可可两种风格，这两种风格在家具设计中尤为突出。它们摆脱了中世纪刻板的风格和宗教的影响，从古希腊、罗马的设计中吸取营养。意大利的家具设计以佛罗伦萨最为著名，其作品简洁单纯。

> **知识链接**
>
> 巴洛克（Baroque），这个词最早源于葡萄牙语，意思为"不圆的珍珠"，特指形状怪异的珍珠，后用来指一种艺术风格或设计风格。它一反文艺复兴时期庄严、含蓄、均衡的造型，转而追求豪华、浮夸和矫揉的表现效果。巴洛克设计在建筑设计中常采用断裂山花或套叠山花，使建筑局部表现不完整，并在构图上呈现节奏不规则的跳跃，在室内设计中尽量追求完美富丽。
>
> 洛可可（Rococo），原指岩石和贝壳，其风格主要表现在建筑的室内装饰和家居设计中。它的基本特征是纤细、轻巧的造型，华丽、烦琐的装饰，在构图上有意设计不对称，在家具中有意多用贝壳镶嵌。

5. 现代：科学的结合

建筑和戏剧是西方艺术史发展的两条主要线索，建筑推动视觉艺术的发展，戏剧推动文学艺术的发展。现代设计艺术线索复杂，影响最大的三大设计运动分别是：英国工艺美术运动、现代主义设计和德国的包豪斯运动。现代艺术的立体主义、抽象主义和超现实主义都对现代设计产生了深远影响。同时，科学技术在设计中广泛应用，使得设计艺术一定程度上成为科学技术的代名词。

美的视窗：设计艺术的审美特征

人类是"按照美的规律来建造"的。设计是满足人的需要而从事的创造活动，体现着人类独特的审美特征。这种审美特征扩展了传统的艺术规律性的内涵，体现着人类文化的魅力。

1. 设计是一种艺术活动

设计（Design）概念源于意大利文艺复兴时期的绘画，最初是指素描和绘画。瓦萨里将设计与创造喻为"一切艺术"的"父亲"和"母亲"。狭义地讲，设计是指合理控制和安排视觉元素,如线条、形体、色彩、质感、光线空间等,它包含着艺术的表达及所有类型的构造和结构安排;广义的设计是指艺术家头脑中创造性的思维。

中国古代文化中,艺术被列为"六艺"之一,是一种技艺活动。随着艺术的发展,西方出现了新的区分艺术的规则。例如,德国哲学家康德在《判断力批判》中依照古希腊人的艺术观点,在沿袭自由艺术和机械艺术分类观点之外,又将艺术分为设计艺术和实用艺术。自此,设计被正式列入艺术的"大家庭"中。设计与艺术一样,被人们视为一种创造活动,并且是一种有目的的创造活动。

2. 设计是一种经济行为

设计的经济行为性是设计与其他纯造型艺术的重要区别。设计艺术是从"实用——艺术——实用"的演进中发展起来的。早期的设计不具有商品买卖性质,今天的设计是一种市场行为,也是一种商品艺术行为,带有明显的功利性。但是,设计者在设计中呈现的审美理念和视觉形象,不仅体现着艺术大众化和生活化的现代艺术趋势,也带给我们一种审美愉悦。

3. 设计是一种科技活动

随着信息技术的高度发展,手工艺的设计日渐减少,电脑平面设计日益普及,现代设计成为一种高科技的创作活动。而新材料、新技术的不断出现,为设计带来更多可利用的资源。现代设计既要考虑现代材料的性能和加工方法,又要针对高新技术材料,设计高质量的产品,还要适合大批量的流水线生产工艺,更多地满足消费者的需求。因此,现代设计不仅体现出大众化、批量化和可操作性特征,而且在设计与技术同步发展中,使科学技术日益走入日常生活中(图7-3-1)。

图 7-3-1　复兴号"飞龙"

4. 设计是一种文化创造

设计是一种人类精神活动,是协调人与自然、人与人及人与社会间关系的媒介。"文化"(Culture),原指对土地的耕耘和植物的栽培,后来引申为对人的身体和精神的培养。英国人类学家席勒在《原始文化》一书中指出:"文化是一个复合的整体,其中包括知识、信仰、艺术、道德、法律、风格以及人作为社会成员而获得的任何其他能力和习惯。"中国近代思想家、教育家梁启超说:"文化者,人类心能所开积出来之有价值的共业也。"俄国人类学家马林诺夫斯基依据文化的功能,把文化现象分为四个部分:

(1) 物质文化:它决定文化的水准和工作效率。人所创造的器具,构成了人工环境。

(2) 精神文化:人对于物的运用和占有以及对一切价值的欣赏,都是依靠人的精神能力。

(3) 语言:这是精神文化的组成部分。

(4) 社会组织:它是物质设备与人的习惯的复合体,始终是物质或精神的。

由此看来,设计艺术不仅仅是一门艺术活动,它通过特定的语言表达审美创造和审美信息,也是在创造物质形式——生产和生活用品。精神价值包含在物质文化中,设计无疑是一种文化创造。

刘勰在《文心雕龙》里说:"文变染乎世情,兴废系乎时序。"艺术的本质不仅是审美的创造,还是一种文化创造。一个民族的文艺发展史,实际上是一种文化发展史,设计作为文化行为的一个部分,同样也体现着一个民族的文化发展。事实上,我们通过设计的审美价值研究,能清楚地认识到它的文化性质。任何文化的再创造都是历史文化的发展。人类的任何物质活动和精神活动都是在传统文化、人文背景、社会习惯和审美意识的作用下进行的,跳出这种历史背景的文化发展史是不可能存在的。设计的文化创造是历史文化的创造,并融入历史文化中,成为一个民族历史文化的一部分。

美的欣赏:设计艺术作品欣赏

设计艺术是一个技术与艺术融通的边缘学科。设计艺术充分利用现代科学技术条件和多学科的协作,更好地满足人们物质上、精神上对于艺术的需求,为人类提供适宜现代的、更美好的生活环境和生活方式。设计艺术包括平面设计艺术、环境设计艺术、产品设计艺术、服装设计艺术和动画艺术。

1. 平面设计艺术作品欣赏

平面设计是以"视觉"作为沟通和表现的方式,用视觉元素来传达设计者的设想和计划,用文字和图形把信息传达给受众,让人们通过这些视觉元素了解设计者的设想和意图。平面设计者发挥着多重功能,首先代表着客户的产品,其次代表客户用"感情"去打动受众。平面设计是一种与特定目的有着密切联系的艺术。平面设计还包括海报设计、VI 设计、网页设计、界面设计和标志设计等。

"中国铁路"标志设计:1950 年 1 月 22 日,铁道部公布了由陈玉昶设计的新中国铁路路徽式样(图 7-4-1)。路徽图案由变体的"工人"二字组合构成:人字呈环形围绕在工字之上,好似初升的太阳,象征光明、祥和、自由;下面变体的工字与铁路铁轨的横切面吻合,构图外形上组成了一个完整的火车头形象,象征行驶在社会主义道路上的火车。整个设计简洁、明快又寓意深刻,蕴含了磅礴的气势和无穷的力量。

图 7-4-1 中国铁路标志

2. 环境设计艺术作品欣赏

环境设计艺术通过一定组织、围合手段对空间界面进行艺术处理,运用自然光、人工照明、家具、饰物及植物花卉、水体、小品雕塑等配置,在建筑物的室内外空间环境造出特定氛围和别样风格,满足人们功能使用及视觉审美需要。

图 7-4-2 人民大会堂湖南厅

人民大会堂湖南厅(图 7-4-2),整个大厅的视觉感受就是灯光明亮,风格现代,正门的巨幅湘绣屏风是毛泽东诗词《沁园春·长沙》,背面是兼有中国画与西洋画特色的湘绣作品《张家界》。画面以传统针法结合交叉针、排列针刺绣的技法、丰富的颜色层次表达了湖南山水灵动飞扬、幻境仙山,与整个湖南厅色调相得益彰,营造了一种神秘感和庄重感。

3. 产品设计艺术作品欣赏

产品设计,一个创造性的综合信息处理过程,通过线条、符号、数字、色彩等多种元素把产品的形状以平面或立体的形式展现出来。产品设计是以人的需要转换为一个具体物体的过程。

> 凡纳·潘顿——潘顿椅:潘顿椅(图 7-4-3)是凡纳·潘顿于 1960 年设计的作品。它是世界上第一把一次模压成型的玻璃纤维增强塑料(玻璃钢)椅。整个座椅造型简洁、大方、体态轻盈,具有强烈的雕塑感,颜色大胆又具有现代感,光滑曲面也符合人体工程学原理。

4. 服装设计艺术作品欣赏

服装设计是实用性与艺术性相结合的一种艺术形式,是解决人们穿着生活体系中诸多问题的富有创造性设计及创新行为。

2014 年 11 月,在北京举行的第 22 届亚太经济合作组织会议(APEC 会议)上,中国政府选择的服装(图 7-4-4)别具风味。男领导人服装以宋锦为面料,饰海水江崖纹,传达了 21 个经济体山水相依、守望相助之寓意,谓之"新中装",意即其根为"中",其魂为"礼",其形为"新"。与会各国领导人夫人华服为内外两件,外套是明式对襟款式,内衬旗袍,辅以天圆地方的廓形,沉着雅致。旗袍,有部分学者认为其源头可以追溯到先秦两汉时期的深衣。其造型不仅适合我国女性的体形特征,显得内敛而又婉约,同时暗合中国含蓄婉约的传统审美倾向,体现了独特的东方魅力,具有超越历史和超越民族的独特魅力。

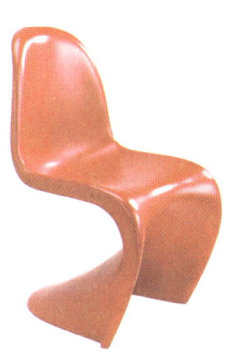

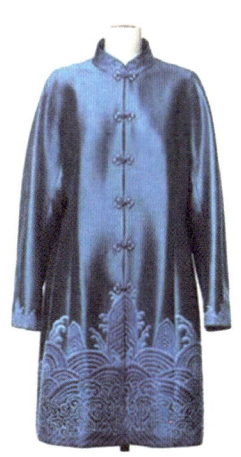

图 7-4-3 潘顿椅　　图 7-4-4 2014 年 APEC 会议新中装(部分)

5. 中国动画艺术作品欣赏

(1)《大闹天宫》:《大闹天宫》(图 7-4-5)是上海美术电影制片厂于 1961—1964 年制作的一部彩色动画长片。该片以神话形式,通过讲述孙悟空大闹龙宫、反天庭等故事,集中表现了主角孙悟空的传奇经历。

(2)《葫芦兄弟》:《葫芦兄弟》(图 7-4-6)是上海美术电影制片厂于 1986 年原创出品的 13 集系列剪纸动画片,是中国动画第二个繁荣时期的代表作品之一,至今已经成为中国原创动画的经典之作。该动画片讲述 7 个本领超群的"葫芦"兄弟,为救亲人前赴后继,与妖精们斗智斗勇、巧妙周旋的故事。该动画片自 1986 年播出以来,一直受到广大观众,尤其是少年儿童的喜爱。

(3)《宝莲灯》:《宝莲灯》(图 7-4-7)是上海美术电影制片厂继《大闹天宫》《哪吒闹海》之后,于 1999 年摄制的一部改编自中国神话《宝莲灯》的长篇动画电影。该片的上色方式别具一格,用色块堆积法,通过不同色调的色块构造出不同的人物与背景,特别是使用了深色的色彩线来勾勒边缘,使得人物的表情及动作非常生动。关于人物的上色,该片完全利用鲜明的颜色体现人物的身份与效果,这样的上色方式令其背景的纵深感淡薄。

(4)《三个和尚》:《三个和尚》(图 7-4-8)由上海美术电影制片厂根据中国民间谚语改编而成。漫画家韩愈认为《三个和尚》的造型设计既具有亦庄亦谐的幽默感,又给人以朴拙、善良的美感。影片人物故事紧密地联系现实生活,提倡了"人心齐,泰山移"的社会新风尚。同时,该影片将西方动画片的现代漫画表现手法与中国民族风格巧妙地结合,达到了传神写意、似拙实美的艺术效果。

(5)《大圣归来》:《大圣归来》(图 7-4-9)是根据中国传统神话故事进行拓展和演绎的 3D 动画电影,经过 8 年酝酿和 3 年的制作,由高路动画、横店影视、燕城十月、微影时代等于 2015 年联合出品。该片画风写实,贯穿多变宏大的场景,场景

图 7-4-5 《大闹天宫》剧照

图 7-4-6 《葫芦兄弟》剧照

图 7-4-7 《宝莲灯》剧照

图 7-4-8 《三个和尚》剧照

图 7-4-9 《大圣归来》剧照

设定梦幻玄妙,且丰富精细,巧妙融合了东方美学中取法大自然的淡彩风韵,如市井街头皮影戏、屋角一枝梅的烟雨等。该影片 CG 动画制作技术十分成熟,《人民日报》认为该片是中国动画电影多年来少有的现象级作品。

6. 美国动画艺术作品欣赏

(1)《米老鼠与唐老鸭》:《米老鼠与唐老鸭》(图 7-4-10)里的米奇是世界上最出名的"老鼠"。1928 年,在世界上第一部有声动画片《蒸汽机威利号》中,米奇正式登上银屏,从此进入娱乐业。米奇以其随和、快乐的天性,成为孩子们心目中永远乐观的卡通形象,并为人们所钟爱和信任。

(2)《狮子王》:《狮子王》(图 7-4-11)的创作灵感来自于莎士比亚的名著《哈姆雷特》,片中主角为一头名叫"辛巴"的狮子。该片使用了当时最先进的 2D 动画技术,配以宏伟的交响乐,融合非洲当地原始音乐,使得该片荣获 1995 年奥斯卡最佳原著音乐和最佳电影主题曲两项大奖,成为迪士尼动画的里程碑作品之一。

图 7-4-10 《米老鼠与唐老鸭》剧照

图 7-4-11 《狮子王》剧照

7. 日本动画艺术作品欣赏

《千与千寻》：《千与千寻》(图 7-4-12)是由日本动画设计大师宫崎骏指导、编剧，吉卜力工作室制作的动画电影，于 2001 年 7 月 20 日在日本正式上映。该片讲述了少女千寻意外来到神灵异国世界后发生的故事。本片荣获 2003 年奥斯卡最佳长篇动画片奖，同时本片也是历史上第一部也是唯一一部以电影身份获得欧洲三大电影节之一柏林金熊奖的动画作品。

图 7-4-12 《千与千寻》剧照

知识链接

AR

AR 为 Augmented Reality 的缩写，即增强现实技术。它是一种将真实世界与虚拟信息巧妙融合的技术。设计师广泛运用多媒体、三维建模、传感、实时跟踪及注册、智能交互等多种技术手段，将计算机生成的文字、图像、音乐、三维模型、视频等虚拟信息模拟仿真后，应用到真实世界中，最终实现对真实世界的"增强"。

VR

VR 为 Virtual Reality 的缩写，即虚拟现实技术。它是 20 世纪发展起来的一项全新的实用技术。虚拟现实技术囊括计算机、电子信息、仿真技术，其基本实现方式为计算机模拟虚拟环境，从而给人以环境沉浸感。随着社会生产力和科学技术的不断发展，VR 技术逐步成为一个新的科学技术领域。

美的体验

1. 课外阅读

阅读书目：《图画史：从洞穴石壁到电脑屏幕》《世界现代设计史》《中国纹样》《贝聿铭与苏州博物馆》。

思考：比照世界上其他国家的设计，中国在设计方面有什么特性和贡献？

提示：设计紧密联系生活，不了解人的生理特性与心理诉求，就无法有好的设计。中国的设计作品是中华艺术心智和文明智慧的产物，实用性和审美性高度统一，充满温暖的人性和诗意。如贝聿铭的《苏州博物馆》《卢浮宫玻璃金字塔》《伊斯兰艺术博物馆》等作品在将建筑人格化的同时为其注入东方韵味。

2. 课后活动

我是一个_____的人

(1) 主题：为自己代言——我是最棒的。

(2) 目标：培养自信心，体验设计的趣味性，能从生活中提炼设计元素，对生活充满激情。

(3) 步骤：认真思考：我是什么样的人？（如最喜欢吃的水果、最爱做的运动、最大的优点……）设计简单的符号元素来表达自己的性格特点。（提示：姓名的首字母、自己的英文名、水果的简单形状、运动的标志性道具……）

3. 思维拓展

随着时代的发展，跟上时尚与潮流的步伐已成为广大青少年的自觉追求。一些学生把追时尚、赶潮流作为重要的生活方式，穿着"奇装异服"出现在校园内外，认为流行的、个性的就应该张扬。你对这种现象怎么看？

□ 测一测

1. 选择题

(1)《长信宫灯》是（　　）时期的作品。

　　A. 隋唐　　　B. 秦汉　　　C. 明清　　　D. 先秦

(2) 下列人员中未参与国徽设计的是（　　）。

　　A. 林徽因　　B. 张仃　　　C. 戴帆　　　D. 梁思成

(3)（　　）的青瓷明彻如冰，晶莹温润如玉，色泽青中带绿，接近茶青色。

　　A. 越窑　　　B. 邢窑　　　C. 哥窑　　　D. 汝窑

(4) 设计艺术应以（　　）为本。

　　A. 人　　　　B. 物　　　　C. 市场　　　D. 消费者

2. 判断题

(1) 宋代有著名的五大名窑：汝、哥、官、定、钧。　　　　　　　　　　（　　）

(2) 明代家具有深厚的中华民族文化艺术底蕴，其造型简练大气、以线为主。

（　　）

测一测

(3) 哥特式建筑设计中利用圆顶、飞扶壁、修长的束柱，营造出轻盈的飞天感。

（　　）

(4) 古希腊罗马时期设计艺术体现为对人性的推崇。　　　　　　　　　（　　）

第八单元
凝固的音乐：建筑艺术

> 建筑是凝固的艺术。建筑起源于人类劳动实践和日常生活遮风雨、避群害的实用目的。建筑创造出既适应人类精神和物质的需求又符合审美需要,既有可用性又有艺术性,既有民族性又有时代性的时间流动与空间造型艺术。车尔尼雪夫斯基一针见血地指出:"建筑作为一种艺术,比其他各种实际活动更专一无二地服从美感要求。"

学习目标

1. 了解外国和中国的建筑发展历程,体会各个时期的经典建筑风格。
2. 掌握建筑艺术的审美特征与欣赏方法。
3. 能够运用专业术语向同学介绍具有代表性的建筑作品。

课前导学

1. 收集国内外优秀建筑作品,以"我眼中的优秀建筑艺术作品"为题制作PPT并在课间展示。
2. 用相机记录自己所在地区具有特点的优秀建筑作品。

美的印象

"东方之冠"——上海世博会中国馆(图 8-1-1)

"东方之冠"坐落在世博园区浦东区域主入口的突出位置,位于南北、东西轴线交汇的视觉中心,犹如华冠高耸、天下粮仓,整体布局,隐喻天地交泰、万物咸亨。

"东方之冠"由国家馆和地区馆两部分组成。国家馆居中突起,形如冠盖,层叠出挑,制似斗拱,形成"如鸟斯革,如翚斯飞"的态势;外表从上到下,由深到浅四种红色的"退晕"渐变,极富生气和活力,传达出喜庆、吉祥、欢乐、和谐的情感,展示着"热情、奋进、团结"的民族品格;顶部平面呈经纬分明的网格架构,这个设计灵感来自中国古代城市棋盘式的布局,即"九宫格"结构,其文化底蕴则来源于周代王城的形制理论。地区馆外墙和内部装饰运用叠篆手法,以地名点缀,体现中国源远流长的历史文化;周边自然折转的空中游廊、台阶步道和园林小品,相互衔接,异常完美。

图 8-1-1 上海世博会中国馆

"东方之冠"融合了中国古代营造法则和现代设计理念,诠释了东方"天人合一,和谐共生"的哲学思想,展现了艺术之美、力度之美、传统之美和当代之美,体现着厚重的中国文化,表达着亿万中国人的开放情怀,展现出城市发展的中国智慧、中国传统、中国特色、中国精神。

建筑是凝固的艺术,它起源于人类劳动实践和日常生活遮风雨、避群害的实用目的。早在原始社会末期,人们在造房子时就开始考虑实用与美观。恩格斯认为,到了原始社会高级阶段的全盛时期,已经有了"作为艺术的建筑术的萌芽"。我国在母系氏族社会就有了氏族聚落的住房,如浙江河姆渡木结构的房屋和西安半坡村遗址。随着社会的发展,埃及的金字塔、古希腊的神庙、中国的宫殿等建筑物的出现,凝聚了人类的智慧和才华,展现出了时代风貌和民族特征,成为至今仍让人赞叹不已的艺术瑰宝。

美的历程:建筑艺术发展概况

一、石头的史诗:西方建筑发展概况

1. 古埃及太阳之城——金字塔

埃及金字塔是古埃及法老(帝王)的陵墓,也是古埃及文明最有影响力和持久的象征之一,是世界八大建筑奇迹之一。埃及金字塔大部分建造于埃及古王国和中王国时期,最大的是开罗郊区吉萨的三座金字塔——胡夫金字塔、哈夫拉金字塔、门卡乌拉金字塔。

胡夫金字塔是世界上最大的金字塔,建于公元前2690年左右。塔身原高146.5米,由230万块石头砌成,每块石头平均重2.5吨。这座金字塔除了以其规模的巨大而令人惊叹以外,还以其高度的建筑技巧而得名。塔身的石块之间,没有任何水泥之类的黏着物,虽已历时数千年,但是人们也很难用一把锋利的刀刃插入石块之间的缝隙,这不能不说是建筑史上的奇迹。第二座是哈夫拉金字塔,建于公元前2650年,其建筑形式更加完美壮观,塔前建有庙宇等附属建筑和著名的狮身人面像(图8-2-1)。

图8-2-1 哈夫拉金字塔

2. 古希腊自由之城——雅典卫城

希腊雅典卫城(图 8-2-2)修建于公元前 5 世纪,集古希腊建筑与雕刻艺术之大成。雅典卫城是希腊最杰出的古建筑群,是综合性的公共建筑,为宗教政治的中心地。主要建筑有山门、帕提农神庙、伊瑞克提翁神庙等。这些古建筑堪称人类遗产和建筑精品,在建筑学史上具有重要地位。

图 8-2-2 雅典卫城

卫城里各座建筑雄伟壮观,远远望去,犹如一座威严的古城,十分庄严气派。这里集合了雅典娜神庙、伊瑞克先神庙等多座神庙,散发着浓厚的宗教气息和古典韵味。尤其是雅典娜神庙,它是卫城的典范建筑,被列为闻名世界的古代七大奇观之一。神庙具有别出心裁的雕刻技术,更有各种装饰点缀其中,仿佛在述说着历史的沧桑和不朽,尽情向世人展示着它的古老魅力和庄严气魄。

3. 古罗马炫耀之地——斗兽场

古罗马斗兽场(图 8-2-3)是古罗马帝国专供奴隶主、贵族和自由民观看斗兽或奴隶角斗的地方,建于公元 72—82 年间,是古罗马文明的象征。遗址位于意大利首都罗马市中心,威尼斯广场的南面。

斗兽场呈椭圆形,占地 1 万平方米,长轴为 188 米,短轴 156 米。整个建筑分为 4 层,自下而上分别采用多立克柱式、爱奥尼亚柱式、科林斯柱式和科林斯壁柱式。斗兽场内部的看台逐层向后退,形成阶梯式坡度,由低到高分为四

图 8-2-3 古罗马斗兽场

组,观众的席位按等级尊卑地位之差别分区。内部看台用三层混凝土制的筒形拱上,每层 80 个拱,形成三圈不同高度的环形券廊,最上层则是 50 米高的实墙。看台每层的 80 个拱,形成了 80 个开口,最上面两层则有 80 个窗洞,观众们入场时就按照自己座位的编号,首先找到自己应从哪个底层拱门入场,然后再沿着楼梯找到自己所在的区域,最后找到自己的位子。整个斗兽场最多可容纳 9 万人,入场设计周到,不会出现拥堵混乱,这种入场的设计仍为今天的大型体育场沿用。在 8 世纪时,比德曾慨叹道,"斗兽场站立,罗马就站立;斗兽场倒下,罗马也倒下"。

4. 拜占庭宗教之地——圣索菲亚大教堂

圣索菲亚大教堂是位于现今土耳其伊斯坦布尔的宗教建筑,公元 330 年由君士坦丁大帝修建。6 世纪时查士丁尼大帝把教堂改建成清真寺,并在周围建起 4 座光塔。

圣索菲亚大教堂是集中式的,东西长 77 米,南北长 71 米,其在建筑历史中的意义在于它首次创造了以帆拱上的穹顶为中心的复杂拱券结构平衡体系。教堂内部布局属于以穹隆覆盖的巴西利卡式。中央穹隆突出,四面体量相仿但有侧重,前面有一个大院子,正南入口有两道门庭,末端有半圆神龛。中央大穹隆,直径 32.6 米,穹顶离地 54.8 米,通过帆拱支承在四个大柱墩上。穹隆底部密排着一圈 40 个窗洞,教堂内部空间饰有金底的彩色玻璃镶嵌画。装饰地板、墙壁、廊柱是五颜六色的大理石,柱头、拱门、飞檐等处以雕花装饰,圆顶的边缘是 40 具吊灯,教坛上镶有象牙、银和玉石,大主教的宝座以纯银制成,祭坛上悬挂着丝与金银混织的窗帘。

圣索菲亚大教堂是东正教的中心教堂,是拜占庭帝国极盛时代的纪念碑。

5. 罗马式风格之作——比萨斜塔

比萨斜塔(图 8-2-4)最早闻名于伽利略的自由落体实验,是意大利比萨城大教堂的独立式钟楼,位于意大利托斯卡纳省比萨城北面的奇迹广场上。奇迹广场的大片草坪上散布着一组宗教建筑,它们是大教堂(建造于 1063 年)、洗礼堂(建造于 1153 年)、比萨斜塔(建造于 1173 年)和墓园(建造于 1174 年)。它们的外墙面均由乳白色大理石砌成,各自相对独立但又形成统一罗马式建筑风格。比萨斜塔位于比萨大教堂的后面。

比萨斜塔立面分为 8 层,从地面到塔顶高 55 米,建造

图 8-2-4　比萨斜塔

初期就偏离了正确位置。它的装饰格调继承了大教堂和洗礼堂的经典之作,墙面用大理石或石灰石砌成深浅两种白色带,半露方柱的拱门、拱廊中的雕刻大门、长菱形的花格平顶、拱廊上方的墙面对阳光的照射形成光亮面和遮阴面的强烈反差,给人以钟楼内的圆柱相当沉重的假象。大教堂、洗礼堂和钟楼之间形成了视觉上的连续性。

6. 哥特风格巅峰之作——巴黎圣母院

巴黎圣母院是一座哥特式风格的基督教教堂,是古老巴黎的象征。它矗立在塞纳河畔,位于整个巴黎城的中心。它的地位、历史价值无与伦比,是历史上最为辉煌的建筑之一。该教堂约建造于1163年,于1345年全部建成,历时180多年。2019年教堂遭遇火灾,整座建筑损毁严重。

巴黎圣母院全部采用石材建造,其外观钟塔高耸挺拔,辉煌壮丽,整个建筑庄严和谐。平面形状为拉丁十字式。十字的顶部是祭坛,前面的十字长翼是一个长方形的大厅,供信徒做礼拜用。同时巴黎圣母院冲破了旧的束缚,创造一种全新的轻巧的骨架券,这种结构使拱顶变轻了,空间升高了,光线充足了。这种独特的建筑风格很快在欧洲传播开来。

巴黎圣母院的主立面是世界上哥特式建筑中最美妙、最和谐的,水平与竖直的比例近乎黄金比1∶0.618,立柱和装饰带把立面分为9块小的黄金比例矩形,十分和谐匀称。这也成为后世许多基督教堂相继模仿的样子。雨果在其作品《巴黎圣母院》中比喻它为"石头的交响乐"。

7. 文艺复兴成熟之作——圣彼得大教堂

圣彼得大教堂建于1506—1626年,是位于梵蒂冈的一座最杰出的文艺复兴建筑和世界上最大的天主教堂,占地23 000平方米,可容纳超过6万人,教堂中央是直径42米的穹窿,顶高约138米。

圣彼得大教堂由意大利文艺复兴时期米开朗基罗等人设计,教堂内保存有欧洲文艺复兴时期许多艺术家如米开朗基罗、拉斐尔等的壁画与雕刻。殿内有很多巨大的雕像和浮雕,大殿的左右两边是一个接一个的小的殿堂,每个小殿内都装饰着壁画、浮雕和雕像,最著名的是米开朗基罗的圣母哀痛雕像和一座圣彼得的青铜塑像。

教堂内部呈十字架的形状,十字架交叉点处是教堂的中心,中心点的地下是圣彼得的陵墓,地上是教皇的祭坛,祭坛上方是金碧辉煌的华盖,华盖的上方是教堂顶部的圆穹,其直径42米,离地面120米,圆穹的周围及整个殿堂的顶部布满美丽的图案和浮雕。一束阳光从圆穹照进殿堂,给肃穆、幽暗的教堂增添了一种神秘的色彩。

8. 古典主义标志之作——凡尔赛宫

凡尔赛宫(图 8-2-5)位于法国巴黎凡尔赛镇,是巴黎著名的宫殿之一,也是世界五大宫殿(北京故宫、法国凡尔赛宫、英国白金汉宫、美国白宫、俄罗斯克里姆林宫)之一。

1624 年,凡尔赛宫由法国国王路易十三修建,宫殿建筑气势磅礴,布局严密、协调。正宫东西走向,两端与南宫和北宫相衔接,形成对称的几何图案。宫顶建筑摒弃了圆顶和法国传统的尖顶建筑风格,采用了平顶形式,显得端正而雄浑。宫殿外壁上端林立着大理石人物雕像,造型优美,栩栩如生。

凡尔赛宫宏伟、壮观,它的内部陈设和装潢富有艺术魅力。五百多间大殿小厅处处金碧辉煌,豪华非凡。内部装饰以雕刻、巨幅油画及挂毯为主,配有 17、18 世纪造型超绝、工艺精湛的家具。宫内还陈放着来自世界各地的珍贵艺术品,其中也包括一些中国古代瓷器。

正宫前面是一座风格独特的法兰西式大花园。园内树木花草的栽植别具匠心,景色优美恬静,令人心旷神怡。站在正宫前极目远眺,玉带似的人工河上波光粼粼,帆影点点,两侧大树参天,郁郁葱葱,绿荫中女神雕塑亭亭而立。正宫近处是两池碧波,沿池的铜雕塑丰姿多态,美不胜收。

图 8-2-5 凡尔赛宫

二、木石的史诗:中国古代建筑发展概况

我国古代建筑经历了原始社会、奴隶社会和封建社会三个历史阶段,其中封建社会是我国古典建筑形成的主要阶段。在原始社会,建筑的发展是极为缓慢的,在漫长的岁月里,我们的祖先从艰难的建造穴居和巢居开始,逐步掌握了营建地面房屋的技术,创造了原始的木架建筑,满足了最基本的居住和公共活动需求。在奴隶社会,青铜工具的大量使用,使建筑有了巨大的发展,出现了宏伟的都城、宫殿、宗庙、陵墓等建筑。这时,以夯土墙和木构架为主体的建筑已初步形成,但其在技术上和艺术上仍未脱离原始状态,直至后期出现了瓦屋彩绘的豪华宫殿。经过长期的封建社会,中国古代建筑逐步形成了一种成熟的、独特的体系,无论是在城市规划、建筑群、园林、民居等方面,还是在建筑空间处理、建筑艺术与材料结构的和谐统一、设计方法、施工技术等方面,都有卓越的创造与贡献,直到今天仍可为我们在建筑创作时提供有益的借鉴。

1. 原始社会建筑

我国境内已知的最早人类住所是天然的岩洞。我国古代文献中,曾记载有巢居的传说,如《韩非子·五蠹》:"上古之世,人民少而禽兽众,人民不胜禽兽虫蛇。有圣人作,构木为巢,以避群害。"《孟子·滕文公》:"下者为巢,上者为营窟。"因此有人推测,巢居也可能是地势低洼潮湿而多虫蛇的地区采用过的一种原始居住方式。地势高的地区则营造穴居(图 8-2-6)。

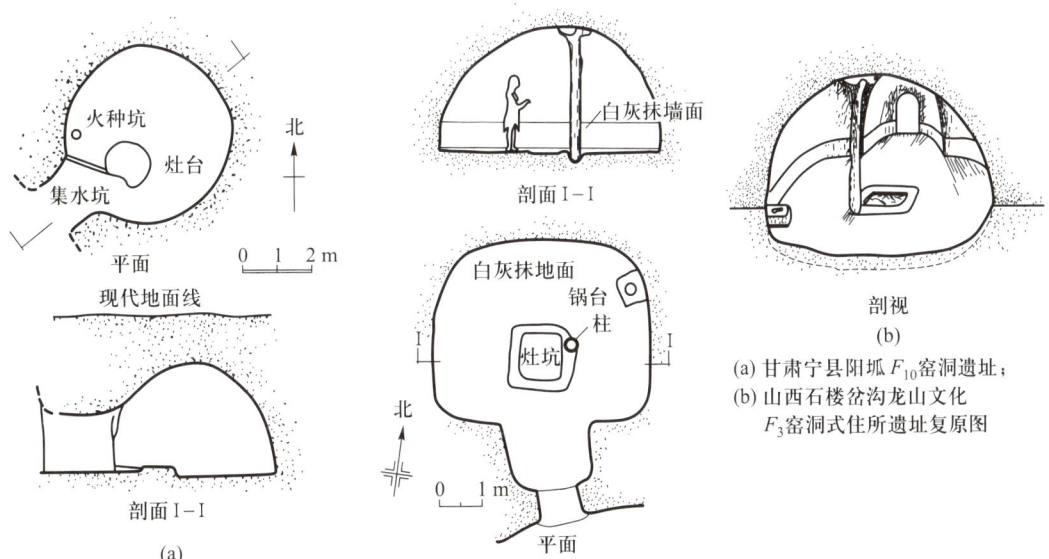

图 8-2-6　原始社会窑洞住宅遗址二例

大约六七千年前,我国广大地区进入氏族社会。目前已经发现的遗址数以千计,房屋遗址也大量出现。其中具有代表性的房屋遗址主要有两种:一种是长江流域由巢居发展而来的干栏式建筑,如距今约六七千年前浙江余姚河姆渡村发现的建筑遗址;另一种是黄河流域由穴居发展而来的木骨泥墙房屋(图8-2-7)。

图8-2-7　西安半坡遗址概念图

2. 奴隶社会建筑

公元前21世纪时,夏朝的建立标志着我国奴隶社会的开始,西周达到奴隶社会的鼎盛时期。

河南偃师的二里头遗址是夏末都城——斟鄩(zhēnxún)。遗址中有大型宫殿和中小型建筑数十座,是至今发现的我国最早的规模较大的木架夯土建筑和庭院的实例,这表明在夏商时期,中国传统的院落式建筑群组合已经走向定型(图8-2-8)。

公元前16世纪建立的商朝是我国奴隶社会的大发展时期,其青铜工艺已达到了相当纯熟的程度,手工业专业化分工已非常明显,建筑技术水平也有了明显的提高。1983年在偃师二里头遗址以东的尸沟乡发现的商代都城是迄今所知最宏大的商初单体建筑遗址。

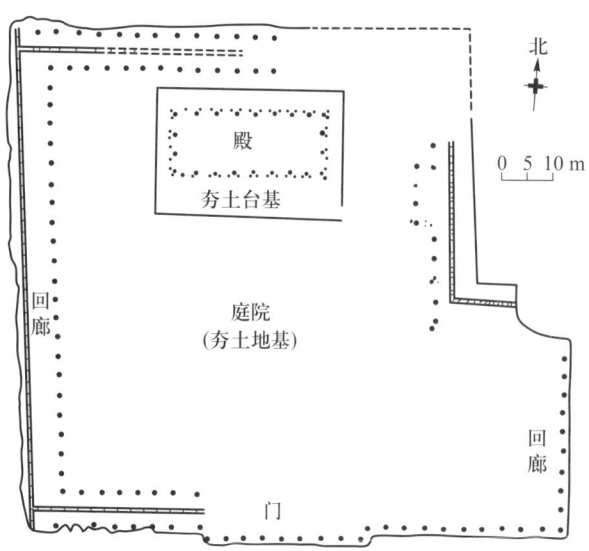

图8-2-8　河南偃师二里头一号宫殿遗址平面

西周有代表性的建筑遗址有陕西岐山凤雏村的早周遗址(图8-2-9)和湖北蕲春的干栏式木架建筑。其中岐山凤雏村遗址是我国已知最早、最完整的四合院实例。同时,瓦的发明是西周在建筑上的突出成就,使西周建筑从"茅茨土阶"的简陋状态进入到比较高级的阶段。

相传著名木匠公输班(鲁班)就是这个时期涌现的匠师。春秋时期,建筑上的重要发展是瓦的普遍应用和作为诸侯宫室用的高台建筑(或称台榭)的出现。随着诸侯日益追求宫室华丽,建筑装饰和色彩也有所发展。

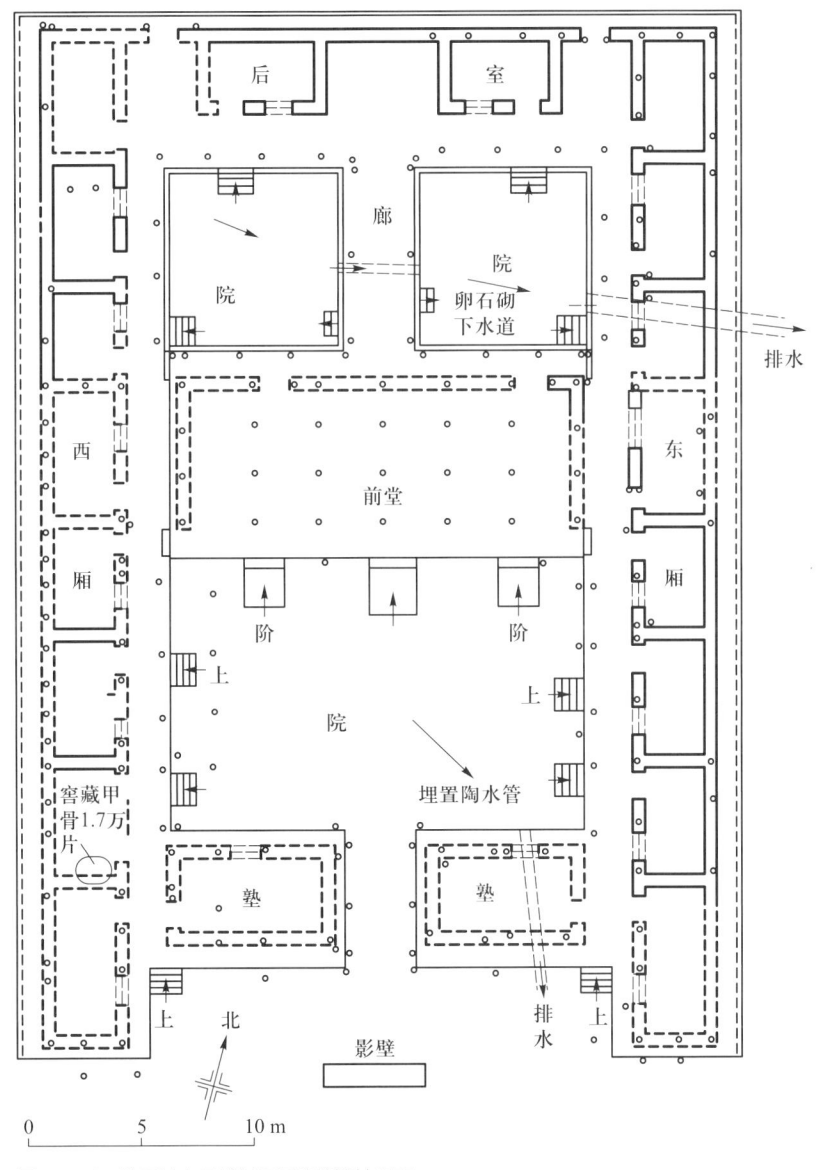

图 8-2-9　陕西岐山凤雏村西周建筑遗址平面

3. 封建社会前期建筑

战国时手工业商业发展,出现了城市建设的高潮,如齐的临淄、赵的邯郸、楚的鄢郢、魏的大梁,都是工商业大城市,又是诸侯统治的据点。这一时期不仅高台建筑仍然盛行,而且建筑技术也有了巨大发展。铁制工具促使木架建筑施工质量和结构技术大大提高。筒瓦和板瓦在宫殿建筑上被广泛使用,并有在瓦上涂上朱色的做法,同时,在这一时期,装修用的砖也已出现。

秦始皇统一全国后,在都城咸阳修筑都城、宫殿、陵墓。历史上著名的阿房宫、秦始皇陵至今遗址犹存。秦都咸阳的布局是有独创性的,它摒弃了传统的城郭制度,在渭水南北范围内建造了许多离宫。秦代建造的万里长城,更是人类建筑史上的奇迹。

汉代是我国古代建筑史上的一个繁荣时期。其建筑成就主要表现在木架建筑渐趋成熟,砖石建筑和拱券结构有了很大发展(图 8-2-10)。在汉代,抬梁式和穿斗式两种主要木结构已经形成。作为中国古代木架建筑特有的构件,斗拱在汉代

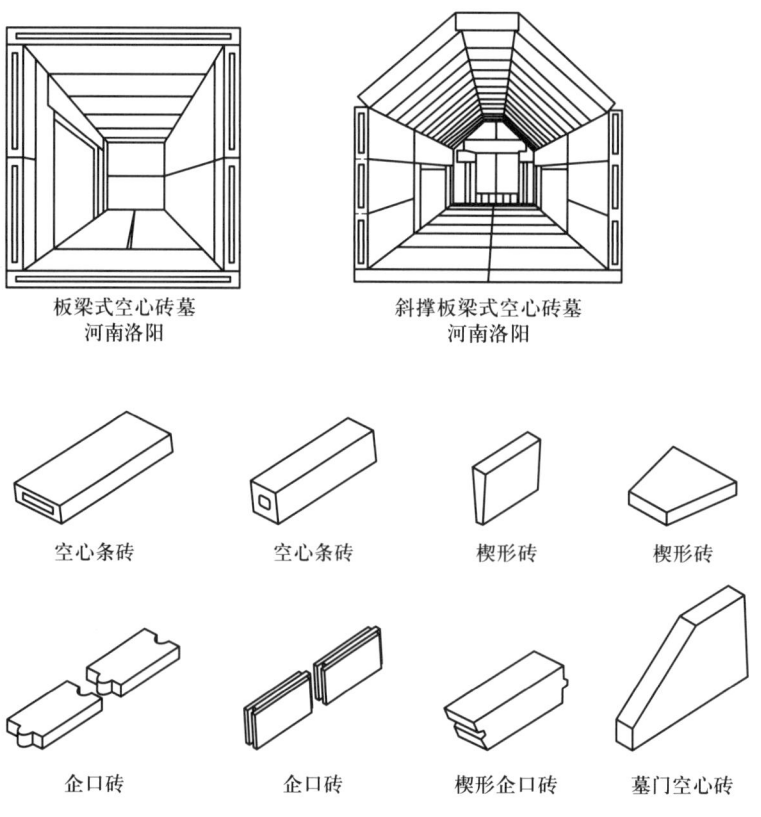

图 8-2-10　汉代空心砖墓和墓砖

已普遍使用。作为中国古代建筑特色之一的屋顶,形式也多样起来,其中以悬山顶和庑殿顶最为普遍,歇山顶与囤顶也已应用。在制砖技术和拱券结构方面,汉代也有巨大进步。空心砖被大量运用到西汉墓穴中,同时条形砖和楔形砖也被用作砌拱墓室,有时企口砖也被用来加强拱的整体性。西汉时都城长安建造了大规模的宫殿、坛庙、陵墓、苑囿,这使得当时长安的面积约为公元4世纪罗马城的2.5倍。

魏晋南北朝时期最突出的建筑类型是佛寺、佛塔和石窟。北魏佛寺以洛阳的永宁寺为最佳,它是当时最宏伟的一座木塔。除木塔外,河南登封嵩岳寺砖塔是我国现存最早的佛塔。石窟寺是在山崖上开凿出来的窑洞型佛寺,最著名的有山西大同云冈石窟、河南洛阳的龙门石窟、山西太原的天龙山石窟等。此外,位于江苏南京的萧景墓是南朝陵墓石柱中保存最完好的石柱之一(图8-2-11)。位于河北定兴的北齐石柱也是至今难得的北朝时代的艺术佳作(图8-2-12)。

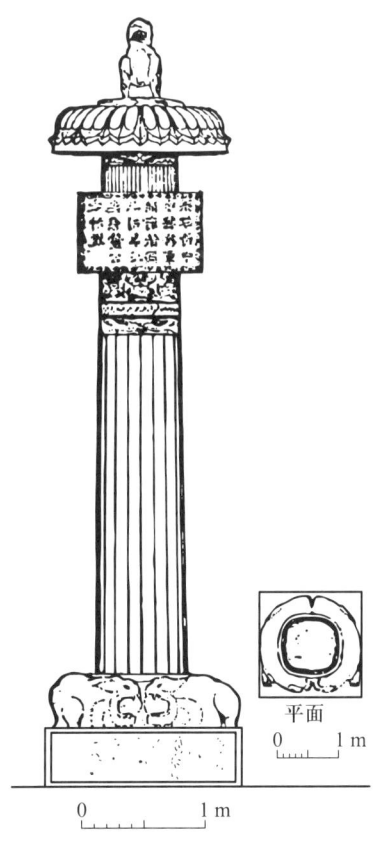

图 8-2-11 江苏南京萧景墓墓表

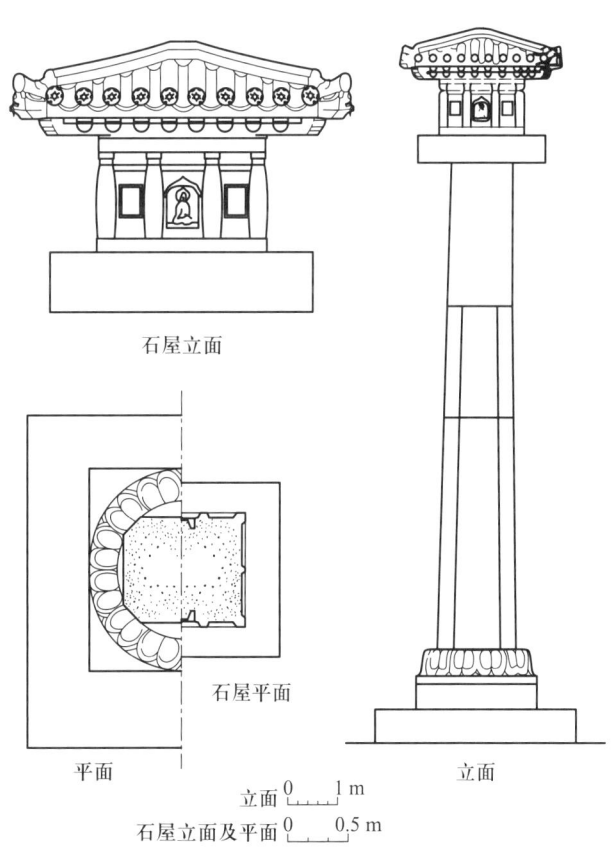

图 8-2-12 河北定兴北齐石柱

4. 封建社会中期建筑

隋唐至宋是我国封建社会的鼎盛时期，也是我国古代建筑的成熟时期。该时期的建筑在城市建设、木架建筑、砖石建筑、建筑装饰、设计和施工技术方面都有巨大发展。

隋朝建筑的主要代表有匠人李春建造的河北赵县安济桥，它是世界上最早出现的敞间拱桥。除此之外，隋朝代表建筑还有大兴城、东都洛阳城和山东历城神通寺四门塔。

唐代是中国封建社会经济文化发展的高潮时期，这一时期的建筑技术和艺术得到巨大发展，形成了一个完整的建筑体系。唐代建筑的风格特点是规模宏大，气势磅礴，形体俊美，庄重大方，整齐而不呆板，华美而不纤巧，舒展而不张扬，古朴却富有活力，体现了盛唐气象时期的时代精神。唐代建筑的代表主要有佛光寺、天台庵、广仁王庙、南禅寺等木构建筑。其中山西五台山的佛光寺大殿被梁思成先生形容为"国内古建筑的第一瑰宝"。佛光寺的唐代建筑、唐代雕塑、唐代壁画、唐代题记，历史价值和艺术价值都很高，被人们称为"四绝"（图8-2-13）。

图8-2-13 山西佛光寺

宋代在经济、手工业和科学技术方面的发展,使得建筑师、木匠、技工、工程师大量涌现,斗拱体系、建筑构造与造型技术也达到了很高的水平,其中杰出的建筑包括佛塔、石桥、木桥、园林、皇陵与宫殿。宋代建筑一改唐代雄浑的风格,追求自然美与人工美融为一体的意境,给人一种轻柔秀丽的感觉,《清明上河图》就是宋代城市建筑的艺术展现。宋代建筑的代表包括华阳宫、琼林苑等园林建筑,北宋皇陵等陵寝建筑,白鹿洞书院等书院建筑,保国寺、玄妙观、六和塔等宗教建筑。

宋代还诞生了我国古代最完整的建筑技术书籍《木经》和《营造法式》。

5. 封建社会后期建筑

元代的宗教建筑异常兴盛,代表建筑有山西洪洞的广胜下寺(图8-2-14)和山西永济永乐宫。

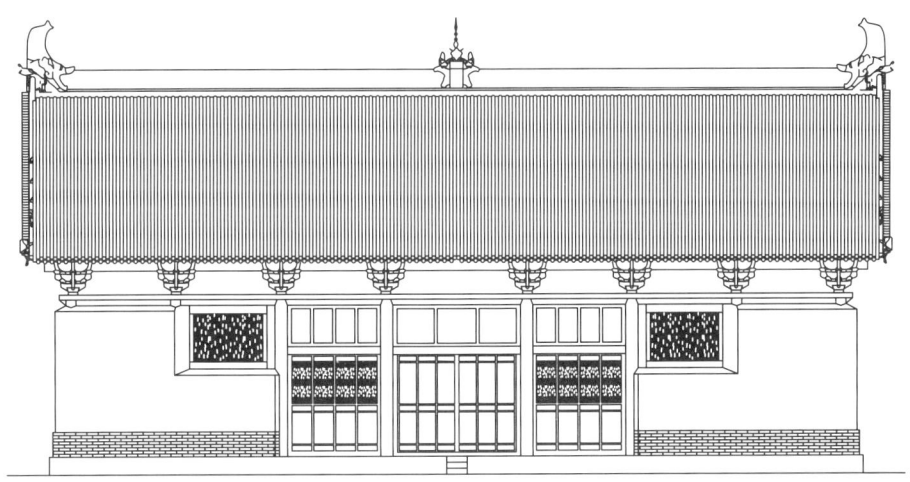

图8-2-14　山西洪洞广胜下寺大殿立面

明清建筑承袭前代传统,但也取得较大发展。皇家陵园建筑的主要代表有南京明孝陵、北京明十三陵,园林建筑的代表有颐和园、承德避暑山庄、苏州的拙政园和留园等,宗教建筑的代表有大报恩寺、拉萨布达拉宫等。顺治二年(1645)开始重建的拉萨布达拉宫,表现了藏族工匠的非凡建筑才能,也是藏族建筑和汉族建筑相结合的产物。这一时期还诞生了中外建筑学界称道的中国民居建筑的代表客家围龙屋、北京的"四合院"、陕西的"窑洞"、广西的"杆栏式"和云南的"一颗印",以及建筑专著《工程做法》等。

美的视窗：建筑艺术的审美特征

根据功能类型的不同，建筑可以分为民用建筑、工业建筑、公共建筑、宗教建筑、宫殿陵墓建筑、纪念性建筑、园林建筑和建筑小品等；根据建筑材料的不同，建筑可以分为木结构建筑、砖石建筑、钢筋水泥建筑和钢木建筑等；根据时代风格的不同，建筑可以分为古希腊式建筑、古罗马式建筑、哥特式建筑、文艺复兴式建筑、古典主义式建筑等；根据艺术形式的不同，建筑可以分为古典建筑和现代建筑等。无论哪一种建筑，都具有其独特的审美价值。

1. 形式之美

建筑艺术的形式美，是指建筑物形体所呈现的造型美。它具体表现在建筑物的总体外轮廓和部分之间的比例、体量、色彩、装饰、与周围环境协调等诸多方面。建筑造型必须遵循形式美的法则，如多样、统一、平衡、对称、对比、比例、节奏、韵律、宾主、参差、和谐等。建筑思想的主题，一般是通过象征性的造型形式表达。建筑艺术的形式美能引起欣赏者的多种想象与共鸣，并从直接形象中获得美感。

2. 静态之美

建筑艺术以其优美的造型，在一定空间内展现出的静态艺术形象，具有宁静、稳重的静态美。例如，建筑形体的方正、线条的平直、色彩的和谐等，都能给人以静态美的艺术享受。如天安门城楼等建筑，给人十分庄重、肃穆的感觉。

3. 动态之美

建筑艺术是通过寓动于静和动静结合的造型手法展现动态美的。建筑物的参差错落、纵横穿插、形体变化、空间组合、色彩对比和线条流动等，都能巧妙地表现建筑艺术的动态美。从总体上看，建筑物是静态造型艺术形象，但是从局部上看，它又包含着许多动态因素。例如，北京国际饭店的高大雄伟、气势巍然，就表现出了一种静态美。然而，北京国际饭店以平直线与圆弧线的有机结合，塑造出动静结合的空间艺术形象，这表现出一种动态美，同时也体现了伟大民族的时代精神，使人在欣赏中产生静中有动、雄中含秀的美感。

4. 意境之美

建筑艺术的意境和其他艺术一样，主要取决于艺术家的审美体验、情趣和理想。意境美就是情和景的高度统一。建筑的意境是通过建筑艺术语言来创造的。例如,北京故宫的建筑主题是为了突出帝王的权力和威严,象征着皇权的神圣和至高无上。再如,中国古典园林追求的是自然情趣和诗情画意,意境深远含蓄,耐人寻味,颇具艺术感染力。

欣赏建筑艺术主要从三个方面入手。

一是了解和掌握形式美法则。建筑艺术属于造型艺术。美的规律在造型艺术上的具体体现,就是形式美法则。欣赏建筑艺术时,最重要的就是要品味构成建筑形象的空间、形体、色彩、质感、光线、阴影和环境等,体会如何艺术地按照比例、尺度、韵律、均衡和对比等形式美法则巧妙地处理并表达主题。要想掌握形式美法则,首先应学习一些基本的构图理论,其次是平时要善于观察、分析,并且通过对绘画、图案、雕塑和工艺美术作品的欣赏,加深对建筑艺术形式美的理解。

二是具备一些建筑学的知识。建筑艺术的美包括艺术美和生活美,而生活美又体现为技术美。因此,欣赏建筑艺术必须了解一些建筑学的知识。例如,中国古代建筑中的斗拱技术大量运用于古代木结构建筑中,我们如果不了解斗拱的知识就很难欣赏古代木构建筑的美的内涵,也就无法进入建筑美的艺术殿堂。

三是发掘作品的文化内涵。任何一个民族、时代的建筑艺术,都植根于一定的文化土壤,都是那个民族、那个时代文化整体中的一种艺术的物化表现。例如,古埃及文化只能产生出那沉重、巨大的金字塔和卡纳克神庙,不可能出现明朗愉快的帕特农神庙;欧洲也只有到了中世纪晚期,社会文化开始闪现变革之光,才会有哥特教堂的出现;在中国封建社会晚期,封建宗法礼制的强化与北京城及其宫殿的关系,中西不同的自然观与中西园林艺术气质的关系等,无不说明了建筑艺术的文化内涵。因此,欣赏建筑艺术,必须了解建筑艺术史和人类文化史,结合历史、民族史、思想史、宗教史,以及文学、美术、音乐、地理和民俗等知识,加深对建筑艺术文化内涵的发掘与理解,力求对建筑艺术有更深的感受。

知识链接

建筑艺术语言

建筑拥有丰富的艺术语言,包括面、体形、体量、空间、群体和环境等。我们在欣赏建筑艺术时,首先必须读懂这些语言,然后才能理解作品的艺术性,欣赏建筑的艺术美。

美的欣赏：建筑名作欣赏

一、西方建筑艺术欣赏

1. 巴黎凯旋门（图8-4-1）

图8-4-1　巴黎凯旋门

位于法国巴黎戴高乐广场中央的巴黎凯旋门，是拿破仑为纪念1805年打败俄奥联军的胜利，于1806年下令修建而成的。它以古罗马凯旋门为范例，但其规模更为宏大，结构风格更为简洁。整座建筑除了檐部、墙身和墙基以外，不做任何大的分划，不用柱子，连扶壁柱也被免去，更没有线脚。凯旋门摒弃了罗马凯旋门的多个拱券造型，只设一个拱券，简洁庄严，是新古典主义的代表建筑。

2. 流水别墅（图8-4-2）

图8-4-2　流水别墅（外景）

流水别墅是现代建筑的杰作之一，它位于美国匹兹堡市郊区的熊溪河畔，由F.L.赖特设计。在瀑布之上，赖特实现了"方山之宅"（house on the mesa）的梦想，悬空的楼板锚固在后面的自然山石中。别墅主要的一层几乎是一个完整的大房间，通过空间处理而形成相互流通的各种从属空间，并且有小梯与下面的水池联系。正面在窗台与天棚之间，是一个金属窗框的大玻璃，虚实对比十分强烈。流水别墅的整个构思是大胆的,在空间的处理、体量的组合及与环境的结合上均取得了极大的成功,为有机建筑理论作了确切的注释,这也使它成为世界著名的现代建筑。别墅的室内空间处理也堪称典范,室内空间自由延伸,相互穿插;内外空间互相交融,浑然一体。

3. 西班牙毕尔巴鄂古根海姆博物馆(图 8-4-3)

1991 年开始设计的毕尔巴鄂古根海姆博物馆,是解构主义大师弗兰克·盖里的代表作。博物馆选址于城市门户之地——旧城区边缘、内维隆河南岸,与邻近的美术馆、德乌斯托大学及阿里亚加歌剧院共同组成了毕尔巴鄂城的文化中心。该博物馆的引人入胜之处在于它的外形设计。从外表看,与其说它是个建筑物,不如说是件抽象派的艺术品。它由数个不规则的流线型多面体组成,上面覆盖着 3.3 万块钛金属片,在光照下熠熠发光,与波光粼粼的河水相映成趣。尽管建筑本身是一个耗用了 5 000 吨钢材的庞然大物,但由于造型飘逸,色彩明快,丝毫不给人沉重感。博物馆的室内设计极为精彩,尤其是入口处的中庭设计,被盖里称为"将帽子扔向空中的一声欢呼",它创造出以往任何高直空间都不具备的、打破简单几何秩序性的强悍冲击力,曲面层叠起伏、奔涌向上,光影倾泻而下,直透人心,使人目不暇接。

图 8-4-3　西班牙毕尔巴鄂古根海姆博物馆

4. 哈利法塔（图 8-4-4）

图 8-4-4　哈利法塔

哈利法塔又称迪拜大厦，高 828 米，是目前世界第一高楼与人工构造物。建筑设计由 SOM 事务所设计，哈利法塔的设计为伊斯兰教建筑风格，楼面为"Y"字形，并由三个建筑部分逐渐连贯形成一个核心体，从沙漠上升，以上螺旋的模式，减少大楼的剖面，从视觉上使它更加直往天际。楼顶的中央核心被设计成尖塔，Y 字形的楼面也使得哈利法塔有较大的视野享受。

哈利法塔 Y 字形楼面的设计灵感源自沙漠之花蜘蛛兰，这种设计最大限度地提高了结构的整体性，并能让人们尽情欣赏阿拉伯海湾的迷人景观。哈利法塔屡获殊荣的设计承袭了伊斯兰建筑特有的风格。

二、中国建筑艺术欣赏

1. 北京传统合院式建筑——北京四合院（图 8-4-5）

北京四合院作为老北京人世代居住的主要建筑形式，驰名中外，世人皆知。自元代正式建都北京，四合院就与北京的宫殿、衙署、街区、坊巷和胡同同时出现了。据元末熊梦祥所著的《析津志》载："大街制，自南以至于北谓之经，自东至西谓之纬。大街二十四步阔，三百八十四火巷，二十九街通。"

北京的四合院不仅院落宽绰疏朗，起居十分方便，还蕴含着深刻的文化内涵，是中华传统文化的载体。四合院的营建极讲究风水，从择地、定位到确定每幢建筑的具体尺度，都要按风水理论来进行。风水学说，实际是中国古代的建筑环境学，是中国传统建筑理论的重要组成部分。四合院的装修、雕饰、彩绘也处处体现着民俗民风和传统文化，表现一定历史条件下人们对幸福、美好、富裕、吉祥的追求。登斯庭院，有如步入一座中华传统文化的殿堂。

图 8-4-5　北京四合院

2. 客家民居的代表——福建围龙屋（图 8-4-6）

围龙屋，又称客家围拢屋，是一种极具岭南特色的典型客家民居建筑，也是客

图 8-4-6　福建围龙屋

家建筑文化的集中体现。围龙屋的整体布局呈现近圆形,屋前半月形池塘和屋后半月形房屋建筑,两个半圆相合,围绕着方正的堂屋,寓意"天圆地方",将整座屋宇喻为一个小宇宙,体现"天人合一"的哲学思想。围龙屋从建筑风格到民风民俗处处展示着客家的人文历史,是客家文化的重要象征,被众多国内外专家誉为民居建筑奇葩和内蕴丰富的百科全书。

3. 中国古代宫廷建筑之精华——北京故宫建筑群(图8-4-7)

北京故宫,旧称紫禁城,位于北京中轴线的中心,于明成祖永乐四年(1406)开始建设,到永乐十八年(1420)建成。故宫是一座长方形城池,南北长961米,东西宽753米,严格地按《周礼·考工记》中"前朝后市,左祖右社"的帝都营建原则建造。故宫建筑的艺术语言和表现手段非常丰富,包括空间、形体、比例、均衡、节奏、色彩、装饰等要素。前部宫殿以太和殿、中和殿、保和殿三大殿为中心,建筑造型宏伟壮丽,庭院明朗开阔。太和殿坐落在紫禁城对角线的中心,震慑天下。后部内廷以乾清宫、交泰殿、坤宁宫后三宫为中心,庭院深邃,建筑紧凑,相对排列,秩序井然,再配以宫灯联对,绣榻几床,彰显豪华生活。内廷之后是御花园,御花园里有岁寒不凋的苍松翠柏,有秀石迭砌的玲珑假山,楼、阁、亭、榭掩映其间,幽美而恬静。传说故宫有殿宇宫室9 000间,被称为"殿宇之海",是中国古代宫廷建筑之精华,是世界上现存规模最大、保存最为完整的木质结构古建筑之一,被誉为"世界五大宫殿之首"。

图8-4-7 北京故宫建筑群

4. 世界屋脊上的明珠——布达拉宫(图8-4-8)

布达拉宫位于西藏自治区首府拉萨市西北郊区,是一座宫堡式建筑群,由白宫、红宫两大部分以及与之相配合的各种建筑组成,最初是吐蕃王朝赞普松赞干布为迎娶文成公主而兴建,于17世纪重建。布达拉宫重重叠叠,迂回曲折,同山体融合在一起,高高耸立,壮观巍峨。宫墙红白相间,宫顶金碧辉煌,具有强烈的艺术感染力。统一的花岗石墙身,木制屋顶及窗檐的外挑起翘设计,全部的铜瓦鎏金装饰,以及由经幢、宝瓶、摩羯鱼、金翅鸟做脊饰的点缀……这一切的完美配合使整座宫殿显得富丽堂皇。布达拉宫号称"世界屋脊上的明珠",是一座建筑艺术与佛教艺术的博物馆,是藏式古建筑的杰出代表,也是中华民族古建筑的精华之作。

图8-4-8 布达拉宫

5. 江南古典园林的代表——拙政园(图8-4-9)

拙政园位于江苏省苏州市,始建于明正德初年(16世纪初),占地5.2万平方米,分为东、中、西三部分。东花园开阔疏朗,中花园是全园精华所在,西花园建筑精美,各具特色。拙政园以水见长,竹篱、茅亭、草堂与自然山水融为一体,简朴素雅;拙政

图8-4-9 拙政园

园以林木绝胜,春日山茶如火、玉兰如雪,夏日之荷、秋日之木芙蓉,如锦帐重叠,冬日老梅独傲冰霜;"一堂、一楼、六亭"庭院错落,空间分割渗透、隐显结合、虚实相间、藏露掩映,取得了小中见大的效果。拙政园是江南古典园林的代表作品,与北京颐和园、承德避暑山庄、苏州留园一起被誉为"中国四大名园"。

6. 中国画里的乡村——宏村(图8-4-10)

宏村始建于南宋绍兴年间,它背倚黄山余脉,地势较高,经常云蒸霞蔚,有时如浓墨重彩,有时似泼墨写意,好似一幅徐徐展开的山水长卷,因此被誉为"中国画里的乡村"。宏村古民居群是徽派建筑的典型代表,其布局之工、结构之巧、装饰之美、营造之精为世所罕见。牛形村落和人工水系,营造了一种"浣汲未防溪路远,家家门前有清泉"的良好环境,是当今"建筑史上一大奇观";承志堂"三雕"(砖雕门楼、石雕漏窗、木雕楹柱)精湛,富丽堂皇,被誉为"民间故宫"。

图8-4-10 宏村

7. 中西合璧的杰作——重庆市人民大礼堂(图8-4-11)

重庆市人民大礼堂位于重庆市渝中区,于1954年4月建成,由毕业于南京大学工程系的张家德先生设计,占地总面积为6.6万平方米,可容纳3 400余人。它是一座仿古民族建筑群,采用轴向对称的传统手法,结构匀称,对比强烈,布局严谨,古雅明快。主体部分的穹庐金顶,脱胎于北京天坛的祈年殿,有祷祝"国泰民安"之意;正

图 8-4-11　重庆市人民大礼堂

中的圆柱望楼是北京天安门的缩影；南北两翼镶嵌着类似北京紫禁城四角的塔楼。它是中国传统宫殿建筑风格与西方建筑的大跨度结构巧妙结合的杰作。

8. 最现代的"鸟巢"——国家体育场（图 8-4-12）

国家体育场位于北京奥林匹克公园中心区南部，由中国建筑设计院有限公司

图 8-4-12　国家体育场

总建筑师李兴钢等设计,为2008年北京奥运会的主体育场,占地20.4万平方米,可容纳观众9.1万人。

国家体育场外形结构主要由巨大的门式钢架组成,看上去仿若树枝织成的孕育生命的鸟巢,也像一个摇篮,寄托了人类对未来的希望。其灰色矿质般的钢网以透明的膜材料覆盖,其中包含着一个土红色的碗状体育场看台。在这里,中国传统文化镂空的技法、陶瓷工艺的纹路、红色所代表的灿烂与热烈,与现代最先进的钢结构设计完美地相融在一起。"鸟巢"被誉为"第四代体育馆"的伟大建筑作品。

知识链接

斗　拱

斗拱是中国建筑特有的一种结构。斗拱是在柱子的上部、屋檐之下用若干方形的小斗和若干弓形拱层纵横穿插装配的组合构建。斗拱既有结构上的作用,用以承托伸出的屋檐,将屋顶的重量直接或间接转移到木柱上,同时还具有装饰作用。

天　井

天井是南方房屋结构中的组成部分,一般位于单进或多进房屋中前后正间中,两边为厢房包围,宽与正间同,进深与厢房等长,地面用青砖嵌铺的空地,因面积较小,光线被高屋围堵显得较暗,状如深井,故名"天井"。

美的体验

1. 课外阅读

阅读书目:《中国建筑艺术全集》。

思考:试分析中国古代建筑艺术的审美特点。

提示:中国古代建筑在世界建筑发展史中以其鲜明的特点自成体系。《中国建筑艺术全集》按建筑的类别、年代、地区编排,力求全面展示中国古代建筑艺术的成就,共二十四卷,包括宫殿、城镇、园林、坛庙、宅第、佛教、陵墓等。如宫殿建筑的技术和艺术成就,几乎可以成为中国古代建筑技术和艺术成就的主要代表。本书宫殿建筑分册以精辟的论文和精美的图片详尽展示了我国仅存的两座保存完好的古代宫殿建筑之一——北京明清故宫(紫禁城)杰出的建筑艺术成就。

2. 课后活动

建筑是历史文脉的承载者，是城市及地区记忆的见证者，是其所处某个时代的历史文化、人文风貌、地域特征的最好反映。如今街道上、乡村中、古今中外的建筑混搭在一起，变成了一种风情。请同学们拿起手机或相机，寻找属于你所在城市或地区的特色建筑，并制作一个 5~8 分钟的视频，着重介绍其建筑艺术特点和历史文化，并发到朋友圈分享。

3. 思维拓展

广州老城区的永庆坊内，人流穿梭，摩肩接踵。在这条充满广味文化的老街上，沿袭传统工艺修缮的青红砖墙、灰雕彩塑、粤剧会馆等元素，似乎让时光在这里停下脚步。但随着城市更新进入加速发展的快车道，城市建设与古建筑保护两者之间存在的矛盾让人深思。城市的古建筑应该被保护，还是被现代建筑替代呢？请谈谈你的看法。

测一测

1. 选择题

（1）上海世博会中国馆，犹如华冠高耸、天下粮仓，整体布局，隐喻天地交泰、万物咸亨，被称为（　　）。

A. 殿宇之海　　　　　　B. 中国画里的乡村
C. 东方之冠　　　　　　D. 万国之园

（2）下列不属于世界五大宫殿的是（　　）。

A. 北京故宫　　　　　　B. 法国凡尔赛宫
C. 俄罗斯克里姆林宫　　D. 卢浮宫

（3）下列不属于法国的经典建筑有（　　）。

A. 比萨斜塔　　　　　　B. 巴黎圣母院
C. 埃菲尔铁塔　　　　　D. 卢浮宫

（4）下列不属于建筑艺术独特的审美价值的是（　　）。

A. 形式之美　　　　　　B. 静态之美
C. 节奏之美　　　　　　D. 意境之美

2. 判断题

(1) 榫卯结构是中国古建筑以木材、砖瓦为主要建筑材料,以木构架结构为主要的结构方式。( )

(2) 拙政园与北京颐和园、承德避暑山庄、苏州留园一起被誉为中国四大名园。( )

(3) 中国古典园林追求自然情趣和诗情画意。( )

(4) 巴黎圣母院是一座古罗马式风格基督教教堂。( )

测一测

第九单元

静态的舞蹈：雕塑艺术

在幅员辽阔的中华大地上,散聚着祖国大地的古代雕塑艺术,它们是我们伟大的中华民族千百年来的文化艺术遗产。经过历史长河的冲刷,很多文化艺术被湮没了,而凝聚民族文化精神的硬质材料雕塑作品却被保存了下来,成了众多艺术文化中的至宝。古代雕塑艺术可谓一部珍贵的"石头书",生动地记录了中华民族的审美取向及民族文化的精、气、神。

学习目标

1. 了解中国雕塑的基本造型,体会雕塑之美。
2. 能欣赏优秀的雕塑作品并运用专业术语进行点评。
3. 感受中华民族雕塑发展史上基于"德"的意象追求。

课前导学

每个人心里都住了一个柔软的孩子

下面是一个名为"爱"的雕塑(图9-1-1),它在白天和夜晚会有不同变化。白天,金属构筑的俩人彼此背对,仿佛疏离而空洞的躯壳。夜幕降临,雕塑内心却如孩童般纯洁和真诚,呈现前所未有的光亮,里面的孩童逐渐触碰。它用无声的方式诉说着,即使貌似疏离,我们的内心依旧如此渴望亲近,即使在最黑暗的时刻,一切依然有着弥补的机会。你如何理解这个雕塑作品?如果你是里面那个小孩,你会有什么感受?分组讨论,并简略描述。

图9-1-1 雕塑《爱》

美的印象

2009年12月26日,毛泽东主席诞辰116年之际,在湖南长沙橘子洲头,一尊青年毛泽东的塑像拔地而起(图9-1-2)。这尊由广州美术学院雕塑家黎明创作的雕塑高32米、长83米、宽41米,基座3 500平方米,由8 000多块采自福建高山的永定红花岗岩石拼接而成,总重量约2 000吨。

1925年晚秋,毛泽东重游橘子洲,写下了著名的《沁园春·长沙》一词。雕塑中的毛泽东长发飘逸、眉头微锁、目光深邃、神情坚毅,仿佛让我们看到了当年他站立橘子洲头"怅寥廓,问苍茫大地,谁主沉浮?"的神采,更展示了青年毛泽东忧国忧民、以天下为己任的刚毅和改造旧中国的豪迈情怀。

图9-1-2 黎明《青年毛泽东》雕像

作为立体造型艺术,雕塑是人类最伟大的艺术之一,也是人类最早创造的艺术品种之一。雕塑犹如凝固的音乐、立体的诗篇,人类数千年来积累了丰富的雕塑艺术宝藏。从古代中国的秦俑到乐山大佛,再到现代的天安门浮雕;从古希腊的维纳斯像、古埃及的狮身人面像,再到米开朗基罗、罗丹的青铜雕塑,它们无一不书写了人类艺术史上辉煌的篇章。

美的历程：雕塑艺术的发展概况

雕塑作为人类最古老的艺术之一，一方面，它与人类文明相伴而生，从远古旧石器时代打制石质工具开始，人类便开启了伟大的雕塑历史，这成为雕塑艺术的源头；另一方面，雕塑又是能够经受时间涤荡并承载文化意蕴的一门独特的艺术。早在人类社会初期，用于民族膜拜、祈祷、祭祀的图腾雕塑的出现意味着雕塑艺术的产生。雕塑同巫术、音乐、舞蹈、绘画等艺术形式一起，成为早期人类精神的重要表达方式。

一、中国古代雕塑发展概况

1. 史前雕塑的粗犷表现

中国目前发现最早的原始雕塑艺术作品应该是新石器氏族遗留下来的物品。这个时期的雕塑艺术形式主要是饰物。这些饰物装饰性很强，造型夸张、风格粗犷。同一时期出现的陶塑人物刻画虽然比较概括，但在艺术形式上却生动活泼，具有很强的代表性。史前雕塑作为人类早期对自然的探索与追求，在人类文明的发展史上具有极其重要的地位。

原始陶塑的造型方式分为三种：一是将实用器皿的整个外形塑造成为一个动物的形象；二是对实用器皿的局部通过圆雕或者浮雕的形式进行装饰化（图9-2-1）；三是小型的独立动物和人物泥塑（图9-2-2、图9-2-3）。

图9-2-1 裸体浮雕彩陶壶 新石器时代后期（中国国家博物馆藏）

图9-2-2 陶鹰鼎 新石器时期（中国国家博物馆藏）

图9-2-3 红陶人头像 新石器时期（甘肃省博物馆藏）

人类为了适应生活环境便不断地学会改变生存的条件,从流离不定的游牧生活改变成为安定的农耕生活。安居于一块土地之上,不但要利用这块土地生养百谷、牲畜,还得利用这块土地来制作生存的器物。没有哪个民族像我们祖先这么热爱泥土。远古的祖先口渴,走到河边双手捧水用嘴吮吸时,这个合拢的双手形成一个半圆凹曲的形状,便应该是最早"陶碗"出现的灵感来源。当人们拿着用泥土制作的碗去河边盛水时,便又寻求一种方式来制造永恒的美,这种美的方式不仅要适应人类的生存,也要寻求美的永恒,雕塑的发展史便是凝固人类寻求美的一个过程。

2. 商周雕塑的精湛瑰丽

商周时期,冶炼技术逐渐成熟,开启了古代中国工艺精湛的青铜时代,使雕塑艺术开始绽放光芒。青铜器在实用的基础上初步具备了雕塑艺术的特性,奇特、夸张、变形的纹饰,华丽而神秘。如后母戊鼎(图9-2-4)伟阔庄严,是迄今为止发现的最重的中国古代青铜器,其为四足方形,立耳,长方形腹,四柱足空,鼎身四面以饕餮作为主体纹饰,并有龙纹盘绕。人们给予饕餮以丰富的想象,根据牛、虎、羊、熊幻化其形,又经过高度艺术夸张,形成了狰狞而雄厚的兽面纹饰。三星堆遗址出土的青铜大立人像(图9-2-5)是少有的具有独立意义的雕塑作品,其高1.8米、通高2.62米,衣上纹饰繁复精丽,以龙纹为主,辅配鸟纹、虫纹和目纹等,赤足站立于方形怪兽座上,其整体形象庄重严肃,被誉为"铜像之王"。

图9-2-4 后母戊鼎(中国国家博物馆藏)

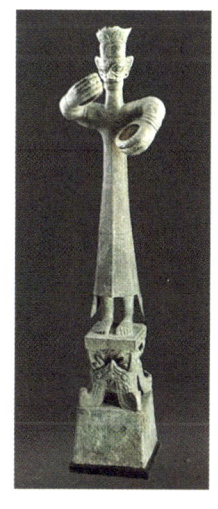

图9-2-5 青铜大立人像(三星堆博物馆藏)

3. 秦代雕塑的恢宏壮观

公元前221年,秦始皇统一中国,中国进入了封建社会的初始阶段。政权统一,国力强盛,带来了雕塑艺术的空前发展。这时期的艺术作品注重写实,追求逼真,善于抓住不同身份的人物性格特征和精神面貌,不同兵种、级别陶俑的服饰、冠带、身姿、神态各不相同,人物形象千差万别,极具气势和规模。这一时期的雕塑取得了辉煌的艺术成就,成就了中国雕塑史上的第一个高峰(图9-2-6、图9-2-7)。秦始皇陵兵马俑就是秦代陵墓雕塑艺术的典范。

4. 汉代雕塑的雄伟刚健

汉代雕塑不仅继承了秦代气势恢宏的风格,也突出了雕塑作品雄伟刚健的艺术个性,这个时期的陵墓雕塑已经从秦陵的地下墓葬形式发展成为地上陵墓装饰雕塑,大型石雕的出现是汉代雕塑最主要的特点。

(1)马踏匈奴　西汉初期,西北地区经常受到匈奴侵扰,汉武帝多次派骠骑将军霍去病北越大漠,安定边疆,建立河西四郡。《史记》记载:"骠骑将军……元狩六年卒。天子悼之,发属国玄甲军,阵自长安至茂陵,为冢象祁连山。"这组雕像虽然没有用写实的手法刻画战争的场景和霍去病本人,但很巧妙地把被践踏者龟缩仰卧在马腹之下的形象描绘出来。雕像外形庄重、气势威武,凸显出战胜侵略者的民族英雄气概,成为我国古代纪念碑雕刻中一件非常杰出的经典之作(图9-2-8)。

图9-2-6　将军俑(秦始皇帝陵博物院藏)

图9-2-7　袍俑头像(秦始皇帝陵博物院藏)

图9-2-8　石刻《马踏匈奴》(茂陵博物馆藏)

(2) 击鼓说唱俑　1957年出土于四川成都。陶俑在汉代的雕塑中有着十分重要的地位,不仅题材广泛而且内容丰富。这个说唱俑动感的造型和发自内心的微笑,不仅刻画了一位热情、憨厚、乐观、充满生命力和幽默感的老人,而且让我们仿佛置身那热闹且精彩的表演场面现场,也体现了汉代陶塑艺术生动活泼的特点(图9-2-9)。

(3) 铜奔马　又名"马踏飞燕""马超龙雀",1969年出土于甘肃省武威市,是东汉时期青铜艺术的杰出代表(图9-2-10)。作品刻画了一匹体态健美、疾驰飞奔的千里马。它三足腾空,仰天嘶鸣,右后蹄下踏着一只展翅而过的飞鸟。这件构思巧妙、造型生动的作品堪称中国古代现实主义与浪漫主义手法相结合的艺术典范。它以飞鸟的疾速来衬托奔马的神速,又将奔马的不羁之势与平稳的力学结构巧妙地结合在一起,给人一种蓬勃的生命力和一往无前的气势。

图9-2-9　陶塑《击鼓说唱俑》（中国国家博物馆藏）　　图9-2-10　青铜雕塑《铜奔马》（甘肃省博物馆藏）

5. 魏晋南北朝雕塑的人佛合一

魏晋南北朝时期,社会处于割据状态,儒家思想受到冲击,老百姓生活困苦不堪。在这种环境下,佛学得到发展,并开始与儒家思想结合交融。在统治者的支持下,各地大兴寺庙,开凿石窟,出现了云冈石窟、龙门石窟、麦积山石窟等具有代表性的石窟艺术。

(1) 云冈石窟　云冈石窟在今山西大同市西郊。石窟群开凿不久,当时的地理学家郦道元在其名著《水经注》中描述当时的云冈盛况:"经灵岩(寺)南,凿石开山,因岩结构,真容巨壮,世法所希,山堂水殿,烟寺相望"。云冈的雕刻,内容丰富多彩,可与敦煌莫高窟中色彩绚丽的佛画媲美(图9-2-11)。

图 9-2-11　北魏石刻　云冈石窟第 20 窟

（2）龙门石窟　龙门石窟在河南洛阳，从北魏开凿，造像最盛期在唐朝。其规模宏大，气势磅礴，窟内造像雕刻精湛，内容题材丰富，是世界上造像最多、规模最大的石刻艺术宝库。它融入了人们对本民族审美意识和形式的悟性与强烈追求，以自身系统、独到的雕塑艺术语言，揭示了雕塑艺术创作的各种规律和法则，堪称中国石窟艺术变革的"里程碑"。

（3）敦煌莫高窟　甘肃敦煌莫高窟地质上处于砂砾岩地带，石质松软，不适合佛像的雕刻，只能泥彩塑像。敦煌莫高窟把泥塑与壁画两种艺术融为一体。彩塑像红、黄、绿、青、蓝、黑、白等各种色彩交替，对比强烈、鲜明而又统一和谐。彩塑和佛龛内外五彩缤纷的壁画交相辉映，呈现出热烈奔放、瑰丽无比的气氛。

（4）麦积山石窟　麦积山石窟位于甘肃天水，现存的 190 多个窟中，保存着数千件的造像。这种未经烧制的泥土塑像能够保存一千多年而不朽实属珍贵，为中国独创。为此，麦积山被世界称为"东方雕塑陈列馆"（图 9-2-12）。

6. 隋唐时期雕塑的华丽多变

经历了三百多年的割据与动荡后，隋唐时期的社会重新获得了安定，政治和经济空前繁荣，雕塑艺术也进入了发展的新阶段。隋唐时期的雕塑艺术，既融合了南北朝时期

图 9-2-12　泥塑女侍童

的雕塑艺术，又通过丝绸之路吸收了异域艺术，形成了独特的风貌，产生了许多具有时代特色的经典作品。其中，唐三彩极具丰美的艺术意匠。唐三彩可利用三色交叉混合的上釉技术制造美丽的花朵，并先在坯体上刻花成暗色图案，变化无穷，

色彩斑斓。其中,马俑惹人喜爱,有的徘徊伫立,有的引颈嘶吼,有的扬足飞奔,均栩栩如生。

出土于西安北郊的"菩萨立像"另有韵味。它是用一整块汉白玉雕刻而成,作品透明柔润,质地细腻(图 9-2-13)。菩萨突起的胸部、富有质感的腹部、微微后仰的背部及斜披在肩上的轻纱,使得作品体现了一种楚楚动人的神韵。虽然残缺无首但充满活力,被誉为"东方的维纳斯"。

7. 宋元明清时期的生活气息

宋、辽、金时期的雕塑艺术出现了不同于前代的风格特征,其雕塑在保留了民族特色的同时,逐步趋向生活化与世俗化,创作手法写实,材料更加多样化,制作工艺也进一步得到提高。

这个时期的雕塑可分为宗教雕塑、陵墓雕塑和手工艺雕塑三大类。重庆的大足石刻(图 9-2-14)和陕北延安清凉山的万佛洞石窟堪称代表。

宋代的陵墓雕刻注重局部刻画,有明显的写实倾向,与汉唐雕塑艺术相比,虽然在造型及精神性功能上相对逊色,但从反映现实生活的世俗化角度来看有其独特的创新之处。

元明清时期的石窟造像逐渐走向衰退,寺庙造像造型也缺乏活力,但建筑雕刻却十分发达。

图 9-2-13　菩萨立像(残躯)

图 9-2-14　重庆大足石刻　养鸡女

二、西方雕塑艺术发展概况

西方雕塑发展至今,经历了几千年的历史,各个国家和地区在不同的时代产生了大量的经典雕塑艺术作品,为人类文明发展积淀了文化精华。

1. 古代雕塑

远古时期,人类在生产劳动的过程中,创造了劳动工具石器,这些石器便是人类雕塑艺术的早期雏形。位于英国伦敦西南120千米的索尔兹伯里巨石阵,既是人类雕塑艺术史上第一笔浓墨重彩,也是人类史前代表作之一。

西方雕塑最早发源于古希腊、古罗马时期,而古希腊的早期雕塑又深受古埃及的雕塑影响。

在胡夫金字塔法老的陵墓前,有一座巨大的狮身人面像,它是由一整块的岩石雕刻而成的。这种神、人、兽三位一体的艺术处理手法与当时的宗教图腾有着深厚的关系,也代表了这一时期的雕塑艺术特色。

到古希腊时期,受到追求民主与自由思潮的影响,雕塑艺术得到良好的发展。虽然选材大多数仍然来自神话故事,但艺术表达的诉求却是现实生活的体现。这一时期的雕塑艺术可分为古风时期、古典时期以及希腊化时期。

古风时期人们开始关注人体的完美比例及运动姿态,并在运动中发掘人体的静态之美。人物表情通常面带微笑,可以看出有着明显的东方神韵,被称为"古风的微笑"。

古典时期相对古风时期,雕塑有了进一步的创新,"古风的微笑"悄然消失,艺术家们更加注重塑造人物的个性与情感。米隆的《掷铁饼者》是古典时期最具代表性的作品之一,它通过抓住运动的一瞬间,打破静止的场面,从而表现人物内心的情感变化(图9-2-15)。

希腊化时期是古希腊雕塑艺术的一座高峰。在创作手法上,艺术家们运用写实技法刻画人体的姿态来表现人物丰富的内心世界。人物表情生动、衣纹处理细腻、线条流畅富有动感。《米洛斯的维纳斯》《拉奥孔》(图9-2-16)等,均是经典作品。

古罗马艺术在古希腊艺术的基础上发展而来,但弱化了浪漫主义色彩,更加注重写实和叙事。受到帝王歌功颂德的风气和僧侣祭祀习俗的影响,这一时期的雕塑艺术产生了两种不同的风格,一种是注重写实主义,一种便是多了些理想化成分。雕塑代表作品《奥古斯都全身像》就是一尊充满英雄主义的帝王雕像。

到了欧洲中世纪,基督教成为主要的统治力量,其雕塑艺术作品带有浓厚的宗

图 9-2-15 米隆《掷铁饼者》　　图 9-2-16 阿哥桑德斯等《拉奥孔》

教、政治色彩，又被称为基督教艺术。中世纪的建筑艺术处于巅峰时期，如罗马式教堂和哥特式教堂。雕塑对建筑起到一种装饰作用，巴黎圣母院就陈列有大量的雕塑作品，如亚当雕像、巴黎圣母院雕像和圣母子雕像。

　　文艺复兴运动，从某种意义上来讲是对古希腊、古罗马文化的一种复兴，但实际上是新兴资产阶级在精神上的一种创新。这个运动从 15 世纪下半叶到 16 世纪盛行于欧洲许多国家。其艺术形式逐渐多样化，雕塑也开始摆脱建筑的依附地位独立发展。艺术家主张用科学的眼光观察世界和表现世界，宗教化题材也逐渐世俗化。通过运用透视学与解剖学，这一时期人物形象的塑造更加细腻、逼真。人物形象上更富有立体感与真实性，形体也极富动感与夸张的艺术效果。被称为"文艺复兴三杰"之一的米开朗基罗创作的《大卫》《哀悼基督》等，都是采用写实的处理手法，并运用人体解剖的知识来塑造人物形象。

　　16 世纪，巴洛克风格产生于意大利，并影响了整个欧洲国家的艺术创作。贝尼尼就是这个时期杰出的雕塑艺术家，他的创作线条处理夸张复杂，具有动感，他的雕塑创作中的人物充满了华丽的色彩和浓烈的艺术气氛，深受追捧（图 9-2-17）。

　　18 世纪，法国宫廷中兴起一种艺术风格——洛可可风格，法尔孔奈是洛可可雕塑艺术的重要代表人物之一，代表作有《浴女》《吓唬人的爱神》。

　　此后，欧洲古代雕塑还出现了新古典主义雕塑、浪漫主义雕塑、写实主义雕塑、现实主义雕塑等。法国著名雕塑家、现实主义杰出代表罗丹被誉为西方传统雕塑集大成者。他深受米开朗基罗作品的启发，运用现实主义创作手法，创造了

《青铜时代》《思想者》(图9-2-18)、《雨果》和《巴尔扎克》等一系列享誉世界的经典作品。他善于用丰富多样的绘画性手法塑造出神态生动富有力量的艺术形象,形象生动且富于内在的精神气息。

图9-2-17 贝尼尼《圣特雷莎心醉神迷》　　图9-2-18 罗丹《思想者》

2. 现代雕塑

20世纪初,工业文明不仅改变了人们的生活方式,也极大地影响了人们的思想观念。受此影响,雕塑艺术也呈现多元化发展倾向,各种艺术流派与新思潮交相辉映,开创了艺术发展的新局面。值得一提的雕塑艺术家有亨利·摩尔和贾科梅蒂。

亨利·摩尔是英国最重要的雕塑家,他把原始艺术对人的生命的热烈追求和表现形式的率真质朴,与现代艺术反对模仿、摒弃再现,以及追求形式本身的独立价值的观念结合起来,走上了一条既保持西方传统艺术精神,又具有现代审美品格的艺术之路。摩尔的雕塑作品始终将人像作为他作品的中心题材,无论是单个的人像还是群体像,无论是躺卧还是坐立,无论是室内还是室外,都同自然环境融为一体,表现出强大的生命力(图9-2-19)。

贾科梅蒂是瑞士超现实及存在主义雕塑大师。作为经历了"二战"的艺术家,他将自己的生命体验融入作品创作中,揭示了战争的罪恶与人性的困境。他摆脱传统意义的体块关系,以线为人体的基本造型元素,塑造出憔悴幽灵般的人体。人像表面斑驳不平的肌理仿佛满布劫难的创伤,给人的心理与视觉带来强烈的冲击(图9-2-20)。

图 9-2-19　亨利·摩尔《斜卧人像》

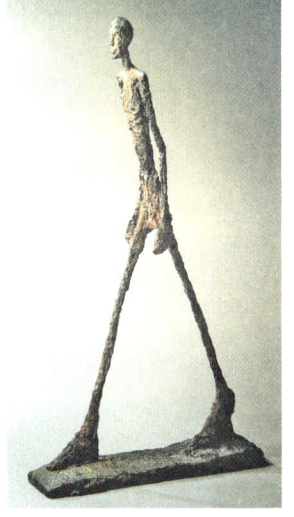

图 9-2-20　贾科梅蒂《行走的人》

美的视窗：雕塑艺术的审美特征

作为造型艺术，雕塑是以雕、刻、塑、铸、焊等手段制作三维空间形象，反映社会生活并表达审美思想的艺术形式。雕塑按形态不同，可分为圆雕、浮雕和透雕（镂空雕）三大类。其中，以圆雕和浮雕最为普遍。所谓圆雕，就是完全立体，可供四面观赏的雕塑。所谓浮雕，就是在平面上雕出凸起形象的雕塑。它通常是用一块底板作为依托。正因为浮雕是依附在一个平面上的，所以只有一个观赏面。浮雕根据表面凸出的厚度不同，一般分为高浮雕和浅浮雕两种。除了按形态分类外，雕塑根据所用材料不同，还可分为石雕、木雕、泥塑、陶塑和金属雕塑等；根据用途和放置地点不同，又分为城市雕塑、园林雕塑、纪念碑雕塑或纪念雕塑、室内雕塑和案头雕塑等。

一、雕塑艺术的语言

雕塑艺术用三维空间的体积，表现某种形象和节律，达到交流思想和情感的目的。雕塑艺术最主要的语言，就是物质实体性的形体及其空间变化。

罗丹说："雕塑家一切都要在空间中思考。"这句话说明雕塑家要对体积和空间的变化有高度的敏感，要善于利用和强调体积的组合变化，强调体积感和空间感，使之成为某种力量、某种感觉和某种韵律，必须使体积组合得有对比、有转折、有变化。例如,古希腊菲迪阿斯的雕像是四个面,重心在一只脚,另一只脚是"稍息"的状态,两个膝盖一前一后,组成一个面;盆骨转向相反方向,又是一个面;胸部又向膝盖的方向转动,成为第三个面;头侧向另一方,是第四个面。这样,表现的是一种很稳定、很有信心、很舒展、很昂然的感觉。动作的转折很小、很微妙、很协调,表现了希腊黄金时代稳定、含蓄、很有力量、很有信心的情绪。雕塑正是从这种实体性形体的变化、体积的变化、面的变化,利用人体体积的转折和转折的韵律表现一种情绪、一种思想,甚至是一个时代的精神。

同时,雕塑艺术的语言还与雕塑的影像和周围的环境密切相关。雕塑的影像是指雕塑整体的大轮廓,实际上就是空间形象。雕塑家为了使自己的作品能吸引观众,就要善于抓住对象的突出特点,而舍弃一切与主题无关的东西,以此突出主题。雕塑和周围的环境应协调统一,互相衬托,雕塑艺术感染环境,环境使雕塑作品放射出更加夺目的艺术光彩。

二、雕塑的审美特征与欣赏方法

李泽厚说:"雕塑的本领在于它能突出地表现概括了的、理想性强的、单纯的性格、品质和气概。"雕塑的审美特征主要体现在三个方面。

一是形体美。一件雕塑作品给人的印象与感受,首先来自它的空间形体。雕塑艺术正是借由"形体"向欣赏者表达色感、触感、质感和情感。我们欣赏雕塑艺术时,不仅要通过视觉去感受,而且要通过触觉去感知,结合雕塑作品所处环境去感悟。

二是材质美。雕塑创作需要借助物质媒介材料,才能将艺术形象固化。不同的材料和媒介,可以产生不同的美感特性,如木质纹理清晰美观、色泽深沉、古朴典雅,适合雕刻历史题材、古代人物;大理石质地光洁细腻,适宜表现纯洁、优美的艺术形象;青铜材料坚固、富丽,有金属光泽,适宜表现崇高、高贵的艺术形象。

三是意蕴美。雕塑是静态的空间形象,受造型语言的限制,它只能在动与静的交叉点上,通过瞬间的现象凝练地表达某种思考或内心情感。一位杰出的雕塑家总是能够充分利用雕塑本身的特征,由静至动,由个别见一般,由局部见整体,使作品的造型具备一种从有限中见无限的本领,塑造出富有变化的高度概括的美的形象,引发观赏者的遐思。

欣赏雕塑作品主要从三个方面入手。

一是感受雕塑艺术的形体特征。形体美是雕塑形式美的灵魂。优秀的雕塑家在塑造艺术形象时,总是在三维空间中,透过瞬间的造型展示形象的动势、情绪和生命力。我们在欣赏雕塑艺术时,无疑也应从形体入手,通过外在的形体感受其内蕴的思想感情和生命活力。

二是探求雕塑作品的精神内蕴。一件雕塑作品的创作,总是与艺术家生活的时代、人生的经历及其审美崇尚有着千丝万缕的联系。欣赏雕塑作品就要善于循着作者的心灵轨迹去探知单纯的造型形象中含蕴的情绪和审美倾向,从而寻求作品表达的理性诉求和审美理想。

三是理清作品与环境的相互关系。雕塑作为一种在三维空间中塑造形体的艺术,不可避免地与其所处的环境发生联系。我们在欣赏一件雕塑作品时,应当有意识地观察雕塑所处的自然环境和人文环境,琢磨雕塑与环境之间是否存在一种内在的呼应、对话或共鸣。

美的欣赏:雕塑艺术名作欣赏

一、中国雕塑名作欣赏

1.《跪射俑》

秦始皇陵兵马俑是秦始皇陵的陪葬坑,内有和真人、真马大小相似的陶俑、陶马近8 000件,被誉为"世界第八大奇迹""20世纪考古史上的伟大发现之一"。在众多形态逼真、排列有序的陶俑中,位于二号坑弩兵阵中的《跪射俑》(图9-4-1)堪称兵马俑中的精华。跪射俑身披铠甲,昂首挺胸,头顶左侧绾一发髻,脚登方口齐头翘尖履,左腿蹲曲,右膝、右足尖及左足抵地,三个支点呈等腰三角形支撑着上体,重心在下,增强了稳定感。他的双手在身体右侧一上一下作握弓状,表现出一个持弓的单兵操练动作。跪射俑衣纹褶皱细腻流畅而富有韵律感,甲胄随着身躯的转动而转动,甚至鞋底疏密有致的针脚都被工匠细致地刻画出来,这些无疑都透露出秦代艺术中充足的写实主义气息。跪射俑自身动与静的处理,以及个体与整体间关系,展现了在临战的军阵中死一般寂静的紧张气氛和秦代将士不惧牺牲的豪迈情怀。

图9-4-1 秦代《跪射俑》

2. 乐山大佛

乐山大佛是世界上最大的石刻弥勒坐佛(图9-4-2)。它位于四川省乐山市，岷江、青衣江、大渡河的交汇处，与乐山城隔江相望。大佛头部高肉髻圆突，石块镶嵌而成的螺髻遍布，脸型方圆而扁平，木柱结构的两耳大而垂肩，木柱做的扁平鼻梁、长条形弯眉呈现出一份西南地区特有的柔性美感，双眼半睁半闭，意味深长地注视着足下的信众以及乐山城的相望者。它身着右衽敞胸袈裟，红砂岩制的袈裟上没有多余的装饰，双手轻轻按压在双膝之上，双膝以山崖而雕琢，膝下为宽大的赤足。整个塑像在红砂岩质的山体上进行雕刻，聪明的匠师采用了透视缩短法进行创作，将恢宏的弥勒佛坐像准确而生动地创造出来。在大佛左右两侧沿江崖壁上，还有两尊护法天王石刻，与大佛一起形成了"一佛二天王"的格局。雄伟的佛像与岷江、青衣江、大渡河相互映衬，在翻滚的江河的衬托下，佛像的无限体量、无限神性和无限的悲天悯人气质被活灵活现地表现出来，后世赞誉其为"山是一尊佛，佛是一座山"。

图9-4-2 乐山大佛

3. 人民英雄纪念碑浮雕

为了纪念在人民解放战争和人民革命中牺牲的人民英雄,中国人民政治协商会议第一届全体会议决议,在北京天安门广场中心修建人民英雄纪念碑(图9-4-3)。在纪念碑碑身下方,镶嵌着八幅巨大的汉白玉浮雕,分别以"虎门销烟""金田起义""武昌起义""五四运动""五卅运动""南昌起义""抗日游击战争""胜利渡长江"为主题。浮雕高2米,总长40.68米,浮雕镌刻着170多个人物形象,每个人物都和真人一样大小,他们的面貌感情和姿态形象各不相同,生动而概括地表现出中国人民100多年来,特别是在中国共产党领导下反帝反封建的伟大革命斗争史实,具有重大的社会意义。这组浮雕作品群汇集了当时全国著名的一批雕塑家,历时6年完成,集中反映了当时我国雕塑艺术的水平。

图9-4-3 人民英雄纪念碑浮雕(局部)

4. 潘鹤《艰苦岁月》

著名雕塑家潘鹤为建军30周年美术展而创作的雕塑《艰苦岁月》(图9-4-4)是新中国雕塑史上一件十分重要的作品。作品选择了一只小小的竹笛作为"引子",塑造了在艰苦的岁月里,老战士吹奏着悠扬的乐曲,小战士偎依身旁托腮倾听的场景。从老战士吹奏的神情里,我们感受的是充满温暖的人情味和憧憬美好未来的乐观气氛。整个作品呈三角形构图,造型起伏波澜、手法自由,艺术形象自然生动。当人们看到这件作品时,能切

图9-4-4 潘鹤《艰苦岁月》

实地感受到在那艰苦的斗争环境中,红军战士的坚定信念,以及开朗豁达的革命意志和精神,更能感受到革命胜利的来之不易,从而倍加珍惜今天的幸福生活。

5. 钱绍武《李大钊纪念像》

雕塑《李大钊纪念像》(图9-4-5)坐落在李大钊的故乡河北省唐山市。作品借鉴天安门的造型元素,塑造了李大钊"铁肩担道义"的精神气质和方正沉稳、厚重刚直的人物性格。雕像沉稳挺拔,气势恢宏,如同泰山一般屹立于大地,象征着中国革命的伟大基石。在雕塑艺术处理技法上,作者成功地运用汉魏传统造型中的"方多于圆"的特点,用浮雕的手法处理一些细节,使整个雕塑作品呈现出鲜明的民族艺术特征。

图9-4-5　钱绍武《李大钊纪念像》

6. 叶毓山《血肉长城》

中国国家博物馆《复兴之路》展厅以1840年鸦片战争为起始,将中华民族170多年来从积贫积弱迈向复兴的伟大历程如画卷般呈现。其中,叶毓山的《血肉长城》(图9-4-6)为苦难的民族从沉沦、屈辱和苦难中爆发塑造了历史的丰碑。他的雕塑始终把握生命之气、时代之气、天地之气,借助精神意识和生命言行感悟时代的心音。

图 9-4-6 叶毓山《血肉长城》

7. 朱成《千钧一箭》

《千钧一箭》是朱成于 1985 年用不锈钢创作的一幅作品(图 9-4-7)。作者塑造了一张拉紧的弓、一根无形的弦和一枝看不见的箭,呈现了一股引而未发的千钧之势,构思巧妙,言简意赅。在造型上,该作品完全舍弃其他在艺术造型中无关紧要的部位,截取人体当中最有表现力的两个节点加以强化、突出,并重点刻画,营造出一种舍而后得的境界和艺术效果。

图 9-4-7 朱成《千钧一箭》

8. 田金铎《走向世界》

田金铎的雕塑作品《走向世界》是全国首届体育美展荣获特等奖的作品,它主题明确、意蕴深长,表现了一个健美的女运动员在田径场上竞走的瞬间(图 9-4-8)。

图 9-4-8 田金铎《走向世界》

竞走既不是腾空奔跑,也不是正常的走步,是一种特定的体育运动项目。雕塑家以坚实的造型功力,运用简洁概括的塑造手法,准确地把握住竞走者出脚的一刹那和竞走运动特有的体态节奏。该作品的表现手法虽然基本上是写实的,但略去了细节,在此基础上,运用夸张和变形手段,强化了这一运动的特征,整个艺术现象既有流动感又有力度。作者有意把底座处理成"○"字圈,既暗示竞走姑娘步履的轻灵快捷,又象征着中国在奥运赛场上"零的突破"。正是由于出色地体现了思想内容与艺术形式的完美结合,经当时的国际奥委会主席萨马兰奇决定,这一作品被放大为2.2米高的铸铜像,安放于瑞士洛桑国际奥委会总部的花园内。此后,日本札幌的"雕刻之森",中国的沈阳、阜新、深圳和广州雕塑公园,都相继铸造了此像。

二、西方雕塑名作欣赏

1.《米洛斯的维纳斯》

图 9-4-9 《米洛斯的维纳斯》

在古希腊时期,表现女性人体美的雕塑日渐增多,对爱与美之神阿芙洛蒂忒(罗马神话中称为维纳斯)的歌颂更是层出不穷,其中最为著名的就是这尊《米洛斯的维纳斯》(图 9-4-9),它已经被公认为女性人体美的典范。《米洛斯的维纳斯》雕像高约 2.04 米,整个造型为 S 形矗立于一块方形石板上,是迄今被发现的希腊女神雕像中最美的一尊。女神的身材端庄秀丽,肌肤丰腴,美丽的椭圆形面庞、希腊式挺直的鼻梁、平坦的前额、丰满的下巴和平静的面容,流露出希腊雕塑艺术鼎盛时期沿袭下来的理想化传统。作为爱与美之神,她的表情与身姿既有庄重、典雅的特性,又有一个年轻貌美女性的柔情和妩媚;神情的肃穆却被嘴角那一丝不易察觉的微笑所掩盖;整个身体结构呈现螺旋上升的态势,腰部以下充满褶皱的裙摆增加了人物雕塑下部的重力感和稳定感,而上半身则突显出一种光洁、细嫩、轻盈、秀美的质感与美感。尤其令人惊奇的是她的双臂,虽然已经残断,但那雕刻得栩栩如生的身躯,仍然给人以浑然完美之感,因而获得了"断臂美神"的美誉。

2. 米开朗基罗《大卫》

《大卫》是米开朗基罗耗时三年之久，在一块曾被人损毁过的大理石上雕刻而成的经典之作（图9-4-10）。他以现实主义的手法塑造出了一位体格健美、英勇坚强的裸体男性形象：头部微微左倾，卷曲而蓬松的头发下面映衬着一张俊秀的脸庞，平额，双眉紧凑，眉弓凸出，眼窝凹陷，眼睛炯炯有神地注视着左前方的敌人，左手紧握肩部的投石带，右手下垂，胸腹肌肉发达，左腿前伸，脚尖点地，整个身体的重心压在直立的右腿上，前伸的左腿成为希腊雕塑中探索单足立地充满运动感模式的延续。大卫整个形象以完全的静立姿态矗立在世人面前，但是他外在健硕的体格、绷紧的肌肉把全身的力量一点点转移到紧握投石带的左手上。内在美与外在美在这一瞬间定格为永恒的瞬间。白色温润的大理石，既塑造出大卫强健的躯体，也体现了躯体内部蕴含的力量感。米开朗基罗创作大卫的时代正是文艺复兴盛期，裸体青年大卫展示了人体的美感，突破了宗教的束缚，体现了其对人文主义精神的高度赞美与歌颂。

图9-4-10　米开朗基罗《大卫》

3. 吕德《马赛曲》

浮雕《马赛曲》是法国19世纪浪漫主义雕塑家吕德的作品，也是一件歌颂法国大革命的史诗性作品（图9-4-11）。作品可以分为上下两个相互照应的部分，上部为一象征自由、正义、胜利的正义女神，她头戴战盔，身穿铠甲，右弓腿，右手紧握指挥剑，指引人民前进的方向，她用力地向左后扭转头部，高举左手，大声地呼唤着后来者。她那鼓起的双翼以及逆风鼓动的裙褶，塑造出了一种激情与前进的运动感。下半部是一群志愿军战士，中间那个长着络腮胡子的壮年战士，表情强悍激昂，右手高举着从头上摘下来的钢盔，正转过头来向左侧的人群喊话；左边紧挨着他的是他的儿子，少年依傍着父亲，走得更加坚定有力。其余人物有持盾牌和宝剑的年迈战士，有吹进军号的青年，有弯腰系结兵器的弓箭手。所有这些人物被组成一个整体，

图9-4-11　吕德《马赛曲》

显出一种剑拔弩张的声势。后面是飘扬着的旗帜和林立的弓矛枪箭,这些细节与前面的人物融汇成千军万马的气势。为了保卫祖国,这股战斗的洪流好像将从墙上冲出,给人以巨大的感染力。

4. 罗丹《巴尔扎克像》

图 9-4-12　罗丹《巴尔扎克像》

巴尔扎克是法国 19 世纪文坛巨匠,他的作品具有浪漫主义激情和批判现实主义的精神。罗丹对他非常敬慕,所以 1891 年法国文学家协会委托罗丹雕塑一尊巴尔扎克像时,他当即表示乐意为他塑像。罗丹作为一位伟大的雕塑家,他并没有把精神集中在人的形体上,而是更关心人的心灵、人的感情、人的命运和人的力量。创作巴尔扎克像时,他不计较于细节的精雕细琢,反而着意展示这位天才的精神气质。为此,他选择了极其简单而又极富特色的构图,即用披裹着睡袍的巴尔扎克昂首凝思的瞬间,生动有力地展现了他在夜晚沉迷于创作的情景(图 9-4-12)。这尊耗时七年的伟大塑像融合了无数关于这位法国大文豪的史料和罗丹最深邃的理解。

5. 亨利·摩尔《王与后》

图 9-4-13　亨利·摩尔《王与后》

亨利·摩尔的雕塑作品最显著的特色就是利用线条和空洞进行艺术表现。《王与后》(图 9-4-13)是他艺术风格上的一件试验性作品。作品中国王与王后的头部都有一个洞,似眼非眼;面孔十分怪诞,像个面具,似人非人;身体薄且长,呈扁叶状。整个作品简洁明了,没有过多的细部刻画。作品是受英格兰威廉爵士的委托而创作的,并且被他天才地指定放在苏格兰贫瘠的丘陵地带的一片旷野之中。这对童话般的统治者的形象便与悠久的英国历史及童话式的传统观念联系在一起。他们仿佛从遥远的古代一直端坐到今天,尊严而亲切,静静地伴随着荒原,永远如斯,唤起了人们无限的充满诗意的联想。自然环境的衬托更增加了这尊雕塑意味无穷的历史感与神秘感,这仿佛是向人类原始文明的呼唤,也朦胧地表达了现代人的迷惘与失落。

美的体验

1. 课外阅读

阅读书目:《中国雕塑艺术》《雕塑与触摸》《雕塑与建筑》《雕塑元素》。

思考:中国的雕塑与西方的雕塑相比有什么差异?

提示:西方雕塑自古至今可以例数很多名家,而中国古代雕塑史上的优秀作品则极少个人署名,基本为集体创作。中国的地大物博决定了中国雕塑题材广泛,而基于以德为先的理念,中国的雕塑艺术很少出现裸体的人体雕塑。历代以来,中国的雕塑艺术不仅有现实中的人物、动物,还有虚构的动物(龙、凤、麒麟等)、人与动物交融的和谐形体(女娲伏羲的人首蛇身),以及山水树林、神话传说、历史故事、生活场景、大量动物器物的造型。中国传统文化源远流长,除了继承和发展,几乎无断裂的痕迹。中国的雕塑注重意象浑融,注重透过意象之后的表现,从而形成了这种表现写意、追求美和善统一的思维模式。

2. 课后活动

我是快乐讲解员

(1) 主题:走进展厅,讲好中国故事。

(2) 目标:培养文化自信,领会"讲好中国故事"应具备的基本素质。

(3) 步骤:访问中国国家博物馆官网,进入展览"复兴之路"虚拟展厅,任意选择一件雕塑作品,分小组讨论其美的呈现,并派代表扮演博物馆讲解员,向同学们介绍作品。

3. 思维拓展

随着中国城市化进程的加速,"城市雕塑热"在全国不断升温,你怎么看待这种现象? 雕塑与环境的关系如何处理?

测一测

1. 选择题

(1) ( )雕塑善于体现不同身份的人物性格特征和精神面貌,如不同兵种、级别的陶俑其服饰、冠带、身姿、神态各不相同。

A. 秦朝　　　　B. 唐朝　　　　C. 元朝　　　　D. 清朝

(2)（　　）不是米开朗基罗的雕塑作品。

　　　A.《家庭群像》　B.《创世纪》　C.《哀悼基督》　D.《大卫》

(3) 中国国家博物馆中,叶毓山的雕塑（　　）为苦难的民族从沉沦、屈辱和苦难中爆发塑造了历史的丰碑。

　　　A.《渡江战役》　　　　　　B.《虎门抗英》

　　　C.《血肉长城》　　　　　　D.《开国大典》

(4)（　　）彩塑像所使用的红、黄、绿、青、蓝、黑、白等各种色彩交替,对比强烈、鲜明而又统一和谐。彩塑和佛龛内外五彩缤纷的壁画交相辉映,呈现出热烈奔放、瑰丽无比的气氛。

　　　A. 云冈石窟　　　　　　　B. 麦积山石窟

　　　C. 龙门石窟　　　　　　　D. 敦煌莫高窟

2. 判断题

(1) 唐三彩可利用三色交叉混合的上釉技术来制造出美丽的花朵,变化无穷,色彩斑斓。　　　　　　　　　　　　　　　　　　　　　　　　　（　　）

(2) 雕塑按表现形式可分为圆雕、浮雕、透雕。　　　　　　　　（　　）

(3) 雕塑《拉奥孔》属于浮雕。　　　　　　　　　　　　　　　（　　）

(4) 中国古代的雕塑主要为集体创作,留存至今的雕塑很难找到个人作者名字。

（　　）

测一测

第十单元
光影的世界：摄影艺术

> 摄影是一种造型艺术,是传播文化和科学技术的重要工具,也是近代科学研究和工农业生产中常采用的一种有效的辅助手段。在 21 世纪,摄影已经成为人们精神文化生活中不可缺少的组成部分,它以其纪实写意的艺术魅力为我们构建了一个绚烂的光影世界。

学习目标

1. 了解国内外摄影艺术的发展概况,掌握摄影艺术的审美特征及方法。
2. 能用个人语言鉴赏摄影艺术作品。
3. 培育审美与创新素养,传承中华美育精神。

课前导学

1. 通过网络和媒体收集国内外优秀的摄影艺术作品。
2. 记录并拍摄校园风景,以"最美校园"为主题,创作一部摄影艺术作品。

美的印象

2006年,在北京华辰秋季拍卖会上,一幅长51厘米、宽34.8厘米的摄影作品《大眼睛》(图10-1-1)以30.8万元拍卖成交。这幅作品属于摄影师解海龙的社会纪实专题《希望工程》系列,它改变了千百万个贫困孩子的生存状况,堪称中国最重要的纪实摄影作品之一。照片选取一个质朴可爱的农村小女孩作为表现主体,生动巧妙地表现了农村孩子渴望读书的学习状态。作为希望工程的标志性影像,《大眼睛》一经推出便深入人心,引起了社会的强烈反响。

图10-1-1 解海龙《大眼睛》

摄影是借助于照相机和感光材料,以客观事物为对象,经过拍摄和暗房工艺或电子技术的制作,塑造真实、生动、具体、可感的艺术形象的造型艺术。摄影是人类近代史上的一项伟大发明。1826年,法国人涅普斯用沥青白蜡版曝光法拍摄窗外的景色,这是人类不用绘画而借助光线得到的第一张照片。1839年,法国人达盖尔用银版曝光法拍摄了工作室一角,其影像的清晰度和感光度都得到了加强,自此,摄影艺术正式诞生。20世纪30年代,在小型、精密照相机和快速感光材料出现以后,摄影找到了自己独特的艺术语言和艺术形式,成为一门年轻的艺术。

美的历程：摄影艺术发展巡礼

一、国外摄影艺术发展概况

自从1839年法国人达盖尔发明了银版摄影术以来，无数的摄影家以其独特的艺术见解创造了一个个独特的艺术风格，并形成了不同的艺术流派。摄影艺术流派的发展史其实就是摄影艺术的发展史。

1. 画意派

画意派摄影产生于19世纪中叶的英国，它也是摄影艺术史上最早形成、影响最广的一个流派。画意派在创作上追求绘画的效果或"诗情画意"的境界，作品形式从构图布局到用光色调都遵循极为严谨的法则。画意派在发展史上经历了仿画阶段和画意阶段。

仿画阶段的作品，题材大多富有宗教色彩，有一定的隐喻性。拍摄时，摄影师预先打好草图，利用模特和道具组织安排场面，并通过暗房加工而成。摄影师崇尚古典主义，追求照片画面的绘画效果，造型构图具有学院派法则，含蓄典雅。这一阶段产生了第一个绘画主义摄影家——希路。希路擅长人像摄影，作品结构严谨，造型优雅。标志着画意派摄影艺术成熟的是1857年瑞典雷兰德创作的作品。1869年，英国摄影家罗宾森出版了《摄影的画意效果》，书中提出的"摄影家一定要有丰富的情感和深入的艺术认识，方足以成为优秀的摄影家"的观点为画意派奠定了理论基础。

画意阶段的作品追求情感、意境和形式的美，并开始利用摄影的纪实特点，将镜头对准现实，寻求现实生活中的"诗情画意"。画意阶段的摄影较少采用拼贴、叠合的方式去寻求类似绘画的效果，而是强调以直接拍摄或以特殊工艺的制作手段产生画意效果。画意派摄影强调艺术修养，曾提出"应该产生摄影的拉斐尔和摄影的提茨安"的倡议，代表作品有雷兰德的《人生的两条道路》、普里斯的《男爵之宴》和罗宾森的《弥留》等。

2. 纪实派

纪实派摄影充分发挥摄影纪实的特性，追求反映现实情况和现实事件，崇尚朴实无华的艺术风格。最早的纪实摄影作品是英国飞利浦·德拉莫特于1853年拍摄的"火棉胶"感光技术记录照片，随后有罗斯·芬顿的战地摄影和20世纪60

年代末威廉·杰克逊的黄石奇观照片。1870年后,纪实摄影日趋成熟,镜头转向社会生活,诞生了英国勃兰德的《拾煤者》、美国罗伯特·卡帕的《共和国士兵之死》(图10-2-1)及法国韦丝的《女孩》等著名作品。

3. 抓拍派

抓拍派摄影艺术,又称"堪的派"(真诚、坦率、真实)摄影。它于第一次世界大战后兴起,是反对绘画主义摄影的一大摄影流派。他们主张尊重摄影自身特性,强调真实、自然的创作原则,拍摄时不摆布、不干涉对象,提倡抓取自然状态下被拍摄对象的瞬间情态。1893年,德国埃里奇·萨洛蒙创作了《萨洛蒙这家伙来了》(图10-2-2),画面中伸手指向作者的这个人就是法国外交部长阿里斯蒂德·白里安,他正在询问为何萨洛蒙还没有来时,却惊讶地看见萨洛蒙赶来了。萨洛蒙敏捷地拿起相机,抓拍下了这个场面。由于照片生动、真实、朴实、自然,成为抓拍派的代表作,也是摄影史上的经典作品。

图10-2-1 罗伯特·卡帕《共和国士兵之死》

图10-2-2 埃里奇·萨洛蒙《萨洛蒙这家伙来了》

4. 超现实派

20世纪30年代,超现实派摄影艺术兴起。这一摄影流派有着较为严谨的艺术纲领和艺术理论,其美学思想和超现实主义绘画基本相同。超现实派摄影家主张以剪刀、糨糊、多重曝光技术及叠印、叠放等暗房技术为主要造型手段,在作品的画面上,将景象加以堆砌、拼凑、改组,把具体的细节表现和任意的夸张、变形、省略和象征等手法结合在一起,创造出一种处于现实和臆想,具体和抽象,奇特、荒诞又充满神秘的超现实境界。超现实派摄影艺术的创始人是英国摄影家斯顿和美国摄影家布洛奎尔,真正的完成者是英国舞台摄影家马可宾。马可宾的《马可宾自画像》运用了四次曝光手法,是一幅典型的超现实作品。

5. 抽象派

抽象摄影是以表现抽象的形式和图案为主要内容的摄影艺术形式。抽象派摄影艺术的本质是感情宣泄,它认为具象向抽象转化是一种艺术上的升华,将点、线、面、影调、色彩等抽象符号以某种方式组合起来,借此表达感情。在后期制作上,抽象摄影无视所谓的"传统工艺",利用负感效应、粗颗粒放大及不用照相机的物影照片进行创作,包括采用特殊摄影角度、局部大特写夸张细节及多次曝光等技巧,产生奇特多变的抽象画面。抽象摄影的发轫者为泰尔博,其作品画面仍保持一定程度的可辨认性。1917年科班用木片和透明玻璃碎片拍摄的《波尔多画报》(图10-2-3)便完全不可辨认了。抽象画家康丁斯基、克勒引用显微摄影和X光摄影,扩大了抽象摄影的表现范围,丰富了摄影艺术的语言。

图10-2-3 科班《波尔多画报》

6. 形式派

形式派摄影艺术大约于1950年在德国兴起,第二次世界大战后,抽象艺术风靡世界,许多单纯追求形式美和抽象图案的摄影作品相继问世。形式派摄影家们首先在自然界里寻找抽象美的造型,如凯特曼的《油滴》等。此外,摄影家们还在窗帘、桌布、壁纸上挖掘拍摄题材,不遗余力地去寻找、捕捉、制作那些具有形式美的照片。

7. 实验摄影

实验摄影一般是指通过拍摄拟态化现实,如表演、装置制作等,改变事物的客观形态,或创造性地运用图像资源等,表达摄影者个人情感及对外在世界的独特理解的摄影派别。实验摄影的特技手法多样,如运用多次曝光、多底合成、照片剪辑,代表作品有使用"摄影蒙太奇"手法拍摄的《狗眼系列》等。

二、中国摄影艺术发展概况

1. 摄影艺术的传入

清朝末期,在西学东渐的历史背景下,摄影技术开始传入中国,出现了第一代中国摄影师,也催生了摄影艺术在中国的萌芽。

1844年,中国清代物理学家、学者、中国近代科学先驱邹伯奇(图10-2-4)发明了中国第一台照相机,被称为"中国照相机之父"。他撰写的《摄影之器记》是世界上最早的摄影文献之一。

1873年,我国近代著名的教育家、外交家和社会活动家容闳受李鸿章委派,前往秘鲁调查当地华工的境遇。他实地拍摄了24幅华工遭遇迫害的照片,揭露了牧场主的残酷和毫无人性的罪行,不仅为赢得外交斗争提供了有力证据,而且开创了我国将摄影作品用于外交斗争的先例。

1876年5月29日,中国新闻纪实摄影先驱梁时泰在上海的《申报》上为自己开办的一家照相馆刊登了一则广告,这则广告成为我国第一个摄影广告。他为李鸿章与美国总统格兰特拍摄的合影(图10-2-5),标志着当时我国摄影技术已经达到同时代国外摄影师的水平。

2. 摄影艺术的发展

随着"五四"新文化运动的兴起,摄影艺术引发了众多思想先驱和文化巨匠的

图10-2-4 邹伯奇铜像

图10-2-5 梁时泰《李鸿章与美国总统格兰特》

关注。康有为、蔡元培、胡适、顾颉刚、刘半农、鲁迅、周瘦鹃、徐悲鸿、张大千和丰子恺等，均提出了许多具有珍贵学术价值和理论意义的新观点，对我国摄影艺术的发展起着不可替代的推动作用，摄影也逐渐成为一门独立的学科。

蔡元培作为中国美学、美育的倡导者，在提倡和推行美育思想的过程中，肯定了摄影艺术在美育中不可忽视的地位和作用。蔡元培在《三十五年来中国之文化》中不但介绍了摄影艺术的发展脉络，而且将摄影与美术进行比较。在此基础上，他还对光社、华社等摄影社团、组织及郎静山的《摄影集》《天鹏》等摄影印刷品进行了全面的介绍，促进了摄影艺术在中国的普及。

康有为以"画意"为题，在对《摄影指南》里13幅作品的点评中，遵循古典绘画理论的美学思想，以国画意境为审美接受的基础，整合了中国诗、书、画、印中的传统审美理想，通过观其象、追其象外之象、穷其无形之象，创造性地将"神"与"形"两大中华传统艺术范式和美学思想完美地糅合在早期摄影理论中，把中国绘画审美观嫁接到"舶来品"摄影上，形成了中国本土的"画意摄影"风格。

五四运动时期，文学革命运动的先驱者刘半农的《半农谈影》是中国第一部摄影艺术专著。该书区分了摄影与绘画的不同，将摄影艺术分为写真和写意两大类。写真是摄影的"正用"，即本行；写意是把作者想表达的意境借照相表露出来。

此外，徐悲鸿、张大千、丰子恺三位绘画大师均提出了典型的绘画主义摄影理论。他们或认为摄影应该像绘画一样去描摹所见事物；或坚持摄影即绘画，绘画即摄影，因为都是为了表现"胸中之丘壑"，故"道虽殊而理同"；或对摄影进行审美的社会学关照。这些理论为中国近代摄影艺术的发展锻造出一个富有本体美学特征、民族意境弥漫的闪光起点。

正是有了这些文化大师的推动，再加上摄影学校、摄影团体、摄影刊物和摄影评奖的相继出现，摄影开始在全社会普及。而1925年上海美术团体举办的第七次美展，首次陈列了中国20世纪20年代摄影艺术的拓荒者之一——陈万里的摄影作品，它标志着中国摄影正式迈入了艺术的殿堂。

这个时期诞生了一批著名的摄影艺术家，如有"南郎北张"的郎静山、张印泉，他们的作品具有中国画意，并入选国际影赛。而具有进步思想的摄影家吴印咸、沙飞等则先后奔赴延安参加革命。这些艺术家为中国摄影艺术的繁荣发展做出了突出贡献。

3. 新中国摄影艺术成就

在新中国摄影史上，陈正青拍摄的《开国大典》占有举足轻重的位置。它不仅记录了载入史册的历史瞬间,而且是新中国第一幅摄影作品。而童小鹏拍摄的《毛泽东讲话》作为新中国成立的第一幅彩色照片,也揭开了中国摄影新的一页。

20世纪50年代,中国摄影学会成立,成为聚集全国摄影艺术家的群众团体。这个时期的摄影一方面以社会纪实为主,出现了时盘棋的《烧地契》、高亚雄的《上甘岭战斗》、李仲魁的《在婚姻登记处》和徐永辉的《一户人家十年间》等著名作品;另一方面,郑景康的《画家齐白石》、黄翔的《黄山雨后》和张印泉的《静物》等以人像、花卉、静物、风景为题材的作品也获得了高度评价。1959年10月,廖承志担任总主编、毛泽东亲笔题名的巨型摄影画册《中国》出版发行,总共收入了172位摄影家的463幅作品,这是我国摄影艺术的重要成就,被称为"一本既有鲜明的主题思想,又有优美的艺术形式的画册",被人誉为"伟大的史诗"。

20世纪60年代至改革开放,尽管艺术创作出现了偏差,但还是涌现了许多经典作品。袁毅平的《东方红》(图10-2-6)以其鲜明的主题、深远的意境和完美的表现手法引起了人们心灵的共鸣。何世尧的《巍巍长城》(图10-2-7)构思之灵动、气势之宏伟、表现之精微,充分体现了生活在新中国的几代人的情怀,这幅作品不仅先后在《人民画报》《中国摄影》和《中国四十年优秀摄影作品选》选登,而且还

图10-2-6　袁毅平《东方红》

图 10-2-7　何世尧《巍巍长城》

图 10-2-8　王福春《火车上的中国人》

被编织成巨幅壁毯作为中国政府送给联合国总部的礼品。而王福春用 40 年拍摄的《火车上的中国人》(图 10-2-8)系列作品,不仅用纪实的手法记录了若干个经典瞬间,更刻画了普通中国人的真实生活和精神面貌,让人产生普遍的情感共鸣。

改革开放以来,摄影艺术进入了一个崭新发展的新阶段。"人文关怀"作为新的理念和视角,被许多摄影家关注并运用。20 世纪 90 年代中后期至今,随着数字影像技术和网络传媒的进一步发展,摄影艺术全方位地融入信息社会的各个层面。快捷、低成本、高度自动化的数字摄影器材和高速发达的互联网使每个人都可以成为影像的制造者、传播者和享用者。数字成像技术让曾经辉煌 100 多年的感光胶片逐渐淡出市场,现代科技冲击着传统的摄影理念,也印证着一个新的影像文化时代的到来。

知识链接

康有为评《摄影指南》——其一评《嘉定魁星阁》曰:"水静如镜,忽遇小舟过处激荡成纹,几疑身历其境。"其二评《晓航》曰:"风起云涌,令人起壮游之念。"其三评《黄浦帆影》曰:"疏淡兼参差。"其四评《北京天坛》曰:"庄严华贵。"其五评《江湾飞机》曰:"有倦鸟归巢之势,飞机着地则失去画意矣。"其六评《夕照》曰:"上则层云堆叠,下则波光万道,极画片之奇观。"其七评《上海俄国领事馆及铁桥》曰:"洋场风景,助以华式摇船,令人起历史之感想。"其八评《天竺进香》曰:"画中神品。"其九评《疏林远塔》曰:"残枝交错,古塔矗立,有隆冬之像。"其十评《上海赛马》曰:"此图为趋行之象,取其众起骈发,有奔腾浩荡之势。"其十一评《北京正阳门》曰:"如雄狮蹲伏之态。"其十二评《北京北海玉带桥与白塔》曰:"纡徐回折，足显侯门如海气象。"其十三评《街市》曰："繁忙中寓恬静之状。盖尽摄景之能事，又参以画理者也。后有摄者，当无逾于此。"

美的视窗：摄影艺术的审美特征

一、摄影艺术的语言

摄影艺术是借助于照相机和感光材料，以客观事物为对象，经过拍摄和暗房工艺或电子技术的制作，塑造真实、生动、具体、可感的艺术形象的造型艺术。摄影艺术的语言主要有构图、用光、影调和色调等。

1. 构图

构图又称"取景"，是摄影者通过取景框，根据摄影意图进行巧妙地艺术构思，并选择主要被摄物和陪衬物，确定画面效果的过程。一幅作品的画面是由主体、陪体、前景、背景和空白等要素构成的。

主体是画面的主要拍摄对象，即摄影画面构成的主要部分。它在画面中起着核心和支配作用，是内容的重要载体。陪体是主体的陪衬物。它起着陪衬主体、烘托主体、帮助揭示思想内容的作用。陪体与主体有着密切的关系，是画面密不可分的部分，起着均衡画面、美化画面和帮助渲染画面气氛的作用。前景是指位于主体前的景和物。它与主体有一定距离，起着映衬主体、表现环境、平衡画面和美化构图的作用。如用一些富有地方特征的建筑物和季节性的花草树木作为前景，可以渲染地方特色和季节气氛，使画面具有浓郁的生活气息。背景位于主体后面，除了用于强调主体环境、丰富主体内涵、深化主题，还有交代环境、美化画面的作用。此外在画面布局中，适当留出一些空白，能使画面章法清楚、气脉畅通，并有助于创造意境。

2. 用光

在摄影中，光起着举足轻重的作用，用光是摄影艺术造型的主要手段之一。没有光就没有物体的形象特征和形态特征，照片就无法聚焦，底片也无法感光。然而，有了光并不等于就能拍出好照片。只有对光进行正确地利用和适当地控制，才能获得影调和色调，在二维空间中表现出三维空间，创造出独特的摄影艺术形象或意境。

光源一般分为自然光(阳光和天空光)、人工光(用灯光照明)、混合光(自然、人工混合光)。摄影用光一般分为顺光、侧光、逆光、顶光和脚光。它们各有特点,但其中必须有一个是主光,其他则分别起着辅助光、背景光或装饰光的作用。

3. 影调

影调是指黑白照片中影像明暗的变化情况。在黑白摄影中,影调层次多,过渡趋势缓慢,这种影调配置称为"柔调";只有黑白两色,或黑、灰、白三色,影调层次少,过渡趋势急剧,这种影调配置称为"硬调"。此外,还有一些照片介于柔调和硬调之间,影调过渡正常,明暗反差适中,这种影调配置称为"正调"。

4. 色调

摄影的色调通常是指照片的基调。在一幅照片的画面中,由于黑、灰、白所占面积大小及面积的穿插和对比情况的不同,其基调可分高调、低调和中间调三种类型。高调,即清淡色调的照片,画面上的白色和浅灰色占据绝对优势,给人以明朗、纯洁、淡雅、清秀的感觉;低调,即浓重色调的照片,画面上的黑色和黑灰色占据绝对优势,给人以深沉、刚强、浑厚、稳重的感觉;中间调介于高调和低调之间。在彩色照片中,习惯将高调称为"冷调",以青、蓝、紫、白色为主;将低调称为"暖调",以红、橙、黑色为主;没有以上颜色占优势的彩照,或以绿色为主的彩照,一般称为"中间调"。

二、摄影艺术的审美特征

摄影艺术的审美特征,可以概括为纪实性、瞬间性和造型性三个方面。

1. 纪实性

纪实性是摄影的一种技术属性、自然属性。摄影艺术是通过再现现实生活中实际存在的客观事物的形状、形态、质感、色彩及其周围环境的方法,来反映生活的真实。摄影艺术形象直接来源于生活,具有现场纪实的性质,因而可以给人一种现场感、真实感和亲切感,可以使一切美好形象永存,从而大大增强了它的审美功能。一张绘画作品即使画得再逼真,它在人们心理上的真实度、可信度也难以和一张照片相比。摄影艺术所独有的惟妙惟肖的纪实本领,使摄影具有文献性、凭证性和纪念性。

2. 瞬间性

摄影作品所展现的不是事物运动的过程,而是运动的某一瞬间;不是生活进程的纵断面,而是生活的某一凝固了的横断面。摄影作品的瞬间性包括动态的瞬间、神态的瞬间和形态的瞬间三种类型。摄影艺术的瞬间形象包含着艺术家对生活审美的主观评价和情感体验,是对生活本质规律认识的客观化和形象化。摄影创作可以有一个较长的酝酿准备过程,但它总是在一个极为短暂的瞬间内完成拍摄。瞬息万变的生活现象和时过境迁的社会事态,更需要摄影者抓住最能表现形象特征的典型瞬间来完成拍摄。摄影艺术的欣赏过程就是以瞬间形象调动欣赏者的想象,继而引起审美心理活动的过程。

3. 造型性

摄影艺术是一种造型艺术,摄影作品的造型具有无穷的意味。点、线、面、光、影、色等造型因素,在摄影作品中被摄影者加以创造性地运用,都具有独立存在的价值,从而成为一种有意味的形式,能给人带来视觉上的愉悦感与审美心理上的满足感。丰富而深刻的内容与有意味的形式完美结合,使摄影作品具有实态美、真切美、简约美和意象美等特点,大大增强了摄影的艺术魅力和生命力。

三、摄影艺术的欣赏方法

1. 升华真实美

摄影艺术与传统艺术的不同之处,在于反映生活的直接性,以生活自身的形象反映生活是摄影的优势。但是,这种反映必须经过摄影家头脑的过滤、比较进而升华。所以,摄影家拍摄的虽然是人所共见之景、人所共历之事,但在摄影创作中,摄影家通过独特的视角,创造性地运用摄影技术手段,呈现给我们的是经过提炼和升华的视觉形象。

2. 追求光影美

光与影是摄影艺术视觉形象的主要构成因素。大至摄影创作的全过程,小到一个极其微小的细节处理,都会受到光的影响,光是衡量一幅摄影作品优劣的重要尺度。从摄影审美心理考察,摄影之美包括内容美、形式美和整体美。其中,内容美主要是指拍摄对象所涵盖的社会、政治、伦理、道德意义等精神内涵;形式美是凭借光影、色彩、形状、线条、质感等形式因素渗透表现出来的端庄与细腻、粗犷与典雅、艳丽与质朴、清新与浓郁等形式美感。内容美与形式美相互依存才能形成整体美感。根据这一审美原则，摄影家必须对光与影的特性、作用及可能产生的美感具有明确的认识，这样才能自觉地、能动地追求光影美，摄影作品才会给人以强烈的视觉吸引。

3. 选择色彩美

色彩是人们感知物质世界空间存在形式的基本视觉因素。绘画注重色彩品质，摄影强调质感，这都是色彩的表现形式。所谓色彩品质，是指光色的配合是否准确、真实及其达到的审美高度；所谓质感，是人们借助于触觉来判断事物质地的厚薄、粗细和软硬，并以此鉴别一幅摄影作品影调所达到的可触可感的逼真程度。画面光色虽然真实，但如果质地不美，就会降低其美学价值。所以，画家、摄影家总是千方百计以不同的技法，创造出光色品质最佳的作品。这不仅是视觉艺术语言的一个重要组成部分，而且是衡量艺术家智力与审美能力高低的尺度。

色彩美不在于某一色彩本身，而是色彩的组合。因此，要通过调动空间角度，选择景物本身的色彩和光线条件，利用镜头特性和后期制作等手段来控制色彩，正如雕塑大师罗丹所说："色彩的总体，要表明一种意义，没有这种意义，便一无美处。"

美的欣赏：摄影艺术作品欣赏

一、中国摄影名作欣赏

1.《白求恩大夫》

这是我国摄影家吴印咸于1939年拍摄的照片（图10-4-1），作者以完美的艺术技巧塑造了白求恩大夫这位崇高的国际主义战士的形象。《白求恩大夫》不仅以独特的纪实性和完美的造型艺术手段获得了长久不衰的生命力，而且为诸多表现白求恩大夫的文艺作品提供了权威的形象资料。这幅作品的成功之处在于它对画面主体的处理，作品从位置、角度、用光和环境等方面对主体进行了十分精当的刻画。

首先，白求恩大夫居于画面的视觉中心，作者选择的角度十分巧妙，通过白求恩大夫头部、身躯和手所组成的动态线条，不仅完美表现了白求恩大夫聚精会神的工作状态，而且把人们的视线自然地聚焦到手术台上，恰当地表现了特定的事件，塑造了白求恩大夫的形象。其次，在这幅作品中，阳光照射在白求恩身上，恰到好处的光线入射角度使其获得了最亮的影调，突出了白求恩大夫最富有表现力的表情和动作，光线的运用和巧妙的抓拍瞬间，使白求恩大夫从其他人物中明显地突出出来。最后，典型的环境使这幅作品具有深沉的历史感。中国农村的破旧的庙宇、房檐、壁画，富有独特的中国建筑风格；用马鞍搭成的手术台，说明工作条件的简陋和艰苦。白求恩大夫就是在这样的环境中一丝不苟地工作着。

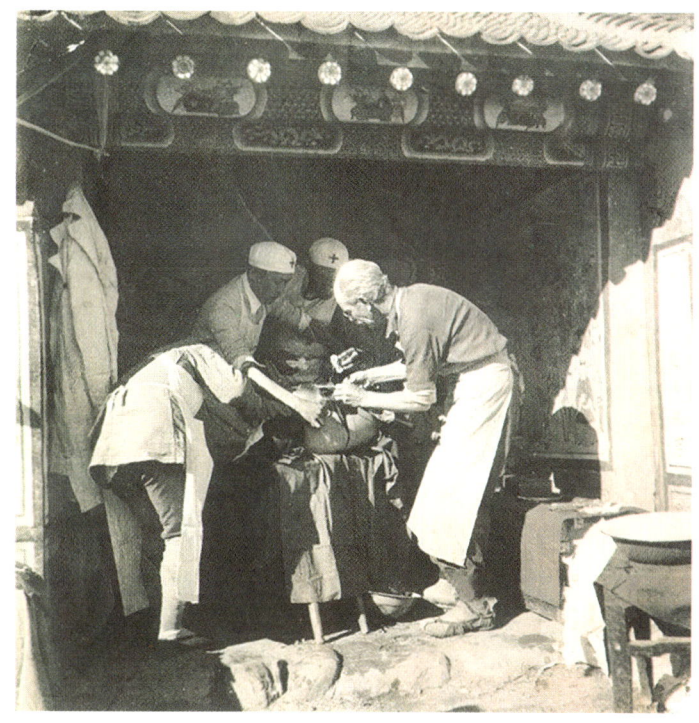

图 10-4-1 吴印咸《白求恩大夫》

这就为白求恩大夫塑造了一个十分典型的环境，有力地表现了他崇高的国际主义精神。

2.《黎明钟声》

这是我国摄影史上的一幅名作（图 10-4-2），它表现的是抗日战争时期，支前模范戎冠秀清晨敲钟号召农民下地生产的情景，反映了抗日根据地人民群众组织起来，发展生产，支援抗日战争的革命热情。黑色的人物剪影、古老的钟声及明亮的天空构成一幅生动的画面，不仅塑造了一位中国农村妇女的形象，更寓意了中华民族的觉醒。而剪影的巧妙运用使作品不仅具有写意的神韵，而且具有一种想象意境。内容与形式的完美结合，使得这幅作品具有经典的力量。

3.《千里共婵娟》

这幅作品取意苏轼的著名词句，以太湖为拍摄背景，宁静的湖水、晶莹的月光、漂浮的芦苇、远泊的小船，表达了"但愿人长久，千里共婵娟"的诗词意境（图 10-4-3）。作品融入国画写意的手法，在比兴中，借影物之形，抒作者内心之情，不仅使作品具有了水墨画的神韵，更创造了一种幽美、恬静的意境。

图10-4-2 江波《黎明钟声》

图10-4-3 陈夏礼《千里共婵娟》

4.《一湖春水晓帆风》

这是简庆福1985年于太湖拍摄的作品,它表现了鱼汛到来,渔民们驾船开赴作业区捕鱼的景象(图10-4-4)。那百舸争流、千帆竞发的浩大气势,绚丽斑斓的色彩,形象地再现了太湖鱼汛的喜庆气氛,抒发了作者内心的强烈感受。

作品运用仰视视角,以近乎贴近水面的拍摄角度,突出了向垂直方向伸展的帆,显示了湖面的辽阔和船队的浩荡气势,充满了勃勃生机。由于每只帆船的形状大致相似,都是由一条直线、一条斜线和一条曲线组成,在整个画面上建立起形状和线条的统一。每个帆顶上的斜线都呈现出向右上方伸展的运动趋势,形状、方向及船只之间的间隔统一而富有变化,在布满朝霞的天空衬托下,形成了严谨而和谐的秩序。

5.《鹅场》

光是摄影艺术的灵魂。张阴增的《鹅场》(图10-4-5)充分利用了早晨光线的魅力。光线在这幅作品里不仅是造型的手段,而且本身也成为一种视角形象。那闪耀在树叶上的光的斑点,那好似悬挂在空中的多彩的光的帷幕,那投射在饲养员和鹅身上的浓淡不一的阴影,那体现着早晨气氛的光的柔润、光的温暖和光的清

图 10-4-4 简庆福《一湖春水晓帆风》

图 10-4-5 张阴增《鹅场》

新,将光的美感充分地体现在画面中。

作品选择了逆光的角度,表现了光线穿过大气、穿过重重景物所产生的丰富的亮度和色彩变化。画面中,树梢、树枝和树叶仿佛弹拨琴弦的手,将光线阻挡和分离,光在空气中轻轻颤动起来,分成不同的光束,折射出不同的色彩,勾勒出不同的层次,整个画面明暗相间、冷暖适宜,演奏出一曲美好动人的鹅场晨曲。

二、外国摄影名作欣赏

1.《童工》

路易斯·海因是美国摄影界一位以揭露黑暗、表现劳动者尊严而著称的摄影家,他被评为"以照相机为文笔的社会学家",他的作品被称为"新大陆20世纪的史诗"。他用自己的照相机热情地赞颂了工人的劳动,表现了劳动者伟大的创造力量和尊严,他的作品成为美国整整一个时代的精神体现。在《童工》(图10-4-6)这幅作品中,女孩一手扶着窗台,一手扶着机器,面对着镜头,像是直接向观众诉说童工的悲哀和痛苦。机器和墙壁形成的"V"形像一把巨大的钳子把她牢牢地控制住,使她成为机器的附庸。海因在创作上具有震动人心的力量,富有正直、坦率而勇敢的批判精神。这幅作品就像一只毫不留情的手,揭开了蒙在资本主义脸上的面纱,使残酷的现实赤裸裸地暴露在人们面前。在形式上,海因运用了浓重的暗色调作为背景,用正面角度表现拍摄对象,使作品有一种凝重深沉的情绪和直面现实、正视人生的视觉冲击力。

图10-4-6　路易斯·海因《童工》

2.《到森林里去》

尤金·史密斯曾是美国《新闻周刊》和《生活》画报的摄影记者,是世界知名的摄影家,他的作品大多表现战争及人类的痛苦,而《到森林里去》(图10-4-7)则表现了人类的希望。这幅作品曾被命名为《乐园之路》,后改为《走向光明》,还有人题名为《手足情深》,史密斯借两个孩子的形象表达了人类对美好生活的向往。画面上的两个孩子是他的儿女,他们正要到一片树林里去。妹妹见到这种陌生的世界有些害怕,怯生生地躲在哥哥后面;哥哥充满了探险精神,拉着妹妹的手,勇敢地向树林深处走去,强烈的逆光勾勒出小兄妹稚嫩而勇敢的身影。

这幅作品富有含蓄隽永的魅力的另一个原因是拍摄角度,两个孩子背对镜头,面向前方,身前身后的景物形成一个统一的整体。观众看到的是两个小孩的背影,看不到孩子的表情,但孩子背影展示出的天真烂漫的姿态却非常动人。昏暗的身影衬在充满阳光的树丛里,影调明暗对比鲜明,使人物轮廓姿态更加生动有趣。身后的小路象征着寻求光明所走过的艰难历程,身前的光明正是他们探寻的未来。

3.《插秧女》

20世纪50年代,日本摄影师滨谷浩拍摄的《插秧女》(图10-4-8)曾掀起一阵舆论压力,迫使日本政府划拨巨款改善富山地区妇女插秧的劳动条件。这幅作品表现的不是事物的全貌和整体,而是像用一个高倍率放大镜放大后的镜头特写。以局部作为拍摄内容,具有强大的揭示事物内涵的力量,它仿佛打开了一个洞察内

图10-4-7 尤金·史密斯《到森林里去》

图10-4-8 滨谷浩《插秧女》

核的窗口,让人们在最短的时间,以最快的速度认识事物的本质,给人以丰富的联想空间,具有独特的启发性和寓意性。

《插秧女》没有完整的人物形象,只有肩部到膝盖的轮廓,局部的细节在镜头特写中得以强调,视觉冲击力较强。女主角的双脚浸在几乎没过膝盖的泥水里,浑身上下沾满了泥浆,手里拎着秧苗,右腿在艰难地向前迈进。也许她正趁此机会伸展酸痛的腰肢,也许她正望着无边的还未插上秧苗的水田,也许她正仰望上天,祈求赐予力量。滨谷浩通过特写镜头表现了富山妇女插秧季节的生活状态,流露出对劳动人民的同情。

美的体验

1. 课外阅读

阅读书目:苏珊·桑塔格《论摄影》。

思考:摄影与真实世界的关系。

提示:《论摄影》的作者是苏珊·桑塔格。本书不仅是一本论述摄影的经典著作,而且是一本论述广泛意义上的现代文化的经典著作。本书作者深入地探讨了摄影的本质,包括摄影是不是艺术、摄影与绘画的相互影响、摄影与真实世界的关系、摄影的捕事性和侵略性等。摄影表面上是反映现实,但实际上摄影影像自成世界,而且是一个企图取代真实世界的影像世界。

2. 课后活动

2020年年初,一场突如其来的新冠疫情迅速席卷全国,为了阻击疫情,白衣执甲的医护工作者义无反顾地逆风而行。从除夕之夜开始,364支医疗队,4.26万医务人员,通过60多天的坚守,用他们的赤胆忠心,换来了山河无恙、国泰民安。风雪中来,花开时走,在那个特殊的春天,他们就是最美的风景。请以"致敬最美的你"为主题,以医护人员为对象拍摄一组照片作品并分享。

3. 思维拓展

摄影艺术与绘画艺术有着一定的联系,请尝试从审美特征的角度比较摄影艺术与绘画艺术,以PPT、视频等形式在班级内汇报。

测一测

1. 选择题

(1) 摄影作品《共和国士兵之死》属于(　　)。

  A. 画意派　　　B. 抽象派　　　C. 纪实派　　　D. 形式派

(2)《千里共婵娟》取意于(　　)的诗词。

  A. 李白　　　　B. 苏轼　　　　C. 柳永　　　　D. 辛弃疾

(3) 摄影作品《东方红》的作者是(　　)。

  A. 袁毅平　　　B. 何世尧　　　C. 王福春　　　D. 张印泉

(4) 解海龙的作品《大眼睛》的主题是(　　)。

  A. 农村孩子渴望读书的学习状况

  B. 农村孩子生活艰苦的贫困状况

  C. 农村孩子留守期间的孤独状况

  D. 农村孩子遭受欺凌的无助状况

2. 判断题

(1) 画意派是摄影艺术史上最早形成、影响最广的一个流派,追求绘画效果或"诗情画意"的境界。(　　)

(2)《马可宾自画像》是抽象派摄影作品。(　　)

(3) 我国第一部具有完整的艺术形态的摄影艺术理论专著是《半农谈影》。(　　)

(4) 摄影艺术的审美特征可以概括为纪实性、瞬间性和造型性。(　　)

第十一单元
虚拟的舞台：戏曲艺术

> 党的二十大报告指出:"中华优秀传统文化源远流长、博大精深,是中华文明的智慧结晶。"而中国戏曲艺术则是最能够体现中华传统文化的精髓、神韵和风格的一种艺术形式。它以极具艺术魅力的表演形式,为历代人民群众所喜闻乐见,与古希腊悲喜剧、印度梵剧并称为世界三大古剧。

学习目标

1. 了解中国古典戏曲发展轨迹、特征及成就。
2. 能从文化和审美的角度看戏、品戏。
3. 体会戏曲之美,培养文化自信。

课前导学

中国的戏曲艺术博大精深,异彩纷呈:京剧雍容华美、昆曲典雅精致、越剧宛转悠扬、秦腔朴实无华、梆子戏高亢悲凉……每一个剧种都有其特色和魅力,请走进戏院,欣赏自己喜欢的剧种的经典剧目,感受戏曲的魅力。同时,学习一首经典唱段,尝试举办一次戏曲表演活动。

美的印象

林黛玉与贾宝玉读《西厢记》听《牡丹亭》(SP11-1)

《红楼梦》(图11-1-1)第二十三回:"《西厢记》妙词通戏语,《牡丹亭》艳曲惊芳心。"写宝玉偷偷看《西厢记》,林黛玉正好遇见,她接书来瞧,从头看去,越看越爱看,不到一顿饭工夫,将十六出俱已看完,自觉辞藻警人,余香满口。虽看完了书,却只管出神,心内还默默记诵。回去时,刚走到梨香院墙角上,只听墙内笛韵悠扬,歌声婉转。林黛玉便知是那十二个女孩子演习戏文呢。只是林黛玉素习不大喜看戏文,便不留心,只管往前走。偶然两句吹到耳内,明明白白,一字不落,唱道是:"原来姹紫嫣红开遍,似这般都付与断井颓垣。"林黛玉听了,倒也十分感慨缠绵,便止住步侧耳细听,又听唱道是:"良辰美景奈何天,赏心乐事谁家院。"听了这两句,不觉点头自叹……又侧耳时,只听唱道:"则为你如花美眷,似水流年……"林黛玉听了这两句,不觉心动神摇。又听到:"你在幽闺自怜"等句,亦发如醉如痴,站立不住,便一蹲身坐在一块山子石上,细嚼"如花美眷,似水流年"八个字的滋味。最后她"不觉心痛神痴,眼中落泪"。能够令冰雪聪慧、心高气傲的林妹妹如此动情的戏文就是王实甫的《西厢记》和汤显祖的《牡丹亭》。

图11-1-1 电视剧《红楼梦》剧照

SP11-1
《红楼梦》片段:宝黛共读《西厢记》

中国戏曲艺术是歌、舞、剧的统一。那行云流水的唱腔、婀娜多姿的身段、曲折动人的故事,打动了无数观众;那艳丽华美的服装、奇特夸张的脸谱、写意象形的道具,装点了色彩斑斓的舞台;那顾盼多情的眼神、长袖善舞的水袖、细细碎碎的台步,表现了一个东方古国的优雅神韵。唱、念、做、打是中国传统戏曲的表演形式;手、眼、身、法、步是中国传统戏曲精益求精的表演技法,中国传统戏曲用丰富多彩的演绎方式,征服了一代又一代人的心灵。

美的历程：戏曲艺术的发展概况

中国戏曲之史是民俗之史，也是民众之史，它反映人民的生活，表达人们的喜、怒、哀、乐。中国戏曲在民间广为流传。下层民众的道德观念、历史知识、民族情感等主要是通过看戏获得的，戏曲起到了讽喻现实、"劝善惩恶"之功，担负了"厚人伦、美风化"之职。博大精深的中国传统戏曲也像其他艺术形式一样，经历了萌芽时期、草创阶段最后走向繁荣和成熟。

1. 戏曲的缘起

中国传统戏曲的源头众说纷纭：有学者认为起源于原始歌舞，有学者认为起源于"巫"与"优"，有学者认为起源于乡傩等。戏曲是一门综合性的艺术，无论是原始歌舞，还是祭祀礼仪、巫觋扮演，都是戏曲美的构成元素，对戏曲的形成起到了重要的推动作用。当历史的车轮驶入巍巍盛唐，高度发达的经济和空前开明的政治，唤起了蛰伏在人们内心的激情与冲动，才华横溢的唐代文人们不仅把诗歌的写作水平发挥到了极致，而且创造了优美的音乐、舞蹈和绘画，从而为戏曲的形成创造了有利的条件。

唐代的歌舞小戏就是戏剧的初步形态。《踏摇娘》是当时著名的歌舞小戏，它的内容大致是这样的：北齐时有一个姓苏的丑汉子，很爱面子，虽没有做官，却自称"郎中"。他嗜酒成瘾，每次喝醉了就打妻子，妻子挨打之后只能向邻里哭诉，乡亲们十分同情她。演出时，扮演妻子的演员徐步入场，唱述心中的哀怨，每到一段，旁边的人便齐声应和："踏摇和来！踏摇娘苦和来！"演员边唱边踏步，踏步时还摇顿其身，所以称"踏摇娘"。后来那个醉醺醺的丈夫上场了，夫妻斗殴。由于丈夫丑态百出，引起观众笑乐。"踏摇娘"有人物、有故事、有歌舞、有对白，既是代言性的表演，也是中国戏曲形成的标志。

唐代另一种戏曲形式是"参军戏"，演员主要有两个：一个装痴卖傻自称"参军"，是被戏弄嘲讽的对象；一个机灵活泼，叫作"苍鹘"，两人一问一答。参军戏开创了一方调笑另一方的套路，是相声的滥觞，也是中国戏曲的雏形。后赵时有一个叫周延的"参军"，担任馆陶地方的县令，他因贪污官绢数百匹而获罪，被打入俳优之列。统治者为了警诫其他官员，在宴会上经常要俳优将此事表演一遍：一个演员穿绢衣出场，另一个演员问他："你是什么官？为何做了俳优？"他回答："我本是馆陶令。"并拉动身上的绢衣，"因为这个做了俳优"，引起参加宴会的官员们一阵哄笑。参军戏继承了古优讽谏的传统，直接干预时政，针砭时事，其代言性的特点非常突出。

2. 杂剧的繁荣和南戏的兴盛

北宋建立后,随着商品经济的发展、城市人口的增加和市民文化生活的需要,戏曲演出空前活跃,城市里出现了规模巨大的"瓦舍"和"勾栏"。演出场所固定后,剧目数量要求大增,这样就出现了职业脚本作家。他们创作剧本,也写曲词和话本,人称"书会先生"和"京师老郎"。至此,中国戏剧终于揭开了神秘的面纱,走向成熟。

宋代戏曲的代表样式有杂剧和南戏。宋杂剧的体制十分稳定,一般分为艳段、正杂剧和散段三部分,角色行当一般有末泥、引戏、副净、副末、装狐等。宋杂剧由唐参军戏发展而来,以讥讽嘲笑为要旨,是瓦舍里主要的表演类型。《东京梦华录》里就记述了瓦舍勾栏因演杂剧而"观者倍增"的情况。据周密的《齐东野语》记载:北宋宣和年间,上将军童贯用兵燕蓟,败而窜。在一次内廷宴会上,教坊的演员们表演,上场的三四个婢女发式各不相同。一个梳着当额髻的婢女说:"我是蔡太师家的,因我家太师经常觐见皇帝,所以我梳的发髻叫'朝天髻'。"一个发髻偏坠的婢女说:"我是郑太宰家的,我家太宰守孝奉祠,不能打扮,只能梳这种'懒梳髻'。"一个像小孩一样满头为髻的婢女说:"我是童大王家的,我家大王正在用兵,我梳的是'三十六髻'。"

通过这则杂剧,我们可以看到,宋杂剧在唐参军戏的基础上又勇敢地向前迈进。它不避锋芒,把矛头直指社会重大问题,巧妙地利用谐音等修辞手法进行劝谏和讽喻。用"三十六髻"暗讽童贯"三十六计,走为上计",这种技巧犹如拨云见日,最后揭开谜底,让观众恍然大悟,获得了强烈的艺术效果。

南戏是出自南方的歌舞小戏,用南曲演唱,又称"温州杂剧"或"永嘉杂剧"。南戏的题材偏向于爱情故事及家庭纠纷,演唱历史故事和英雄故事的戏文很少,剧情较杂剧曲折、复杂。受程朱理学"存天理灭人欲"主张的排斥,南戏戏文流传下来的很少,以《张协状元》的成就最高。宋朝南渡后,一部分杂剧家留在北方,他们创造了与宋杂剧争辉的金院本。金院本和宋杂剧渊源很深,其体制有很多相似之处,是宋杂剧的发展。南戏和金院本已经不再是有歌舞的戏曲表演,而是以讲故事为主、有稳定角色分工的综合舞台艺术,是中国戏曲的成熟形态。

3. 元杂剧的兴盛

当蒙古统治者的铁蹄踏进宋朝的富贵温柔之乡,知识分子的地位不可避免地滑向底层,竟屈居娼妓之后,仅与乞丐一步之遥,即所谓的"九儒十丐"。马背上得天下的统治者们,不仅毫不留情地践踏了汉人们引以为豪的中原文明,而且堵塞了读书人改变自己命运的唯一通道——科举取士。失去了梦想的文人们,要么与文绝缘,甘做一个"不识字的烟波钓叟",要么寄身勾栏,用曾不屑尝试的"下里巴人"式的戏文来宣泄心声。大多数落魄文人选择了后者,他们的加入为久旱的戏曲艺苑带来了知识的甘霖,迅速提升了戏曲的文化品位,扭转了中国舞台艺术以插科打诨、嬉戏娱乐为主的倾向,带领中国戏曲大踏步地走向精神层面,使元曲成为可以与唐诗、宋词、汉赋媲美的一代文学。他们创作的元杂剧独霸中国剧坛一百多年,是中国戏剧的黄金时代。

元杂剧的体制非常严格,基本形式是四折一楔子。折是指音乐上一个完整的套曲,一折就是指与一套曲子相适应的一个较大的剧情段落。一本四折就是指一个剧本采用不同宫调的四套曲子和穿插期间的科白,构成剧情发展的四个段落。楔子是对剧情的一个补充,用来交代人物、情节等,一般放在第一折之前,相当于序幕,也可放在折与折之间,相当于过场。元杂剧的角色分为旦、末、净、杂四行,只有正旦和正末,才可以成为主角。表演时只能正末或正旦一人主唱,正旦主唱的叫旦本,正末主唱的叫末本。

元代杂剧数量有六七百种之多。大都创作于元杂剧的鼎盛时期,关汉卿的《窦娥冤》《救风尘》、白朴的《梧桐雨》、王实甫的《西厢记》、马致远的《汉宫秋》和纪君祥的《赵氏孤儿》等是元杂剧的杰出代表。元后期是元杂剧的衰微期,其活动中心南移到了杭州。杂剧离开了适合自己生长的土壤,渐渐变得衰落,加上元朝统治者恢复了科举制度,致力于杂剧创作的人大大减少,虽有姓名可考的作家有二十多位,但真正有影响的作家只有郑光祖、乔吉、宫天挺等人。郑光祖和关汉卿、白朴、马致远被称为元曲四大家,郑光祖的《倩女离魂》是元后期杂剧中最优秀的作品之一。剧情大致是这样:王文举与张倩女出世前就被指腹为婚,后来王文举父母双亡,家道中落,到张家提亲时,遭张母拒绝。文举上京应试后,倩女相思成疾,魂魄离开身体随文举到了京城并在京城与文举生活了三年,等到王状元及第后携倩女回到家中,倩女的魂魄与躯体合二为一。作者以浪漫主义的手法,表现了幽闭深闺的女性对自由美好爱情的向往,成功地刻画了倩女热情、大胆、执着的性格特征,对汤显祖《牡丹亭》的创作有很大的影响。

4. 传奇的发展

元朝后期,科举制度得以恢复,无数读书人又展开了对仕途的苦苦追寻,瓦舍勾栏里喧天锣鼓的表演渐渐平息,元杂剧的艺术水平大大降低。而曾经仅流行于南方民间的南戏却吸收了杂剧的长处,向传奇过渡,《荆钗记》《刘知远白兔记》

《拜月亭》《杀狗记》四部戏是南戏向传奇过渡时的重要作品,是传奇初步形成的标志,又被称为"四大传奇"。高明的《琵琶记》被称为"南戏中兴之祖",是过渡时期的重要作品。高明把丈夫高中状元后抛弃糟糠之妻的悲剧改编成夫妻团圆的喜剧,是为了在舞台上树立一个"子孝妻贤"的榜样,正如他自己所说:"不关风化体,纵好也枉然。"至此戏曲与"以文治国""文以载道"的文学传统衔接起来,也担负起了教化民众的重任。

明朝戏剧品种繁多,可以分为两大系统:一系是由元杂剧发展而来的明杂剧,另一系是由南戏发展而来的明传奇。明中叶以后传奇的繁荣,是我国戏曲史上继元杂剧后的第二次高潮。明朝建立之初,由于民族压迫的解除、统治阶级的提倡,杂剧出现过短暂的中兴,主要作家有朱权和朱有燉两位藩王,他们的作品多脱离现实,鼓吹避世,艺术成就不高。明朝中叶,杂剧处于转型时期,作家作品都不多,但是康海的《中山狼》、徐渭的《四声猿》成就较高。明朝后期是杂剧创作的繁荣时期,作家辈出,作品数量大增,体制较元杂剧有很大的变化。

明传奇的创作不是一帆风顺的,尽管"四大传奇"的出现标志着传奇的形成,但由于明初统治者的思想禁锢,舞台演出变得谨小慎微,艺术家的创作空间狭小,传奇创作进入了暗淡期,只出现教忠教孝的《五伦记》《香囊记》等。传奇创作的繁荣时期出现在明朝中期,《宝剑记》《鸣凤记》《浣纱记》被称为"三大传奇"。《鸣凤记》取材于真实的现实生活,揭露了严嵩父子的残暴罪行,给观众以强烈的震撼,在明朝舞台上常演不衰。它还首开中国戏曲描写重大政治事件的先河,给后人以很大的启发。梁辰鱼的《浣纱记》是第一部用昆腔写作的剧本,对昆曲的发展和传播起了很大的作用。明初,由于南戏的流行,不同地方因方言曲调的差异出现了不同的声腔,余姚腔、海盐腔、弋阳腔、昆山腔是当时流行的四大声腔。嘉靖年间,音乐家魏良辅对昆腔进行了改进,使它成为剧坛霸主。明朝后期,传奇的创作更加繁荣,大批剧作家不断涌现,流派纷呈、竞争不断,其中最主要的有以汤显祖为首注重文采的临川派和以沈璟为首注重格律的吴江派。《临川四梦》是汤显祖的代表作,包括《牡丹亭》《紫钗记》《南柯记》《邯郸记》四部,以《牡丹亭》成就最大,当时就已家喻户晓。

5. 地方戏曲的兴起

清初剧坛承袭了明朝的繁荣,杂剧的创作成就较高,出现了吴伟业和尤侗等作家,他们的作品大多借历史故事表现深沉的故国之思。这些作品曲辞优美,用事工巧,不适宜演出,只适合文人欣赏,是典型的"案头之曲"。清代传奇的创作在明代的基础上得到了进一步的发展,涌现出较多的名人名剧。李玉是苏州作家群的代表,他早年创作的《一捧雪》《人兽关》《永团圆》《占花魁》极受人们称赞,后期创作的《清忠谱》写的是天启年间的一次民变,把群众斗争成功地搬上了舞台。李渔是清朝著名的戏曲理论家和剧作家,他十分重视戏曲的娱乐功能,是第一个意识到应根据观众的水平和需要来写戏的作家,他的戏曲理论都见于《闲情偶寄》中。李渔的戏曲创作以喜剧为主,他的《十种曲》对我国喜剧的发展有重要影响。清代传奇的高峰是洪昇的《长生殿》和孔尚任的《桃花扇》,这两部传奇不但语言精美、音律和谐、穿插得当,而且把历史性和现实性结合在一起,取得了空前的成就。

清乾隆年间,大兴文字狱,杂剧与传奇受到打压,加上其创作脱离舞台、远离现实,创作走向衰落。而民间一些贴近生活的地方戏曲却受到了普通百姓的热烈欢迎,如江浙越剧、湖北的楚剧、安徽的黄梅戏、江西的采茶戏、湖南的花鼓戏等。各种声腔技艺大大提高,如京腔、秦腔、弋阳腔、梆子腔、罗罗腔、二黄调等。李斗在《扬州画舫录》中,把昆腔称为雅部,其他称为花部。随着地方戏曲的影响越来越大,在当时的戏曲中心北京,就开始了著名的花雅之争,最终,花部取得了胜利。乾隆中期四大徽班(三庆班、四喜班、春台班、和春班)相继进京,轰动京城,盛极一时,成为北京剧坛的盟主。后来徽剧又吸收汉剧、昆剧、梆子戏的优点,根据北京观众的习俗和爱好,形成了一个新的全国性的剧种,即京剧。京剧的发展带动了地方戏的繁荣,也实现了中国戏曲的重大转折:以剧本创作为中心的戏曲活动,过渡到以表演为中心。戏曲艺术的重点不再是剧本创作而是表现艺术。

知识链接

十大古典喜剧

关汉卿《救风尘》、白朴《墙头马上》、王实甫《西厢记》、康进之《李逵负荆》、郑廷玉《看钱奴》、施惠《幽闺记》、康海《中山狼》、高濂《玉簪记》、吴炳《绿牡丹》、李渔《风筝误》。

十大古典悲剧

关汉卿《窦娥冤》、马致远《汉宫秋》、纪君祥《赵氏孤儿》、高则诚《琵琶记》、冯梦龙《精忠旗》、孟称舜《娇红记》、李玉《清忠谱》、洪昇《长生殿》、孔尚任《桃花扇》、方成培《雷峰塔》。

美的视窗：戏曲艺术的审美特征

1. 戏曲艺术的特征

(1) 综合性　戏曲是一种综合舞台艺术样式，它的特点是将众多艺术形式聚合在一起，在共同具有的性质中体现其各自的个性。王国维说："戏曲，必合言语、动作、歌唱，以演一故事。"可见戏曲不是单纯的话剧、歌剧、舞剧，而是综合了这些剧种，融合了文学、舞蹈、音乐、武术、服装、道具、布景等多种元素，以歌舞来演绎故事，具有高度的综合性。

(2) 虚拟性　首先表现为时空的虚拟。戏曲舞台上的时间是灵活自由的，是对生活时间的虚拟。有时为了强调故意将时间拉长，有时又有意缩短，只用简单的语言进行交代。舞台是一个流动的空间，地点更迭十分频繁，演员三五步就表示走遍天下，说句"人行千里路，马过万重山"就已远隔千山万水。

其次是动作的虚拟性。戏曲舞台上动作的对象常常被省略。人物骑马，无须牵上马匹，只要手挥马鞭即可；人物行船，也可以持桨当舟。如《拾玉镯》中孙玉姣穿针、引线、刺绣、数鸡、喂鸡等一连串的表演，都是通过演员微妙的、虚拟式的动作告诉观众的。

再次是对周边环境的虚拟。戏曲舞台的表现原则是用最为简单的布景和装置表现尽可能多的内容，所以周围的环境常被虚化。一些戏曲演员在没有任何布景、道具的情况下，也可凭借行为和演唱表明人物所处的环境，所以才有了"无花木之春色、无波涛之江河"。

(3) 程式性　所谓程式性，就是指根据生活的真实形态提炼出一套规范的、固定的、精美的动作形态，再用这些有限的程式去表现多彩的生活。程式性不仅仅指动作的程式化，还包括表演、情节和人物塑造等方面的程式化。如传统戏曲的角色行当、人物脸谱等。

戏曲的程式性是中国古典戏曲观的反映，中国古典戏曲观、苏联斯坦尼斯拉夫斯基戏剧观、德国布莱希特戏剧观是三种不同的戏剧理论体系。斯坦尼斯拉夫斯基体系认为话剧是再现生活，演员与角色之间、舞台和生活之间存在第四堵墙，为了再现生活，就必须遵循生活的本来面目，所以演员与角色、舞台与生活必须融为一体。布莱希特体系则认为应推翻所谓的第四堵墙，演员和角色之间、观众和演员之间、观众和角色之间必须保持一定的距离，防止演员和观众都过于感情用事，从而失去理智。中国古典戏曲观认为戏曲是表现生活，根本不存在第四堵墙，舞台与生活之间、演员与剧中人物之间可以保持一定距离。

2. 戏曲的"四功"

戏曲的一般特征是用演员扮演人物，以人物的唱词、对话和动作来表现故事情节。所以，一台好戏必须有动人的唱腔、不凡的身段、精彩的剧情，必须是音乐性的对话、舞蹈化动作和文学化剧情的统一，必须是歌、舞、剧的统一。具体来讲：唱、念、做、打是传统戏曲的艺术手段，被称为"四功"。手、眼、身、法、步是传统戏曲的技术方法，又叫"五法"。"四功"和"五法"不但是戏曲主要的表演形式，也是优秀演员应具备的基本功。

（1）唱　"唱"是戏曲艺术主要的表现形式，列唱、念、做、打之首。其实，唱诗的传统中国古已有之，《史记》中说"诗三百篇，孔子皆弦歌之"，曹操的《观沧海》《龟虽寿》等诗作后均有"幸甚至哉，歌以咏志"等句，到宋代词的唱风日盛，不但文人们唱，老百姓也唱，"凡有井水处，即能歌柳词"就是明证。唱主抒情，常用来抒发剧中人物的内心情感，或表达剧中人物的思想观点。戏曲的唱功十分讲究，从吐字发声到行腔转调都有一定的规矩，不能信口开河、荒腔走板。演唱不但要求字清、音纯、腔圆、板正，还讲究声情并茂，唱腔的疾徐轻重，长短转折要能够传情达意，打动观众。演员们最渴望的就是有一副"好嗓子"，都希望自己的演唱能"余音绕梁，三日不绝"。许多戏曲表演上的"流派"，常常是以演员的嗓音和唱腔来作为主要特点的。如京剧的"梅派""程派""荀派"等。

（2）念　"念"是戏曲演出中人物间的对白或独白的总称，是一种诗歌化、音乐化的戏剧语言。一般剧种的念白与剧种所在省份的地方音大致相同，白主叙事，分为"韵白"和"散白"。"韵白"是有韵的念白，高低抑扬又舒缓自如，较接近朗诵，有比较明显的旋律和节奏，多用诗词或文雅一些的语句。"散白"在京戏里称为"京白"，比较接近日常生活的口语，但又不相同，它比口语夸张，而且也有旋律和节奏。中国戏曲对念白特别重视，所谓"千斤念白四两唱"，此话道出了念白在戏曲艺术中的重要地位。余叔岩说："唱的最高境界就是念。"说明了念白的难度。念白除有少量锣鼓调节、点缀外，没有一点帮衬，全靠演员的句清字准来摹写人物的情态和传达剧情。念白要求吐字准确、清楚流利、活泼自然、音节铿锵，就跟炒蹦豆一样，干脆、利落、爽快，要富于旋律感、节奏感、音乐性。

（3）做　"做"指舞蹈化的形体动作，讲求细腻而不烦琐、洗练而不粗率。做要求"走有走相，坐有坐相""浑身有戏"。舞要求"身似轻燕脚如钉"。即使是反面人物的动作和声态，到戏曲舞台上也要尽可能地作美化处理，所以，即便是相貌丑恶、品德恶劣的无赖，在舞台上出手伸脚的动作也都经过精雕细琢的处理。演员在创作角色时，手、眼、身、法、步各有多种程式，髯口、翎子、甩发、水袖也各有多种技法,灵活运用这些程式化的舞蹈语汇,突出人物性格、年龄、身份上的特点,塑造的艺术形象就会更成功。"做"并不是纯技术性表演,而是各具特点的内涵与表象,一举手,一投足,既有内心的体验,又能通过外形加以表现,内外交融,得心应手,全为塑造形象服务。

(4)打 "打"是戏曲形体动作的另一重要组成部分,它是传统武术的舞蹈化,一般分为"把子功""毯子功"两大类。凡用兵器对打或独舞的,称"把子功";在毯子上翻滚跌扑的技艺,称"毯子功"。凡武将上场(或主帅登台点将),多用"起霸"的动作,这里有一连串的舞蹈身段,表示武将上阵之前整盔束甲的种种准备。如果武将骑马,演员要做出拉缰、颠摇、前扑、后仰、回旋种种身段。战斗紧张时,武打动作骤然加快;势均力敌时,动作就要慢下来;战斗结束时,胜利的一方就在台上舞弄兵器,表示勇武胜利的气概。武戏中还有许多特技,如"走钢丝""走矮子""椅子功"等。打戏不仅要有深厚的功底,而且还必须善于运用这些难度极高的技巧,准确地展示人物的精神面貌和神情气质。

3. 传统戏曲的舞台艺术

中国传统戏曲历来重视剧本的创作,涌现出了关汉卿、王实甫、汤显祖、孔尚任等一些优秀的戏剧大师。到了清初,李渔开始把目光转向舞台,他认为"填词之设,专为登场",突出戏曲的舞台性,强调戏曲创作要充分尊重戏曲的舞台艺术特点,不像前人一样把戏曲视同诗词,作为案头艺术来欣赏。清道光年间,京剧形成并迅速发展,戏剧文化发生了重大变化:戏曲艺术的核心不再是文学创作,而是表演艺术,剧本的创作服务于演员的舞台演出。因此在京剧演出中,观众对演员的表演十分关注,剧作者则成了附庸。为了追求"名角效应",有些剧本还为"名角"量身定做。而演员们为了成为"名角",勤练"内功",把追求尽善尽美的舞台艺术作为自己的终极目标,极大地提高了舞台艺术水准,形成了中国传统戏曲无与伦比、精妙绝伦的艺术特色。下面介绍几种常见的舞台艺术形式。

(1)脸谱 戏曲化妆,也俗称"扮相",指戏曲人物的面部化妆。可分为"俊扮"和"彩扮"两种类型。一般的生行和旦行用"俊扮",即只略施彩墨来达到美化效果,也称"素面"。"彩扮"主要适用于净、丑两行,也称"脸谱"。脸谱化妆充分运用夸饰的手法,以色彩和图案对眉、眼、鼻、口及脸庞、脸纹加以夸张铺饰,强调人物的面目特征。脸谱还具有"寓褒贬,别善恶"的艺术功能,从中可以看出绘制者对人物的道德评价。脸谱中每种设色都具有特定的象征意义。红色象征忠勇侠义;白色象征阴险奸诈、刚愎自用;黑色象征直爽刚毅,勇猛而智慧。所以,忠肝义胆的关羽,被画成了红脸关公;奸诈阴险的曹操,脸上涂满了白色;公正无私的包拯,则成了黑脸。

(2) 髯口　生、净、末、丑各行角色所戴的髯口,又称"口面",是代表人物面部的两腮和颏下胡须的象征物。它是代表剧中人物年龄、性别、性格的一种不可少的化装装饰。髯口是用犀牛尾、马尾、细尼龙丝或假发制成的。髯口不仅是遮盖演员演唱时口型的美化手段,也是一种刻画人物心情与神态的艺术工具。演员通过各种髯口的表演技巧,如搂、撩、推、捋、抖、吹等来传达人物的情态。搂髯多用于昂首观望与低头俯视;撩髯多表现思忖和自叹;推髯多反映慨叹;捋髯多表示安闲;抖髯多用于惊怕;吹髯则反映生气等。髯口还可以通过其形状、样式、长短、疏密及颜色来表示剧中人的年龄、身份、容貌和所处的境遇。髯口的色彩主要包括黑、黪(即灰色)、白三种。包拯所戴的髯口就是乌丝长髯,它有助于塑造人物刚正不阿、铁面无私的威严气概;《霸王别姬》的剧中,项羽所用的长髯衬托了他武勇、骄横的气质。

(3) 水袖　水袖是戏曲人物服装袖子前面装饰的一块白绸子。演员在表演中可以通过使用水袖的各种不同技巧来刻画人物性格,表达喜怒哀乐的感情,运用得当则能胜过千言万语。水袖功也能展现演员的表演功力,起到增光添彩的作用。演员表演水袖功必须有思想、有内容、有生活根据,并达到一定的目的性,不能单纯地卖弄技巧。程砚秋曾将水袖的基本动作归纳成勾、挑、撑、冲、拨、扬、掸、甩、打、抖 10 种。水袖技巧的基本要领,在于肩、臂、肘、腕、指等各个部位的协调配合。演员必须经过专门训练,熟练地掌握水袖的性能和动作要领,运用时才能得心应手。这些基本动作经过精心的设计和组合,可以表现出多种感情:表示哀痛害羞,用一只手扯起另一只水袖遮着脸;表示礼貌恭敬,用一只手横着扯起另外一只水袖;表示痛苦悲伤,用水袖轻轻地虚拭脸庞。

(4) 行头　戏曲舞台上用的衣帽鞋履等,称为"行头"。戏衣,是戏曲表演中服装的总称,传统戏曲在穿戴上有较为严格的程式规范。"宁穿破,不穿错",根据角色行当的不同,衣着有较大的区别。戏曲的服装不仅具有装饰性,而且是人物身份、地位的标志。戏曲服装约分为五类:蟒、靠、帔、官衣、褶子。蟒是蟒袍的简称,上绣云龙、海水纹图案,是帝王将相的正服,颜色多样。皇帝穿的蟒为明黄色,其他人因其身份、地位、年龄不同而异。靠是武将的戎装,有软、硬之分。硬靠背扎三角形靠旗四面,软靠不扎靠旗,颜色也与人物年龄、性格相关。帔为对襟中分,是皇帝、文官和士绅的便服。官衣,主要分红蓝二色,样子和蟒差不多,但不绣花,圆领大襟,是官员穿的官服。褶子戏衣中最常见的,是帝王将相的衬衣及平民的便服,分花、素两种,多为斜襟,男褶子为硬质,女褶子为软质。

传统戏曲中把剧中人所戴的冠帽通称为盔头。盔头可分为:冠、盔、巾、帽四类。冠一般指帝王、贵族的硬质礼帽;盔一般为武士所戴;巾多为缎制品的软帽子,有花有素,属于便装;帽用于不同身份的人物,软硬质均有。戏鞋是传统戏曲演出中的各式靴、鞋,如厚底靴、彩鞋等。

知识链接

角 色 行 当

行当的划分由来已久,大约在七八百年以前,元人杂剧时代,就划分出来很多行当。当时,这些行当的名词叫作角色,大致分成末、旦、净三大类。到明末清初,昆曲盛行的时候,行当的划分就日益细密精确,已经被划分为十二种角色(行当),称为江湖十二角色。对于京剧划分行当影响最大的,应该说是汉剧。汉剧共分为十种行当:一末、二净、三生、四旦、五丑、六外、七小、八贴、九夫、十杂。汉剧的这十种行当,划分得比较细致,为京剧划分行当,打下了基础。京剧的行当后来划分为生、旦、净、丑四大类型,似乎比较简化精练,但每个大类之中,又包含若干小类,所以实际上是把这十种行当都包括在内了。

京 剧 唱 腔

京剧音乐属皮黄系统而又吸收并融合昆曲、梆子等声腔的音乐因素。由唱腔、打击乐、曲牌三个部分组成。

唱腔以板腔体的西皮、二黄为主。西皮是一种比较明快、活泼的曲调。二黄是一种较舒缓、深沉的曲调,适合表现忧郁、哀伤的情绪。多用于悲剧型的剧情中。

美的欣赏:戏曲名作欣赏

一、昆曲《牡丹亭·游园》(SP11-2)

【皂罗袍】原来姹紫嫣红开遍,似这般都付与断井颓垣。良辰美景奈何天,赏心乐事谁家院! 恁般景致,我老爷和奶奶再不提起。〔合〕朝飞暮卷,云霞翠轩;雨丝风片,烟波画船——锦屏人忒看的这韶光贱! 〔贴〕是花都放了,那牡丹还早。

SP11-2
昆曲《牡丹亭·游园》

汤显祖的《牡丹亭》(图 11-4-1)是我国古代戏曲史上最优秀的作品之一。该

图 11-4-1 昆曲《牡丹亭》剧照

曲描写了贵族小姐杜丽娘梦中与一青年在牡丹亭畔相会,醒后相思成疾,抑郁而死。书生柳梦梅,赴临安应试途经南安郡,拾得丽娘画像,悦其貌美,赞慕不已。此时,丽娘的幽魂显现了,认出了柳梦梅乃旧日梦中所会的那位书生,于是向他表白了爱慕之情,并让其掘坟而获得再生。丽娘复活以后,两人求丽娘父母许婚。其父大怒,诬梦梅私掘女坟,上书奏明皇帝,梦梅此时已高中状元,得皇帝恩准、夫妻团圆。

这段唱词写丽娘到花园赏春,看到这样繁花似锦的迷人春色无人赏识,只能付与破败的断井颓垣。杜丽娘用以比喻自己的青春正在悄然逝去,自然的天性受到禁锢。这大好春色将她内心深藏的活力唤醒,身心的美和大自然的美产生了强烈的共鸣。

二、京剧《贵妃醉酒》(SP11-3)

SP11-3 《贵妃醉酒》

杨贵妃唱:海岛冰轮初转腾,见玉兔哇,玉兔又早东升,那冰轮离海岛,乾坤分外明。皓月当空,恰便似嫦娥离月宫,奴似嫦娥离月宫。

图 11-4-2 《贵妃醉酒》剧照

《贵妃醉酒》(图 11-4-2)经京剧大师梅兰芳倾尽毕生心血精雕细刻、加工点缀,是梅派经典代表剧目之一。唐玄宗先约与杨贵妃同往赏花饮酒。但玄宗迟迟未至。杨贵妃得知皇帝已宠幸江妃后,竟喝起了闷酒,酒入愁肠,情难自禁。本段唱词主要描写杨贵妃醉后自赏怀春的心态,凸显杨贵妃对玄宗的柔情。

三、京剧《赵氏孤儿》

魏绛：却原来这内中还有隐情。
公孙兄为救孤丧了性命，
老程婴为救孤你舍了亲生。
似这样大义人理当尊敬，
反落得晋国上下留骂名。
到如今我却用皮鞭拷打，
实实的老迈昏庸，我不知真情。
望先生休怪我一时懵懂，
你好比苍松翠柏万古长青。

程婴：老程婴提笔泪难忍，
千头万绪涌在心。
十五年屈辱已受尽，
佯装笑脸对奸臣。
晋国中上下的人谈论。
都道我老程婴
贪图了富贵与赏金。
卖友求荣，害死了孤儿，
是一个不义之人。
有谁知我舍却了亲儿性命；
亲儿性命，我的儿呀。
抚养了赵家后代根。
为孤儿我也曾把心血用尽，
说往事全靠这水墨丹青。
画就了血冤图以为凭证；以为凭证。
叩门声吓得我胆战心惊。

图 11-4-3 《赵氏孤儿》剧照

《赵氏孤儿》（图 11-4-3）讲的是春秋时期，晋国权臣屠岸贾，怂恿晋灵公荒淫无道，弹打百姓取乐，不理朝政丞相。赵盾屡屡谏言，斥责屠岸贾迷惑君王，这惹怒了屠岸贾，于是屠岸贾向晋灵公进谗言，抄斩赵盾满门300余口。晋灵公之妹庄姬公主是赵盾的儿媳，身怀有孕被接入宫中免于一死。屠岸贾听说庄姬产子，欲杀婴儿斩草除根，以绝后患。为保忠良之后，门客程婴将孤儿偷带出宫。屠岸贾进宫搜寻不得，乃告示国内，如不献出赵氏孤儿，便将与赵氏孤儿同龄的婴孩全部处死。程婴和公孙杵臼商议援救赵氏孤儿和全国儿童的两全之策，最后，程婴将自己的儿子假充赵氏孤儿，交给公孙杵臼抚养，而他则向屠岸贾告发公孙杵臼私藏孤儿。屠岸贾果然中计,将公孙杵臼和假的赵氏孤儿处死,同时根据程婴的请求,将真赵氏孤儿认为义子。15年后,赵氏孤儿长成,程婴将赵家的悲剧告诉了赵氏孤儿,同时得到老臣魏绛的帮助,终于由赵氏孤儿手刃了屠岸贾,报仇雪恨。

第一处唱词写大将魏绛回朝为赵氏冤案怒打程婴,程婴道出原委,魏绛对程婴既愧疚又佩服:"似这样大义人理当尊敬,反落得晋国上下留骂名。到如今我却用皮鞭拷打,实实的老迈昏庸,我不知真情。望先生休怪我一时懵懂,你好比苍松翠柏万古长青。"

第二处是程婴为了向孤儿赵武说明真相时的唱词,唱出了积压心底15年的委屈、纠结和痛苦,"晋国中上下的人谈论,都道我老程婴,贪图了富贵与赏金,卖友求荣,害死了孤儿,是一个不义之人"。这种无处可诉的屈辱和痛苦,深深地抓住了观众的心。《赵氏孤儿》能够打动观众,并不在于情节的曲折离奇,而在于程婴、公孙杵臼等义士的高大形象,以及我们民族这种正义、仁义、情义和舍己为人的传统美德。

SP11-4《红楼梦·天上掉下个林妹妹》

四、越剧《红楼梦·天上掉下个林妹妹》(SP11-4)

图11-4-4 越剧《红楼梦》剧照

(贾宝玉):天上掉下个林妹妹,似一朵轻云刚出岫。

(林黛玉):只道他腹内草莽人轻浮,却原来骨骼清奇非俗流。

(贾宝玉):娴静犹如花照水,行动好比风拂柳。

(林黛玉):眉梢眼角藏秀气,声音笑貌露温柔。

(贾宝玉):眼前分明外来客,心里却似旧时友。

越剧传统剧《红楼梦》(图11-4-4)的著名唱段《天上掉下个林妹妹》,是徐(玉兰)派小生与王(文娟)派花旦对唱的名家名段,深受观众的高度赞扬。《天上掉下个林妹妹》讲述的是林黛玉刚来到贾府,看到贾宝玉,见面时两人相互的印象。

五、越剧《梁山伯与祝英台·十八相送》(SP11-5)

祝英台(唱)书房门前一枝梅,树上百鸟对打对。喜鹊满树喳喳叫,向你梁兄报喜来。

梁山伯(唱)弟兄两人下山来,门前喜鹊成双对。从来喜鹊报喜信,恭喜贤弟一路平安把家归。

祝英台(白)梁兄请。

梁山伯(白)贤弟请。

祝英台(唱)出了城,过了关,但只见山上樵夫将柴砍。

梁山伯(唱)起早落夜多辛苦,打柴度日也艰难。

祝英台(唱)他为何人把柴打?你为哪个送下山?

梁山伯(唱)他为妻子把柴打,我为你贤弟送下山。

祝英台(唱)过了一山又一山。

梁山伯(唱)前面到了凤凰山。

祝英台(唱)凤凰山上百花开。

梁山伯(唱)缺少芍药共牡丹。

祝英台(唱)梁兄若是爱牡丹,与我一同把家还。我家有枝好牡丹,梁兄要摘也不难。

梁山伯(唱)你家牡丹虽然好,可惜是路远迢迢怎来攀!

祝英台(唱)青青荷叶清水塘,鸳鸯成对又成双。

梁兄啊!英台若是女红妆,梁兄愿不愿配鸳鸯?

梁山伯(唱)配鸳鸯,配鸳鸯,可惜你,英台不是女红妆!

银心(唱)前面到了一条河。

四九(唱)漂来一对大白鹅。

祝英台(唱)雄的就在前面走,雌的后面叫哥哥。

梁山伯(唱)未曾看见鹅开口,哪有雌鹅叫雄鹅!

祝英台(唱)你不见雌鹅对你微微笑,她笑你梁兄真像呆头鹅!

梁山伯(唱)既然我是呆头鹅,从此莫叫我梁哥哥。(梁山伯生气,祝英台向之赔罪)

祝英台(白)梁兄……

SP11-5
《梁山伯与祝英台·十八相送》

《梁山伯与祝英台》(图11-4-5)是越剧中的经典剧目:祝英台女扮男装前往杭城求学,与梁山伯同窗三载结为兄弟。祝父催女归家,英台行前向师母吐露真情,托媒许婚山伯。但祝父已将英台许婚马文才,两人姻缘无望,山伯悲愤而死。英台誓以身殉,马家迎娶之日,英台花轿绕道至山伯坟前祭奠,霎时风雷大作,坟墓爆

图 11-4-5 越剧《梁山伯与祝英台》剧照

裂,英台纵身跃入,梁山伯与祝英台化作蝴蝶,双双飞舞。

《梁山伯与祝英台·十八相送》写英台离开杭城返家时,山伯依依不舍相送,英台假托为妹做媒,嘱咐山伯早去迎娶。

六、黄梅戏《女驸马·谁料皇榜中状元》

为救李郎离家园,
谁料皇榜中状元,
中状元着红袍,
帽插宫花好哇,
好新鲜哪!
我也曾赴过琼林宴,
我也曾打马御街前,

人人夸我潘安貌,
原来纱帽照哇,
照婵娟哪!
我考状元不为把名显,
我考状元不为做高官,
为了多情的李公子,
夫妻恩爱花儿好月儿圆哪!

黄梅戏代表作《女驸马》(图 11-4-6)是一部极富传奇色彩的古装戏,说的是民女冯素贞自幼许配李兆廷,后李家败落,岳父母嫌贫爱富,逼其退婚。冯素贞花园赠银于兆廷,冯父撞见,诬李为盗,将其送官入狱,逼素贞另嫁宰相之子。

本段唱词写冯素贞男装出逃后,在京冒李兆廷之名应试中魁,被皇家强招为驸马。花烛之夜,素贞冒死陈词感动公主。

七、花鼓戏《刘海砍樵》

(女)我这里将海哥好有一比呀!

(男)胡大姐,

(女)哎,

(男)我的妻,

(女)啊,

(男)你把我比作什么人罗!

(女)我把你比牛郎,不差毫分哪。

(男)那我就比不上罗!

(女)你比他还有多咯,

(男)胡大姐你是我的妻罗,

(女)刘海哥你是我的夫哇。

(男)胡大姐你随着我来走罗,

(女)海哥哥你带路往前行哪,

(男)走罗嗬,

(女)行罗嗬,

(男)走罗嗬,

(女)行罗嗬,

(合)得儿来得儿来得儿来哎哎哎。

(男)我这里将大姐也有一比呀,

(女)刘海哥,

(男)哎,

(女)我的夫,

(男)啊,

图11-4-6 黄梅戏《女驸马》剧照

(女)你把我比作什么人,

(男)我把你比织女,不差毫分哪,

(女)那我就比不上哪!

(男)我看你俨像着她罗。

(女)刘海哥你是我的夫哇,

(男)胡大姐你是我的妻罗,

(女)海哥哥你带路往前走哇,

(男)我的妻你随着我来行哪,

(女)走哇,

(男)行罗,

(女)走哇,

(男)行罗,

(合)得儿来得儿来得儿来哎哎哎。

《刘海砍樵》(图11-4-7)是湖南花鼓戏的经典剧目,写的是以砍柴为生的樵夫刘海住在武陵丝瓜井,家有双目失明的老母亲,生活非常贫困,靠着忠厚和勤劳,他不仅支撑起了家里的生活,还赢得了狐仙的爱慕。由狐狸变化的少女胡秀英,爱慕刘海的勤劳、朴实,刘海上山砍柴,秀英暗中相帮。刘海卖柴回家,路遇秀英,互道姓名及家境后,秀英向刘海吐露爱慕之情。刘海考虑双方贫富相差悬殊,当即拒绝。但秀英拦路不放,以诚心感动了刘海,二人以柳树为媒,高山作证结为夫妻。

本段就是写二人婚后恩爱甜蜜的生活。

图 11-4-7　花鼓戏《刘海砍樵》剧照

八、豫剧《花木兰·谁说女子不如男》(SP11-6)

SP11-6
《花木兰·谁说女子不如男》

刘大哥讲话理太偏,谁说女子享清闲。男子打仗到边关,女子纺织在家园。白天去种地,夜晚来纺棉。不分昼夜辛勤把活干,将士们才能有这吃和穿。你要不相信哪,就往那身上看,咱们的鞋和袜还有衣和衫,这千针万线都是她们连哪。许多女英雄,也把功劳建,为国杀敌,是代代出英贤。这女子们哪一点儿不如儿男?

豫剧,又叫"河南梆子",是河南省的主要剧种之一。《花木兰》(图 11-4-8)是豫剧大师常香玉的代表剧目。该剧是 1951 年常香玉为抗美援朝捐献"香玉剧社号"战斗机进行义演时的主要剧目,讲的是南北朝时番邦犯境,边关告急,

图 11-4-8　豫剧《花木兰》剧照

花木兰女扮男装代父从军的故事。《谁说女子不如男》是其中的经典唱段,反驳了刘大哥的话语,塑造了女子的勤劳、能干以及为国拼杀的巾帼英雄的形象。

美的体验

1. 课外阅读

阅读书目:《窦娥冤》《西厢记》《牡丹亭》《桃花扇》等。

思考:体味戏曲唱词之美,感受唱词的思想内涵。

提示:中国戏曲之美,不仅表现在唱腔之美、程式之美,还表现在唱词之美、意境之美。"原来姹紫嫣红开遍,似这般都付与断井颓垣,良辰美景奈何天,赏心乐事谁家院。"勾画出百花盛开,万紫千红,艳丽炫目的春园景象,给人以强烈的视觉冲击。"碧云天,黄花地,西风紧。北雁南飞。晓来谁染霜林醉?总是离人泪。"采用因景生情的手法,以凄凉的暮秋景象引出女主人公的离愁别恨。"地也,你不分好歹何为地?天也,你错勘贤愚枉做天!"声声血泪控诉,直指封建统治者,具有很强的思想性。"眼看他起朱楼,眼看他宴宾客,眼看他楼塌了。"寥寥数字,语浅而情深,写尽了人生的繁华和沧桑。请仔细阅读推荐书(篇)目,体味戏曲唱词的艺术性和思想性。

2. 课后活动

绘制京剧脸谱　体验中国戏剧的精妙

(1) 主题:走近戏曲,树立文化自信。

(2) 目标:培育对民族传统艺术欣赏热爱之情和创造性继承能力。

(3) 步骤:观看视频,准备材料,熟悉流程,提交作品。

3. 思维拓展

传统戏曲一直以丰富的题材、精湛的表演、多样的表现风格、贴近人民生活的特点,备受广大观众的青睐。而如今,随着信息化时代的发展,传统戏曲受到了来自各方的冲击,剧种消失、剧团解散,戏曲艺术面临着后继无人的困境。如何传承传统戏曲,成为当下人们关注的课题。请以"传统戏曲发展主要靠传承还是主要靠创新"为话题,开展课堂辩论。

测一测

1. 选择题

(1) 下列作家中不是元曲四大家的是(　　)。
　　A. 关汉卿　　　B. 马致远　　　C. 王实甫　　　D. 郑光祖

(2)《西厢记》的主题是(　　)。
　　A. 愿天下有情人终成眷属。
　　B. 情不知所起,一往而深,生者可以死,死可以生。生而不可与死,死而不可复生者,皆非情之至也。
　　C. 地也,你不分好歹何为地? 天也,你错勘贤愚枉做天!
　　D. 借离合之情,写兴亡之感。

(3) 中国戏曲的繁荣时期出现在(　　)。
　　A. 唐朝　　　　B. 宋朝　　　　C. 元朝　　　　D. 明朝

(4)《牡丹亭》的作者是(　　)。
　　A. 汤显祖　　　B. 马致远　　　C. 王实甫　　　D. 郑光祖

2. 判断题

(1) 戏曲的繁荣时期比诗词来得要晚一些。　　　　　　　　　　　　　　(　　)

(2) 虚拟性是指演员的表演,用一种变形的方式来比拟现实环境或对象,借以表现生活。　　　　　　　　　　　　　　　　　　　　　　　　　　(　　)

(3) 戏曲舞台上动作的对象,不能省略。　　　　　　　　　　　　　　　(　　)

(4) 王国维先生说戏曲就是"以歌舞演故事"。　　　　　　　　　　　　　(　　)

测一测

第十二单元

银屏的天地：影视艺术

> 电影艺术是以画面和音响为媒介,在银幕上创造出感性直观的形象,再现和表现生活的一门艺术。其美学特征为造型性与运动性的有机统一;逼真性与假定性的有机统一;综合性与技术性的有机统一。银幕上的世界是一个特殊的时空复合体。电影是各类艺术人员集体智慧的结晶,导演是影片摄制的中心,他必须以电影文学剧本为基础,进行全面设计、总体构思,充分调动各个艺术和技术门类的创造性,共同完成影片创作。

学习目标

1. 了解影视艺术的基本要素。
2. 能够运用手机、照相机等电子设备拍摄一部短片。
3. 感受影视艺术之美,在影视艺术中领略中华优秀传统文化。

课前导学

教师推送书籍《十年一觉电影梦》,同学分四个小组分别思考下列问题中的一个,形成共识后,委派一名代表在课堂中展示。

你喜欢电影或电视吗?

你有喜欢的导演或者编剧吗? 为什么?

你觉得影视艺术对人们的现实生活起到了什么样的作用?

你最喜欢的电影或者电视剧是哪一部? 为什么?

美的印象

让中国电影走向世界的《卧虎藏龙》

《卧虎藏龙》(图12-1-1)是中国电影走向世界的历程中一部具有里程碑意义的影片,是一部让西方观众大开眼界的影片。除了沉醉于中国武术的神奇,中国儒道思想的哲学观念、中国山水建筑的意境之美、中国人对侠义的含蓄表达、中国人对情感的压抑克制,都让西方观众耳目一新。导演李安集结了国际级的创作团队:作曲谭盾、艺术指导叶锦添、摄影鲍德熹,主演周润发、杨紫琼、章子怡……成功演绎了一段充满玄机、情感、矛盾的悲剧。2001年,影片获得第73届奥斯卡金像奖十项提名、四项大奖,因此掀起了新一轮武侠电影的热潮。2012年,美国《时代》杂志评选2000年以来全球十大经典电影,《卧虎藏龙》排名第四,是唯一上榜的华语片,理由是它"融合了东方的力学之美和西方的表演张力,是一部举重若轻的电影,也是具有高度艺术价值和精神层次的作品,更是一部让人深思又兼具娱乐效果的电影"。

图12-1-1 《卧虎藏龙》片段截图

影视艺术是21世纪以来发展最快的艺术,是伴随着几代人成长起来的艺术,是当代大学生最熟悉的艺术,有着鲜明的时代烙印。

美的历程：影视艺术的产生与发展

一、电影的产生与发展

在诸多的艺术门类中，电影是最年轻的艺术，它是继绘画、音乐、舞蹈、建筑、雕塑、戏剧之后产生的，被人们称之为"第七艺术"。电影诞生前，有一段技术准备期。现在人们普遍认为卢米埃尔兄弟是"现代电影之父"，1895年12月28日也被定为电影诞生日。

1. 国外电影的产生

电影的史前期到底经历了多久，学界说法不一，但与"光影相随"和"视觉暂留"两个原理的发现有密切关系。我国古代人民早在春秋时期，就注意了这种现象，并发明了走马灯和皮影戏。

1824年，皮特·马克·罗杰特提出了视觉暂留的原理，也就是当我们的眼睛看到一个东西后，当这个物象已经离开了我们的眼睛时，它还会在视网膜上残留一段时间，以至于在我们的感知中，这个物象的存留时间会比我们实际看到的时间要长。

伟大的发明家爱迪生，其最著名的发明就是灯泡，他开始在不断的试验当中改进发明了一个叫"电影视盘"的东西。他开始能够在观众面前放映活动影像，只是当时每一个片子只能有15分钟，很像我们后来看到的走马灯，当时人们称它为"西洋镜"。

时间来到1895年12月28日，法国巴黎，一个看似平常的午后，在一家咖啡馆里，放映着世界上公开放映的第一部电影。这批电影都由卢米埃尔兄弟（图12-2-1）自己制作，如《火车进站》《工厂大门》《水浇园丁》。学术界，很多人视他们为"电影之父"，因为他们发明创造了活动电影机，给我们今天的电影制作和放映提供了最早的机械基础和物质基础。

图12-2-1　卢米埃尔兄弟

2. 国外电影的发展

(1) 幼年期(1896—1912) 卢米埃尔兄弟拍摄的影片以真实记录生活为主,是现实主义电影的创始人,但这种平铺直叙记录生活的"魔术"仅仅风靡了18个月,就遭到冷遇。真正让电影走向艺术的是法国人乔治·梅里爱,他创造了特技摄影和镜头组合,还在电影中借鉴戏剧的表现手法,代表作《月球旅行记》是世界电影走向艺术的标志。此后的电影在艺术追求和商业运营方面都有质的飞跃,以英国的"布莱顿学派"为代表的欧洲众多电影学派在电影艺术形式方面进行了深入探索,以法国"百代公司"为代表的电影公司把影片生产纳入工业化轨道,美国"镍币影院"的巨额赢利既造就了鲍特的《火车大劫案》这样闻名于世的影片,也刺激了"好莱坞"国际影城的创建。

(2) 童年期(1913—1926) 这是无声电影的全盛时代,杰出的电影人、经典的影片和优秀的电影流派异彩纷呈。美国的大卫·格里菲斯于1915年和1916年导演的两部影片《一个国家的诞生》和《党同伐异》,是世界电影史上具有里程碑意义的作品,电影被世界公认为艺术,也是以这两部影片为标志的;美国的查尔斯·卓别林是世界电影史上最杰出的喜剧大师,他的影片具有鲜明的现实感和尖锐的讽刺性,代表作《淘金记》《摩登时代》以"含泪的笑"震撼观众心灵;苏联的爱森斯坦对蒙太奇进行了卓越的艺术实践和理论上的阐述,形成了一种"诗电影"的传统,代表作《战舰波将金号》利用镜头交切形成蒙太奇节奏,以揭示人物的内在情绪;瑞典学派以约斯特洛姆和斯蒂莱为代表,反映现实生活,表现社会重大问题,大胆创新电影语言,是在电影中最早使用"多视角"手法的;法国的表现主义电影和印象派电影在艺术创新方面成就斐然,表现主义电影的代表作是维内的《卡里加里博士》,印象派电影的代表作是德吕克的《狂热》。

(3) 少年期(1927—1945) 在艺术领域,从法国到德国的先锋派电影运动是世界电影史上第一次大的革新运动,先锋派主张反对叙事,追求纯粹的节奏情绪,描写梦幻的世界,表现物重于表现人,这些丰富了电影的剧作结构和语汇,给了戏剧式电影以巨大的冲击。在技术领域,有声电影和彩色电影的产生为电影更逼真地表现生活提供了更大的可能性。1926年,美国的华纳兄弟电影公司为了摆脱破产的危机拍摄了第一部有声电影《唐璜》,但它是声画分离的;1927年,他们又拍摄了《爵士歌王》,在音乐中加入了对白,上映后反响空前。实际上,真正的片上发声的有声影片《纽约之光》直到1929年才研制成功。1935年,美国导演马勃里安在大型故事片《浮华世界》中运用了三色染印法,但是彩色电影直到第二次世界大战以后才逐步普及。这一时期的优秀影片有《一条安达鲁狗》《尼斯现象》《西线无战事》《乱世佳人》《马耳他之鹰》等。

（4）青年期（1946—1966） 这个时期是世界电影的变革期。"二战"后，曾经辉煌的美国电影遭遇了前所未有的危机，苏联的现实主义电影创作路子越走越窄，而欧洲电影和亚洲电影却迎来了长足的发展。意大利的"新现实主义"电影运动、法国的"新浪潮"电影运动、英国的"自由电影"和"新德国电影"，都为世界电影的发展添上了浓墨重彩的一笔，日本、中国、印度的电影也开始得到世界影坛的关注。无论是电影艺术家还是作品、电影思潮流派还是理论研究，都在变革中寻求发展，走向成熟。《四百下》《八部半》《愤怒的回顾》《告别昨天》《罗生门》《两亩地》是这一时期最具代表性的优秀影片。

（5）成年期（1967—1996） 这是世界电影走向繁荣的重要时期。经历了阵痛的美国电影终于迎来了二次辉煌，从《邦尼与克莱德》开始，好莱坞电影在保持一贯的商业传统基础上吸收了欧洲电影的新理念，突破了戏剧化电影的束缚，融合了多种艺术手段与科技力量，再次成为引领世界电影潮流的梦幻工厂，类型电影不断丰富，灾难片、科幻片成为轰动一时的热门题材；法国电影在继承传统风格的基础上，加强了影片的观赏性，题材样式也日趋多元化；意大利电影更加注重反映社会问题，有些影片具有鲜明的政治色彩；新德国电影迎来了第二次创作高潮，以《铁皮鼓》《莉莉·玛莲》为代表的影片充分展示出德国新一代电影奇才不羁的个人风格；日本电影在民族传统和后现代性的调和中生长，以宫崎骏为代表的电影人把日本动画电影推向了前所未有的艺术高度，经济上的巨大收益更促使日本动画电影得到长足的发展；印度是最大的电影生产国，浓郁的民族风情和载歌载舞的表现形式使其在世界影坛独树一帜；伊朗电影起步虽晚，却在探索与创新上成绩斐然，令世界影坛刮目相看。这一时期的优秀影片不胜枚举，《教父》（图 12-2-2）、《飞越疯人院》《现代启示录》《天堂电影院》《肖申克的救赎》《七宗罪》等，都堪称经典。

图 12-2-2　电影《教父》剧照

（6）壮年期（1997 年至今） 声音、色彩、数字是电影发展史的三次技术革命，正是这样的技术革命为电影提供了无限的艺术创作空间。20 世纪末，数字技术、电子影像技术、计算机图形学的发展为电影数字特技的发展奠定了基础。1997 年，《泰坦尼克号》带给观众大量的电脑特技制作合成画面，起航的远景、逐浪的海豚、断裂的巨轮、滑落的乘客，这些震撼效果瞬间成为影人钟爱、观众期待的目标。于是,人们在《金刚》里看到了巨兽,在《指环王》里看到了咕噜,在《黑客帝国》里看到了静止的子弹,在《哈利·波特》里看到了神奇的魔法。3D电影《阿凡达》使观众再一次对电影特效技术产生狂迷,神奇瑰丽的潘多拉星球,半人半兽的纳美人生活,足以载入史册的视听震撼征服了无数观众。随之而来的海量3D电影把传统电影领入了一个新时代。21世纪以来的电影发展让虚幻更加真实,让真实更加艺术,艺术与技术的融合越来越密不可分。然而,并非缺少了CG技术和3D技术的电影就意味着失败,《放牛班的春天》(图12-2-3)、《白丝带》《三傻大闹宝莱坞》都很值得品鉴。

图12-2-3　电影《放牛班的春天》DVD封套

3. 中国电影的产生

世界电影诞生不久,就传入了中国。1896年8月11日,在上海徐园的"又一村"首次放映了"西洋影戏"。因此,从电影放映的角度看,中国电影源自1896年,但从电影拍摄的角度看,中国电影是从1905年开始的。

1905年,北京丰泰照相馆的老板任庆泰(字景丰)拍摄了中国第一部影片,内容是著名京剧泰斗谭鑫培主演的《定军山》(图12-2-4)中"请缨""舞刀""交锋"等片段,影片在大观楼戏院放映时出现了"万人空巷来观之势"。从此,中国电影诞生了。

图12-2-4　电影《定军山》拍摄现场模拟图

4. 中国电影的发展

(1) 初创期(1906—1930)　最早的中国电影也重复着简单记录的制作模式,谈不上艺术。直到1913年,由郑正秋编剧,张石川、郑正秋导演,依什尔摄影,完成了第一部短故事片《难夫难妻》(原名《洞房花烛》)(图12-2-5),影片开了中国电影片种、样式和创作方法的风气之先,具有深远的历史意义。1918年,商务印书馆的

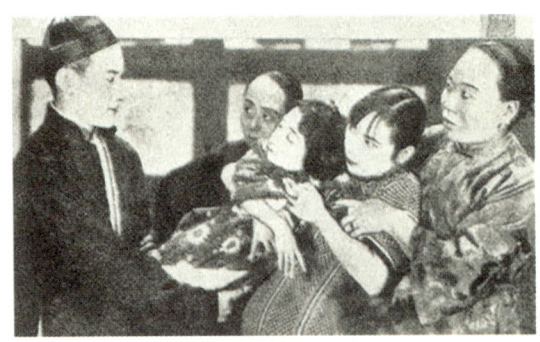
图12-2-5 电影《难夫难妻》剧照

图12-2-6 电影《歌女红牡丹》剧照

活动影戏部成立,1922年,张石川、郑正秋创建了明星影片公司,此后,大大小小的电影公司如雨后春笋般涌现出来,大量良莠不齐的影片问世。1930年,明星影片公司摄制了中国第一部有声电影《歌女红牡丹》(图12-2-6),成为中国电影发展史上的又一里程碑。

(2) 探索期(1931—1949) 这一时期的中国电影与战争背景、家国命运密不可分。左翼时期,以夏衍为代表的电影人指导电影创作要贴近社会、反映现实,一批优秀的现实主义影片应运而生,如《渔光曲》《桃李劫》《风云儿女》《十字街头》《马路天使》等;抗日战争时期,国统区的中国电影制片厂、中央电影摄影厂、西北影业公司和解放区的延安电影团都拍摄了大量宣传抗日的故事片和新闻纪录片,《八百壮士》《中华儿女》是其中的优秀代表,上海沦为"孤岛"以后,《木兰从军》《苏武牧羊》等以古喻今的影片也间接表达了爱国情、民族志;解放战争时期,地下党组织联合一些进步电影人利用官办的电影基地拍摄了一批优秀影片,如《天堂春梦》《松花江上》等,新成立的昆仑影业公司也拍摄出了《八千里路云和月》《一江春水向东流》《万家灯火》等经典的影片,此时的中国电影在世界影坛的影响力越来越大。

(3) 发展期(1950—1966) 新中国成立后,电影发展备受瞩目,在"双百方针"的指导下,出现了大批主题鲜明、题材各异、风格多样的优秀影片,如《鸡毛信》《梁山伯与祝英台》《董存瑞》《林则徐》《上甘岭》《五朵金花》《早春二月》《冰山上的来客》等。这些影片在遵循现实主义原则表现生活的本质方面,在深入展现矛盾冲突方面,在民族风格、地方特色、艺术意蕴方面,都进行了十分有益的探索。

(4) 荒芜期(1967—1976) 这十年,中国电影虽然遭遇重创,但《闪闪的红星》等影片及移植到银幕上的样板戏为当时的影坛增添了一抹亮色。

(5) 复兴期(1978—1996) 改革开放后的中国电影迎来了繁荣昌盛的复兴期,

影人队伍人才辈出,影片生产蓬勃发展,理论研究空前活跃,艺术探索精益求精。《喜盈门》《芙蓉镇》《鸦片战争》《开国大典》《少林寺》都是雅俗共赏的名片佳作。《红高粱》《霸王别姬》等一批斩获国际大奖的电影精品也为中国电影走向世界拓宽了道路。"第五代导演""第六代导演"从崭露头角到扛起大旗,成为中国电影复兴的中流砥柱。

(6) 繁荣期(1997年至今) 中国电影的繁荣首先表现在电影市场的繁荣,然后才是影片数量和质量上的提升。1997年,《甲方乙方》首次提出了"贺岁片"的概念,"票房"收益开始被重视,渐渐成为评价电影成绩的重要指标。2002年,《英雄》创造了国产影片史无前例的票房价值,成功的商业运作大大刺激了中国电影市场。此后,《功夫》《集结号》《让子弹飞》《战狼》(图12-2-7)、《长津湖之水门桥》《我和我的家乡》,不断刷新的票房纪录让人们看到了中国电影产业的辉煌前景。另一面,在国际上获奖的《气球》《罗小黑战记》《白日焰火》等优秀影片在票房上却未能俘获大众的心。如何能够做到雅俗共赏、票房口碑皆佳,是当前电影人亟待解决的问题。

图12-2-7 电影《战狼》剧照

二、电视的产生与发展

1. 电视的产生

与电影一样,电视的产生与发展也与科学发明、技术进步紧密相连。

1817年,瑞典的布尔兹列斯发现了一种新的化学元素"硒";1843年,苏格兰的亚历山大·贝恩发明了传真电报机;1848年,意大利的卡里赛发明了化学电传真系统;1873年,法国的布列兰发现了电子扫描原理;1877年,法国的塞列克构想出了电视发射器;1884年,德国的保罗·尼普科发明了无线电传播扫描盘,用电传递画面的想法从此实现;1888年,英国的约翰·贝德发明了机械圆盘电视,成为电视发明第一人;1889年至1897年,光电管和阴极射线管的发明成为电视显像管的雏形;1911年,俄罗斯的罗津格制成了一台电子显像电视接收机,显示出了第一幅简单的电视图像;1923年,美国的兹瓦里金发明了静电积贮式摄像管和电子扫描式显像管。

1925年10月2日,英国的约翰·洛奇·贝尔德组装出了一套电视发射机和接收机,世界上第一台电视机从此问世;1928年,美国的菲洛·法恩斯沃思发明了电子图像分解摄像机,完成了电视的图像制作技术;1929年9月30日,英国广播公司用贝尔德发明的电视系统进行了成功实验,引发了美、苏、德、法等各国相继开展实验性电视播放,英国在技术革新上取得了长足的进步。

1936年11月2日,英国广播公司开始了第一次正式的电子电视系统公开播出,标志着黑白电子电视广播时代的正式开始,揭开了世界电视史的序幕。

2. 电视的发展

(1) 黑白电视时期(1937—1953) 从机械电视系统到电子电视系统,技术进步速度之快令人瞠目。继英国之后,法、苏、德各国都开始使用电子电视系统进行电视播放,正当电视面临飞跃式发展时,第二次世界大战爆发了,电视业完全陷入停滞。直到战后,各国电视台逐渐恢复,电视机拥有量逐年飙升,电视业开始复兴。据统计,1955年,世界上已有20个国家兴办了电视业,出现了约6 000家电视台,电视机总数达4 100万台。

(2) 彩色电视时期(1954—1963) 彩色电视时期虽然始于1954年,却在黑白电视尚未实验成功前就开始了研究。1902年,奥地利的芬·伯兰克率先提出了彩色电视的传送和接收原理。1940年,美国的古尔马研制出机械式彩色电视系统。1951年,美国的H.洛和洛伦斯先后发明了彩色显像管。1953年10月,美国确定了与黑白电视机兼容的彩色电视制式——点描制(NTSC)。1954年,美国正式播送彩色电视节目。此时的彩色电视系统还很不完善,节目制作成本高,彩色电视机价格昂贵,尚未能得到很快普及。1958年,法国的亨利·戴弗朗斯发明了塞康制(SECAM),它在图像清晰度上优于点描制,兼容性却不如美国制式。1963年,德国的瓦尔特·布鲁赫研制成了帕尔制(PAL),它吸收了美国制式和法国制式的优点。此后,很多国家都对彩色电视制式进行试验,先后提出了20多种制式,经过时间的考验被一一淘汰,留下来的仍是美、法、德三国的制式。我国采用的是德国的帕尔制。

(3) 多路传播与数字电视时期(1964年至今) 早期电视传播使用的是超短波,不能传送太远,家家树立天线杆,接收的信号也不够清晰稳定。为此,人们开始研究多路传播电视的方法,电缆电视和卫星电视应运而生。

电缆电视(CATV)也叫共用天线电视、有线电视。在美国,20世纪四五十年代就开始启用电缆电视,但由于铺设电缆成本很高,所以要收费。但是这种电缆电视有很大优势,图像清晰、频道多,可以满足不同层次不同兴趣的观众需要。60年代,电缆电视得到越来越多的认可,在许多国家迅速普及起来。70年代,电缆电视开始双向传输业务,观众可以反馈信息,参与购买商品,业务范围越来越大,发展前景越来越看好。

通信卫星的成功发射为电视传播新技术提供了可能,通过卫星对电视信号的接收与发射,人们再也不怕崇山峻岭的阻隔,全世界的观众可以在同一时间内看到同一个节目。1962年,美国"电星1号"通信卫星发射成功,美国的电视信号借助卫星发射到了欧洲,1964年8月以美国为首的西方国家成立了国际通信卫星联合公司;1965年,苏联"闪电1号""闪电2号"通信卫星先后发射成功,苏联与东欧各国也成立了国际通信卫星组织。此后,卫星电视开始走向世界,电视很快成为人们不可缺少的信息传播工具和休闲娱乐工具。

数字电视是相对于模拟电视而言的,它是电视发展史上一次跨时代意义的变革。1973年,数字技术用于电视广播试验成功;从80年代开始,德国、法国、英国都开始研究数字电视技术,并且诞生了MAC1/MAC2/MAC3三代数字卫星电视节目广播;1982年,数字式电视机在美国研制成功,1983年开始正式生产销售;1993年12月,美国休斯电子公司率先发射一颗数字直播卫星;1995年9月15日,美国正式通过ATSC数字电视国家标准;1996年4月,法国开始了数字电视商业广播,全世界的数字电视广播迅猛发展。

与电视传播技术相适应,电视机的更新换代也越来越快。早期的机械电视机、电子电视机已鲜为人知,厚重的模拟电视机也即将离开人们的视线,数字电视、HD高清电视、FHD全高清电视、UHD超高清电视,电视机变得越来越清晰,越来越薄,功能越来越多。

3. 中国电视的产生与发展

1958年5月1日,北京电视台(中央电视台前身)正式开播,标志着中国电视的诞生。6月15日,北京电视台播出了《一口菜饼子》,开始了中国电视剧的发展历程。1983年春节,中央电视台播出的春节联欢晚会轰动一时,从此,每年除夕夜看央视春晚成为中国新民俗。

早期中国电视业没有什么竞争,最吸引人的就是电视剧,《四世同堂》《红楼梦》《西游记》《渴望》(图12-2-8)成为中国早期电视剧的经典。

随着电视人口覆盖率的增加,观众的要求越来越高,电视业的竞争越来越强,栏目化、频道化的趋势日渐凸显。

1993年5月1日,中央电视台推出"东方时空"(图12-2-9),开启了栏目时代。

图 12-2-8　电视剧《渴望》剧照

图 12-2-9　电视节目《东方时空》

随后的"焦点访谈""今日说法"成为中央电视台的品牌栏目,各地方电视台都创办了自己的当家栏目。凤凰卫视中文台的"时事直通车"、湖南卫视的"快乐大本营"是其中的佼佼者。

真人秀《爸爸去哪儿》更是开启了国内真人秀节目的浪潮。随后《妻子的浪漫旅行》《乘风破浪的姐姐》《你好生活》等真人秀相继推出,深受观众的喜爱。

卫星电视推广后,全国各地的观众都能看到各省(市、自治区)的卫星电视台;与此同时,有线电视越来越普及,观众的选择也越来越多。央视、各省卫视、地方台各具特色,各台推出的专题频道为适应观众口味层出不穷。中央电视台推出了综合、经济、国际、电影、科教、少儿等 15 个频道,各省地方台也纷纷推出了经济、音乐、教育等有针对性的频道,有线电视甚至有美食、家居、车迷、垂钓、围棋、证券等频道。

栏目化、频道化的发展趋势需要精品电视节目来支撑,除了新闻、体育等传媒特征鲜明的节目,电视剧、纪录片、综艺晚会等艺术性很强的节目也精品辈出。

知识链接

好莱坞与奥斯卡

好莱坞(Hollywood)指的是美国洛杉矶世界著名电影城,位于美国加利福尼亚州洛杉矶市市区西北一处三面环山、一面临海的开阔盆地中。20 世纪初,这里吸引了许多拍摄者和独立制片商,逐渐形成了电影中心。派拉蒙、20 世纪福克斯、哥伦比亚、环球、WB(华纳兄弟)、梦工厂、迪士尼等电影公司令好莱坞盛名远播。如今,好莱坞不仅是全球时尚的发源地,也是全球音乐、影视产业的中心,拥有世界顶级的娱乐产业和奢侈品牌,并成为全球热门的旅游地点。

奥斯卡(Oscars)是世界著名电影奖项,全称美国电影艺术与科学学院奖(Academy Awards),是美国一项表彰电影业成就的年度奖项,旨在鼓励优秀电影的创作与发展,有最佳影片、最佳男演员、最佳女演员、最佳导演、最佳编剧、最佳摄影、最佳美术设计等20多个奖项,自1928年设立,1929年第一次在美国洛杉矶好莱坞举行起,它日渐成为世界历史最悠久的媒体奖项,成为全世界有影响力的电影奖项之一。如今,每年的颁奖典礼都会在100多个国家进行电视直播,其在美国电影界的地位与针对音乐的格莱美奖、针对电视的艾美奖、针对戏剧的托尼奖相当。

美的视窗:影视艺术的审美特征

一、审美特性

影视艺术同其他艺术形式一样,源于生活,高于生活,既受普遍艺术规律的制约,又有着与众不同的审美特性。

1. 综合性

(1) 影视是各种艺术叠加的艺术 它同绘画、雕塑相近,都以直觉的视觉形象为表现形式;同音乐相近,都是通过各种音响来创造气氛和节奏感;同文学相近,都有叙事能力,通过情节反映现实世界;同戏剧相近,都是借助演员的表演来塑造人物,展开情节。它发生在各种艺术的交叉点上,兼收并蓄各种艺术形式最具生命力的表现手段。欣赏影视作品时,我们可以尽享文学、音乐、绘画、建筑、雕塑、舞蹈、戏剧、摄影等各种艺术的魅力。

(2) 影视是时空兼备的艺术 它可以任意表现过去、现在和未来,可以表现宏观世界、微观世界、内心世界,可以在充分自由的空间领域灵活转换。这种时空上的无限自由性带来了影视题材选择的广泛性,造型处理的可变性,表现手段的丰富性,风格形式的多样性。

(3) 影视是科技孕育出的艺术 它的诞生与发展,始终依赖于现代科学技术的进步。它是艺术与技术完美结合的产物,任何一项艺术手段都是凭借一定的技术手段来完成的。

(4) 影视是集体创作的艺术 影视作品的创作是集体智慧的结晶,涉及众多人员,各种行当,编剧、导演、演员、摄影、美工、服装、化妆、灯光、音响等,各司其职,通力合作,才能完成一部作品。我们可以从影视作品结束时展现的团队名单中感受到集体的力量。

2. 运动性

影视艺术展示给人们的是运动的世界,与静止的照相不同,影视画面既有空间的伸展性,又有时间的延长性,而时间和空间的结合就体现出运动性。托尔斯泰第一次看电影就被它惊人的艺术魅力深深地打动了,他认为"电影的伟大之处在于识破了运动的奥秘"。

(1) 来自拍摄对象的运动　影视中的人物、环境造型不仅占有空间,而且是在延续不断的时间中展开空间,每个画面都是一瞬即逝的。人物的动作活动、环境的变化和画面内部造型都始终处于一个不断发展变化的过程中。

(2) 来自摄影机或摄像机的运动　影视拍摄时,摄影机或摄像机很少静止不动,它们通过推、拉、摇、移、跟、升降等运动方式,获取活动的影像。即便画面表现的是一个人在沉思,也能通过推镜头让观众体会到人物的心理变化。这种运动镜头大大增强了画面的艺术表现力。

(3) 来自蒙太奇的运动　蒙太奇可以使一个个本来静止的画面活动起来,使电影在审美上达到一个新的高度,尤其是一些特技镜头,如跳楼、中枪、炸飞等,就更离不开蒙太奇了。

3. 逼真性

(1) 其他艺术望尘莫及的逼真性　艺术的美依附于真,失去了真就会失去美。与其他艺术相比,影视最逼近真实地再现了生活。它比文学更直接,比绘画更立体,比音乐更形象,比舞蹈、戏剧更持久,比雕塑、摄影更生动,它所反映出的真实是其他艺术望尘莫及的。

(2) 最切近生活原貌的逼真性　逼真是要求真实地呈现出拍摄对象的本来面貌,表现生活的画面要酷似生活本身。当人们发现照相机拍摄出来的画面远比绘画要真得多时,又遗憾它不能动。早期电影的出现解决了动的问题,又有无色无声的缺憾。有声彩色电影出现后,人们觉得银幕视野太窄,出现了宽银幕、巨幕;觉得平面的画面不够立体,出现了 3D 电影;觉得仅诉诸视听还不够,还要有触觉、嗅觉的享受,出现了全息电影。可以说,每一次影视技术上的革新,都力求使所记录的客观事物更逼近生活原貌。

(3) 与虚拟性有机交融的逼真性　"逼真"意味着逼近于真,而不是等同于真。如果影视仅仅照搬生活,就不会创造出艺术的真实,就不再是艺术。影视艺术来自生活,它既是生活真实的反映,又是创造性的反映,就像醇酒之于粮食,艺术的真实应该高于生活。影视创作者要把真实的生活进行提炼、加工、改造,甚至虚构,创造出艺术的真实。例如,科幻片、灾难片虚拟出来的场景是人们没有亲历过的,但却能给人以身临其境的真实感受。因此,影视不仅要表现人们看到的、听到的、感受到的真实,更要表现人们想到的、甚至想不到的真实。

4. 视像性

在影视作品中,作者总是想尽一切办法将故事情节、人物性格、环境气氛、时代脉搏等设计成为可见的图像,展示于观众眼前,从而表达自己的创作意图、思想感情。

(1)视像时代的标志　影视的发明与推广标志着视像时代的到来。人类对自然与社会的认知可以分为图画时代、文字时代、印刷时代、视像时代四个阶段,各阶段的认知方法和思维方式不同。当下,通过看电影、看电视、看网络视频来感受愉悦、获取新知、了解社会已成为普遍现象。

(2)视像艺术的品位　影视艺术不同于传统艺术,它是一种视像艺术。它改变了传统艺术静态的、单一的表现形式,以动态的、声画统一的表现力成为艺术领域的新生代。与之匹配的全新思维方式——镜像思维也逐渐被人们习惯。这种思维更适合大众的接受能力,于是影视从高雅的艺术殿堂走向了大众,成为"世俗神话"。

(3)视像技术的追求　没有哪种艺术形式比影视更依赖科学技术的发展与创新,没有摄影机的发明,就不会有电影;没有高速摄影技术,就无法体验慢镜头的神奇;没有数字影像技术,就不能真实再现幻想世界;没有3D技术,就看不到立体清晰的画面。人的想象是无限的,想在影视中看到的是无止境的幻想世界,所以我们只有对视像技术的不懈追求才能实现视像艺术的长足发展。

此外,影视的特性还有大众性、商业性等,由于重点从审美的角度分析,这里不再赘述。

二、表现手法

任何艺术都有它独特的艺术语言和表现手法,有着综合艺术之称的影视借用了各种艺术的语言来表现,如文学的叙事、描写,音乐的旋律、节奏,绘画的构图、色彩,舞蹈的形体、动作,戏剧的角色、表演,摄影的光影、层次……但它也有着自己最与众不同、具有生命力的表现形式——镜头和蒙太奇。

1. 镜头

镜头是指摄影机或摄像机从开拍到停止所获取的连续不断的画面。由于景别、运动、角度、焦距等变化,镜头可以变化出很多种类,产生出不同的功效。

(1) 景别镜头　景别主要指摄影机或摄像机同被摄对象间距离的远近而造成大小和内涵不同的画面。景别镜头主要有五种：特写、近景、中景、全景、远景(表 12-3-1),如果再细分,还有大特写、近特景、中近景、小全景、大全景、大远景等。它们在画面中所包含的内容不同,艺术功能也不同。

表 12-3-1　景别镜头的种类

景别镜头	画面内容 (以人为例)	审美价值	使用频率	艺术表现力
特写	头部	展示细节,更具震撼感	少	强
近景	胸部以上	突出人物表情,观众更能体会人物心理	较多	较弱
中景	膝部以上	可以仔细观看人物的动作,欣赏动态美	最多	弱
全景	全身	展现人物与环境的关系,可欣赏到光影艺术镜头叙事手法	较多	较弱
远景	很小	突出环境,抒发感情,领略影视构图之美	少	强

巧妙地使用景别镜头可以使影视作品所表现的内容产生丰富内涵和无限张力。如电影《英雄》中无名刺秦的一段,巧妙的景别镜头设计与演员的表演相得益彰,展现出鲜明的人物和深刻的主题。

(2) 运动镜头　在影视作品中,静止的镜头是不多见的,摄影机或摄像机在运动过程中拍出的镜头往往具有更强的艺术表现力,这些镜头就是运动镜头。运动镜头主要包括以下五种基本形式(表 12-3-2)。

表 12-3-2　运动镜头的基本形式

运动镜头	运动方式	审美价值
推镜头	由远及近	引起注意,造成审视效果,能感受主人公最深层次的情感,获得强烈共情体验
拉镜头	由近及远	交代环境,引发思考,切换到上帝视角,感受故事发展
摇镜头	上下左右旋转	展示高大或宽大,渲染气氛弧线式的镜头运动,体会光影镜头里悠扬而流畅的视线移动

续表

运动镜头	运动方式	审美价值
移镜头	水平方向上下左右	扩大视野,速度快慢能展现情感不同,铿锵有力的镜头运动能带来更丰厚的情感体验
跟镜头	跟随对象等距运动	模拟尾随视角,跟随人物的视线运动,给人以影视艺术带来的"沉浸式"体验

在影视片的拍摄过程中,这五种镜头常常结合运用,产生千变万化的运动镜头。他们不仅可以描写人物、展示环境、叙述故事,还可以创造节奏、形成风格、表现意境。如电影《云水谣》的开场,摄影机通过推拉摇移跟获取到的几组动态画面用特技合成为一个长镜头之后展现出了非凡魅力,瞬间清晰地交代了主人公的生活背景,勾勒出了20世纪40年代台湾社会民俗画卷。

(3) 其他镜头　由于分类角度不同,镜头的类型还有很多。其中常见的有以下几种(表12-3-3)。

表 12-3-3　其他常见镜头种类

其他镜头	分类角度	画面特征	审美价值
变焦距镜头	焦距变换	拟推镜头 拟拉镜头	引起注意,造成审视效果; 交代环境,引发思考; 带来模拟人眼视距变换的动态体验
俯仰镜头	拍摄角度	由上到下俯视 由下到上仰视	宏大场面,渺小、压抑的感觉,能体验到喜剧效果; 高大威严,能体验到悲壮崇高的美感
快慢镜头	每秒24格以上变化	画面变快,降格 画面变慢,升格	紧张气氛,可以体会到影视中的夸张效果; 突出细节,能拥有较为梦幻的情感体验
空镜头	画面内容	没有人物	介绍环境,烘托气氛,能带来强烈的情感共鸣
主观镜头	观众心理	剧中人的视角	身临其境之感,与人物同呼吸,共命运
长镜头	长短	超过30秒	能体验真实、完整、抒情的影视之美

这里的长镜头是最值得关注的。在故事类影视片中,长镜头往往是艺术水平的标志。单就演员的表演方面来看,没有精湛的演技就很难驾驭长镜头那洞察一切细节的敏锐目光。如电影《泰坦尼克号》片尾90秒的长镜头:露丝又回到了船上,与杰克灵魂重逢,沉船事故中丧生的那些高尚的灵魂为他们的重逢鼓掌,流畅的画面和动人的旋律带给人余音袅袅、韵味深长的艺术享受。

2. 蒙太奇

蒙太奇原是法国建筑行业术语"montage",意思是装配、构成,借用到电影中则是剪接、组合的意思,即指依照情节的发展和观众的注意力和关心的程序把一个个镜头(包括声音)合乎逻辑地联结在一起的一种技巧。如果把影视创作比作文学创作,那么镜头就像字、词、句,蒙太奇就像语法,一篇文章是由许多的字词句按照一定的语法组织连缀起来的,一部影视作品则是由许多镜头按照蒙太奇这种特殊的修饰手段剪辑组合而成的。因此,蒙太奇常被称作"影视文法"。

(1) 蒙太奇的功能。蒙太奇的神奇功能是众多理论家津津乐道的,格里菲斯、爱森斯坦、普多夫金、库里肖夫等都对其进行了深入研究。人们普遍认为,蒙太奇既有外在内容的结构作用,又有内在含义的揭示作用。它可以叙述故事、展开情节、揭示主题;使画面产生新的含义,激发观众的对比、联想;创造特殊的时间和空间;创造节奏、形成独特的艺术风格。

(2) 蒙太奇的种类。蒙太奇的分类众说纷纭,仍无定论。常见的分类方式是根据其功能分为三大类:叙事蒙太奇、表现蒙太奇、理性蒙太奇(图 12-3-1)。

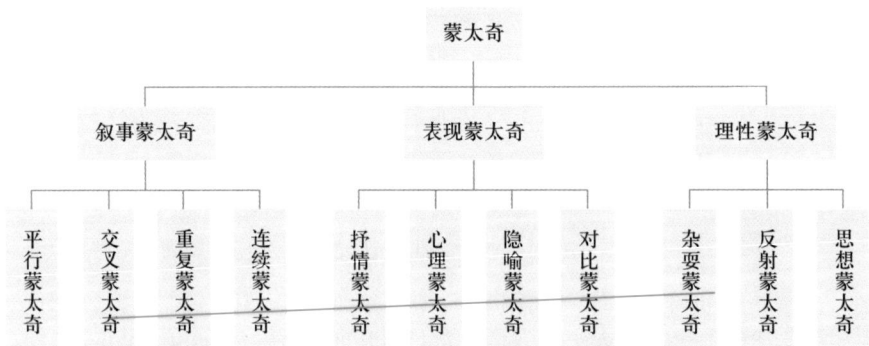

图 12-3-1　蒙太奇的种类

首先,叙事蒙太奇以交代情节、展示事件为主旨。具体包含以下几类:

平行蒙太奇,指把不同时空(或同时异地)发生的两条或两条以上的情节线并列表现,分头叙述而统一在一个完整的结构之中。它可以扩大影视片的信息量,加强节奏,形成对比,产生强烈的艺术感染效果。

交叉蒙太奇,指将同一时间不同地域发生的两条或数条情节线迅速而频繁地交替剪接在一起,有着严格的同时性,各条线索相互依存,最后汇合在一起。它极易引起悬念,造成紧张激烈的气氛,加强矛盾冲突的尖锐性。

重复蒙太奇,相当于文学中的反复手法,指具有一定寓意的镜头在关键时刻反复出现,以达到刻画人物、深化主题的目的。

连续蒙太奇,是沿着一条单一的情节线索,按照事件的逻辑顺序有节奏地连续叙事。它经常与平行、交叉蒙太奇交互使用、相辅相成。

其次,表现蒙太奇是以镜头对列为基础,目的在于激发观众的联想,启迪观众的思考。具体包括以下几类:

抒情蒙太奇,是一种在保证叙事和描写的连贯性的同时,表现出超越剧情之上的思想和情感。常见的抒情蒙太奇是在一段叙事场面之后,恰当地切入象征情绪情感的空镜头。

心理蒙太奇,是人物心理描写的重要手段。它通过画面镜头组接或声画有机结合,形象生动地展示出人物的内心世界,常用于表现人物的梦境、回忆、闪念、幻觉、遐想、思索等精神活动。

隐喻蒙太奇,通过镜头或场面的对列进行类比,含蓄而形象地表达创作者的某种寓意。这种手法往往将不同事物之间某种相似的特征突现出来,以引起观众的联想,领会导演的寓意和领略事件的情绪色彩。

对比蒙太奇类似文学中的对比描写,即通过镜头或场面之间在内容(如贫与富、苦与乐、生与死、高尚与卑下、胜利与失败等)或形式(如景别大小、色彩冷暖、声音强弱、动静等)的强烈对比,产生相互冲突的作用,以表达创作者的某种寓意或强化所表现的内容和思想。

最后,理性蒙太奇是通过画面之间的关系,而不是通过单纯的一环接一环的连贯性叙事表情达意。具体包括以下几类:

杂耍蒙太奇,爱森斯坦给杂耍蒙太奇的定义是:杂耍是一个特殊的时刻,其间一切元素都是为了促使把导演打算传达给观众的思想灌输到他们的意识中,使观众进入引起这一思想的精神状况或心理状态中,以产生情感的冲击。

反射蒙太奇,所描述的事物和用来做比喻的事物同处一个空间,它们互为依存:或是为了与该事件形成对照,或是为了确定组接在一起的事物之间的反应,或是为了通过反射联想揭示剧情中包含的类似事,以此作用于观众的感官和意识。

思想蒙太奇,是利用新闻影片中的文献资料重加编排表达一种思想。这种蒙太奇形式是一种抽象的形式,因为它只表现一系列思想和被理智所激发的情感。观众冷眼旁观,在银幕和他们之间造成一定的"间离效果",其参与完全是理性的。

三、鉴赏方法

1. 鉴赏过程

影视鉴赏是人们在观看影视作品时的一种精神活动,是人们观看影视作品所产生的审美活动的全过程。这个过程包含体验、感悟、欣赏、评判四个阶段,这四个阶段是由低到高、由易到难、循序渐进的,各阶段间没有明显的界线。影视作品以画面与音响为媒介,以现代科技为手段,通过银幕或荧屏再现与反映社会生活,并作用于观众的感官,使观众产生喜与悲、爱与恨、崇高与渺小等种种情感,使观众在潜移默化中受到教育、感染和启迪;同时观众又以自己的生活经验、艺术修养为依据,对影视作品做出一定的评价,并获得一定的美感享受。

2. 鉴赏要领

艺术鉴赏虽有规律可循,却又是见仁见智的。影视艺术更是如此,因为欣赏对象众多,层次差异巨大,同一部影视作品,众说纷纭的现象非常普遍,有时候甚至评价截然相反。评论家一致推崇的观众不一定买账,观众普遍叫好的学界不见得认同,票房大卖、收视飘红的作品可能口碑不好,要做到雅俗共赏、票房收视口碑与获奖共存非常困难。但这一切并不意味着影视鉴赏可以随心所欲地妄加评论,俗话说:"外行看热闹,内行看门道。"影视鉴赏的门道也是需要学习和修炼的。只要把握住其中要领,就能看出其中门道,即便是一家之言,只要能有理有据,自圆其说,也是可贵的。

(1) 完整的欣赏过程　评价影视作品的前提是必须完整地看过作品,有的人没看完就以"不好看"为由放弃了欣赏,那他的评价是不足信的。在欣赏过程中,有很多人习惯边看边评价,这属于消遣性评价,其观点也不可取。只有完整欣赏了影视作品之后,才有可能做出客观公正的评价。那些经典的影视作品,更需要一遍又一遍地欣赏,才能得出深刻的感悟,做出准确的评判。所以,多数人看了一遍就写出来的评论只能算是"观后感",多看几遍得出的结论才能称之为"影评"。当下电视剧越拍越长,边看边评的现象越来越普遍,这些评论只能作为素材浏览,不能当成评价作品成败得失、艺术成就的定论。

(2) 丰富的艺术积淀　艺术是相通的,影视艺术更以其博采众艺之长的特殊性而需要评论者具有丰富的艺术积淀。看懂影视作品的人,大多基本了解文学、音乐、绘画、舞蹈、建筑、雕塑、戏剧等艺术的基本特性,这会让欣赏过程变得轻松,让门道变得不那么神秘。例如《刺客聂隐娘》(图 12-3-2),当年公映时很多人都是冲着它是戛纳电影节金棕榈奖入围影片走进电影院的,但很多人看完后在网络上评价一般,多数观众认为无法看懂这部电影。但是电影的从业人员却从中看到了导演侯孝贤的经典镜头语言;懂得音乐的人,听到了独具匠心的中国式武侠配乐;爱好文学的人,通过对白,窥见了一个立体的有形文字空间。也许,让观众都做到精通百艺之法是奢求,但这些积累对于提高人的艺术修养和鉴赏水平是大有裨益的,哪怕多积累一点,都是有好处的。

图 12-3-2 《刺客聂隐娘》剧照

(3) 适当的知识储备　影视鉴赏的前提是要储备必要的知识。一方面是影视艺术的相关知识,包括影视艺术的简史、特性、表现手法、创作规律、类型特征、鉴赏方法等;另一方面是作品内容涉及的相关知识。这些知识涉猎得越多,对作品的把握就越准确,评论水平就可能越高。这就解答了为什么研究影视艺术的专家发表的评论更具权威性,也解释了专家认可而大众评价不高的作品多年后能成为经典,大众喜爱而专家不认可的作品多年后被时间遗忘。但并非大众的评论都是外行,警察评价的《沉默的羔羊》(图 12-3-3)、山村教师评价的《一个都不能少》、大学生评价的《大话西游》、小学生评价的《家有儿女》有时更切中要害。知识储备是相对的,不是绝对的,适当即可。有时候为了一部影视作品,可以现学现卖,恶补些点滴知识就能学以致用。在互联网时代,网络更为我们提供了便捷的素材,成为我们随用随取的知识储备库。

图 12-3-3　电影《沉默的羔羊》剧照

(4) 正确的评论引导　绝大多数人的影视艺术审美活动都是消遣性的,评判也是即兴的、有感而发的。当舆论一边倒,或褒或贬一部作品时,我们是准确判断,还是人云亦云? 有很多人看着这个观点有理,看着那个观点也对,不知该如何取舍。这时,最简单的做法就是多看看业内人士和权威专家的观点,他们虽非绝对正确,但至少可以提供正确的思路。同时,要多看经典作品的评论,这些评论尤其能够引领我们走上正确的鉴赏道路,是一条不可多得的捷径。

(5) 海量的佳片体验　影视作品中那些能够经得起时间考验、能够令人百看不厌的名片佳作被称之为经典作品,多欣赏这样的经典作品,品味这些高质量艺术精品,能潜移默化地提高我们的审美水平。审美水平是随着年龄的增长、阅历的增加、环境的变化,逐渐提高的,但欣赏者有针对性地涉猎经典可以缩短这个过程,大幅提高水平。"读书破万卷,下笔如有神"讲的是文学积累对于提高文学水平的神奇作用,艺术也是同理,要想提高影视艺术审美水平,海量地体验、感悟、欣赏、评价名片佳作是简单有效的方法。

3. 鉴赏方法

影视鉴赏与评论的切入点很重要,不少人满怀感触却不知从何说起,听到别人的观点才发现:"这不就是我想说却没说出来的吗?"

一部影视作品,既可以从内容方面进行评价,也可以从形式上进行考量。

(1) 内容的鉴赏　影视艺术在内容上表现如何,可以从以下几个角度进行分析:从宏观的角度,把握影视内容的社会、时代、民族的蕴涵;从微观的角度,领悟人的生存、情感、生命的蕴涵;从影视风格的角度,洞悉创造者的理念和个性。

(2) 形式的鉴赏　任何艺术都有自己反映社会的独特表现形式,影视艺术因其与生俱来的综合性而呈现出异彩纷呈的特征。我们可以化整为零,由零导整,从组成艺术作品的各项元素中寻求切入点。这些元素可以分为单项元素和综合元素,既可从单项元素的角度做切入点进行鉴赏,又可以综合各元素展开整体评析。

单项元素包括文学、画面、声音、表演、文化等元素。文学元素重点从主题思想、情节结构、人物形象、环境塑造等方面来分析;画面元素重点从镜头、蒙太奇、光色、特技等角度来分析;声音元素重点从话音、音响、音乐等方面来分析;表演元素可以从演员的类型和表演的风格为切入点进行分析;文化元素可以从作品反映出的社会背景、民族特色、时代风貌等角度来分析。

综合元素的鉴赏极为灵活,大到把作品纳入影视发展的历史洪流中进行"史论式"评判,小到抓住一点细节层层剖析,都是可取的。常见的评判标准有:能否做到角度新颖、由点及面;能否高屋建瓴、全面把握;能否印象导入、深入评析;能否见解独到、见仁见智。

知识链接

类 型 片

类型片是影视发展过程中约定俗成、虽不严谨却影响深远的分类方式。人类有遵循一定的标准，按照事物的共同性质、特点把事物分门别类的习惯。这种分类是累积性的、历史性的，也是历时性的活动，需要时间的沉淀。常见的影视类型片大约有：西部片、警匪片、犯罪片、战争片、灾难片、动作片、冒险片、恐怖片、惊悚片、爱情片、喜剧片、风光片、功夫片、戏曲片、音乐歌舞片、黑色片、系列片、黑帮片、记者片等。有时候，一部影视片同时属于几个类型，随着时代的发展，会有一些类型片逐步萎缩，而另一些类型片发展壮大。

微 电 影

即微型电影，又称微影。微电影既可以指专业的小成本制作或者使用数码摄像机、在电脑上剪辑并发布到网络上的业余电影，也可以指时间短的电影。微电影之"微"在于：微时长、微制作、微投资，以其短小、精练、灵活的形式风靡于中国互联网。微电影内容融合了幽默搞怪、时尚潮流、公益教育、商业定制等主题，可以单独成篇，也可以系列成剧。严格地说，微电影是中国特有的称谓，它的内涵和外延尚不明确，一般认为它脱胎于国外早已有的短片，不仅包括专业人士制作的小成本短片，更重要的是涵盖了业余爱好者精心制作的DV短片和手机电影。由于网络人气的飙升，政府企业的支持，行业协会的成立，各类大赛的筹办，众多明星的参与，普通百姓的关注，微电影的发展正向世人宣布微时代来临。

短 视 频

随着互联网技术和虚拟现实技术的发展，不断催生了以传播技术为依托的媒介形式，人们在媒介使用的过程中更倾向于运用智能化和便捷化的传播工具。越来越多的个人和机构通过掌握相关技术，自发地进行内容生产，人人都是传播者的自媒体时代已经到来。短视频融合文字、图片、声音、视频等多媒体形式，传递更加丰富具体的精神文化语言，相比于以图文形式为主的传统内容生产方式更能满足大多数用户的自我表达和信息分享需求。从短视频的用户发展规模来看，中国网络视听节目服务协会在成都发布了《2019年中国网络视听发展研究报告》，报告指出，截至2018年12月，中国短视频用户规模达6.48亿，短视频用户使用时长占总上网时长的11.4%，短视频超越即时通信，成为第二大应用类型。不断发展的短视频逐渐受到很多广告主和平台的关注，从"秒拍""美拍""小咖秀"到"抖音""快手"，显示出我国短视频行业正处于蓬勃发展的态势。短视频凭借其自身的特点，契合了受众的媒介使用习惯，成为当前最受欢迎的媒介形式之一。

美的欣赏：影视名片欣赏

一、世界电影名片

1.《城市之光》（美国，1931年）

流浪汉查理身无分文却古道热肠，邂逅卖花盲女后一心要为她治病。为了筹钱，他想尽办法，甚至参加拳击比赛。无意间搭救的醉酒了想要自杀的富翁热情相助，给了他一笔钱，他立刻把钱交给卖花女。而富翁却只在酒醉时与他是朋友，醒来就翻脸不认人。后来富翁家里潜入劫匪，查理却被当成抢匪入狱。出狱后，衣衫褴褛的查理再遇复明的卖花姑娘，姑娘触及他的手时才惊觉救命恩人就在眼前。

《城市之光》（图12-4-1）是世界电影史上最杰出的喜剧大师卓别林的代表作，即便是黑白片、无声片，也丝毫不影响人们对它的高度评价。卓别林在本片中兼任导演、编剧、主演、作曲多职，尽展他超乎常人的喜剧才华。他把戏剧情境、滑稽动作、社会批判和人道主义理想结合起来，道尽小人物生活中的艰辛与乐观，使观众在欣赏过程中，带着笑的泪和带着泪的笑同时迸发，充分体验到无声胜有声的艺术魅力。片中流浪汉与卖花盲女初次见面的那场戏，卓别林边演边改，竟拍了368天，342遍，终于找到了盲女初见就误会流浪汉是富翁的最佳解决方案。片中每个段落都能展示出卓别林极度夸张又分外细腻的表演风格，雕像揭幕式的滑稽亮相，解救跳河的富翁却自己落水，富人聚会上洋相百出，拳击比赛机智无比却仍旧惨败，抓小偷结果自己入狱，观众在欣赏过程中每分钟都要被逗笑，越是狂笑，越是酸楚。影片以查理和卖花女相认，一个咬指微笑的特写镜头结束（图12-4-2），这笑容有欣喜、有辛酸、

图12-4-1 电影《城市之光》剧照

图 12-4-2　电影《城市之光》剧照

有尴尬、有温情,五味杂陈,是比流泪都要痛苦万分的笑,给人以无穷的回味。有人这样评价:该片不仅是对有身份的上流市民的公然冒犯,同时也是对聒噪不休的对白片的含蓄讽刺。声音的沉默,还有黑白色,反而让我们感受到质朴的力量,让影片于嬉笑之中对现实构成巨大的反差。

2.《泰坦尼克号》(美国,1997 年)

寻宝探险家布克从沉船泰坦尼克号上打捞出一幅画像,画像上的百岁老人露丝讲述了 84 年前发生的故事。露丝奉母命和卡尔订婚,并乘上有史以来最大的轮船泰坦尼克号前往美国。流浪画家杰克在赌博中赢得了船票,也登上了巨轮。二人在船尾初次见面时,露丝正试图跳海轻生,杰克救下她,坦诚的交流让露丝找回了失去已久的快乐,两人坠入爱河。巨轮撞上了冰山,即将沉没,杰克却因卡尔诬陷被关在底层船舱,露丝在上救生艇的最后一刻看清了母亲与卡尔的嘴脸,放弃逃生,只身救出了杰克。两人亲历了船身倾斜、断裂、坠海,却始终坚守着让对方活下来的信念。最后,杰克把露丝推上了仅容一人的门板,自己却在冰冷的海水里守着她直到冻死。露丝得救了,她改成杰克的姓,听从杰克的叮嘱,幸福地活了一百多岁。

《泰坦尼克号》在 20 世纪末是个奇迹,它创造了投资、票房、获奖等一系列纪录。导演詹姆斯·卡梅隆借用一个众所周知的沉船事故演绎了一个荡气回肠的故事。这个故事带给我们的不仅是视听的震撼,更是灵魂的洗礼。面对生死考验,人性被充分暴露出来:高贵身份不一定拥有高贵的灵魂。贪财的露丝母亲、卑鄙的卡尔,他们的种种丑恶言行令人唾弃,与之形成鲜明对比的是手把船舵而死的船长、与自己的船同归于尽的设计师、在甲板上坚持奏乐的琴师、全力救援后用手枪自杀的船员、安然拥抱静候死亡的老夫妇和给自己的一对孩子讲故事等死的母亲,这些人与巨轮一起沉入海底,而他们高尚的灵魂却浮出海面。露丝与杰克的爱情看似冲动,却在生死考验中诠释了真谛:爱不是同生共死,而是为爱人死,为爱人生。露丝放弃了多次逃生的机会选择和杰克在一起,而杰克在与露丝逃生的过程中一直拼死保护露丝,直到最后一刻(图12-4-3)。为了彼此,他们都不惜牺牲生命,这足以感动人,而最感人的是杰克死后,露丝选择了活,为了杰克活下去,她吹哨求援,躲避卡尔,改姓道森,结婚生子,活了一百多岁。影片的电脑特技制作是当年最为人津津乐道的,特技镜头与实拍画面完美结合、天衣无缝,即便现在看来也难分真伪。影片的音乐制作堪称完美,主题音乐展现出浪漫史诗的悲凉,气势磅礴又空灵凄美,由席琳·迪翁演绎的主题曲缠绵悠远,颇有"余音绕梁三日不绝"的意境。

图 12-4-3 电影《泰坦尼克号》剧照

3.《盗梦空间》(2010 年)

道姆·柯布与同事阿瑟和纳什在一次针对日本能源大亨斋藤的盗梦行动中失败,反被斋藤利用。斋藤威逼利诱因遭通缉而流亡海外的柯布帮他拆分他竞争对手的公司,采取极端措施在其唯一继承人罗伯特·费希尔的深层潜意识中种下放弃家族公司、自立门户的想法。为了重返美国,柯布偷偷求助于岳父迈尔斯,吸收了年轻的梦境设计师艾里阿德妮、梦境演员艾姆斯和药剂师约瑟夫加入行动。在一层层递进的梦境中,柯布不仅要对付费希尔潜意识的本能反抗,还必须直面已逝妻子梅尔的处处破坏,实际情况远比预想危险得多……

《盗梦空间》（图 12-4-4）被称为是一部"发生在意识结构内的当代动作科幻片"。它在影片中指的就是梦境。影视文学作品对于梦境的想象从未停息，诺兰远非先行者。《盗梦空间》中关于梦境的各种创意几乎都有前例可循：例如《感官游戏》（eXistenZ）中的多层梦境，《盗梦侦探》中的梦境联结，甚至郑渊洁《第3180号专利》中对梦境的沉迷和对现实的离弃。只是所有这些创意一经诺兰

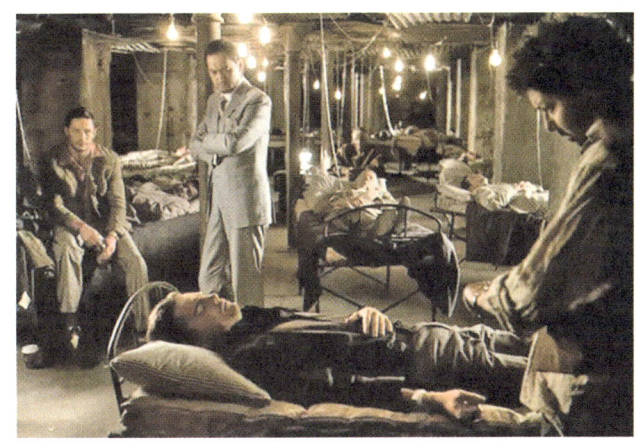

图 12-4-4　电影《盗梦空间》剧照

糅合，便爆发出摄人心魄的魅力。片中有关梦境的所有元素中，最引人入胜的是梦境中时间流速在主观上跟现实不同。一个物理时间上匆匆结束的梦，在诺兰的镜头中被延展为一个时间上没有尽头、空间上肆意驰骋的悠长梦境，影片也由此营造出惊心动魄的剧情张力。诺兰的电影就是这样，故事里鲜有大师式的悲悯情怀，甚至有些创意也非原创，但他却一定有办法把故事说得高潮迭起。思想植入片名"inception"一词，在片中指的是通过梦境中的思想植入，改变他人原本根深蒂固的思想。

以往在某些有超现实元素的悬疑作品中经常看到催眠高手用一通电话甚至一个眼神就把人催眠，然后指使他做任何事。实际上在现实中这是不可能办到的。人的心理拥有很强的防御机制，心理学上的研究表明催眠师很难让被催眠者做出违反他们自身意愿的举动，更别说让他们改变自己那些原先根深蒂固的想法了。所以《盗梦空间》在思想植入困难性上的设定，是有一定的合理性的。在人们所知的各种意识状态中，梦境是防御机制降到最低的一种状态，只有借由深层的梦境，才能真正完成思想改造。这是《盗梦空间》与以往这类题材的作品很大的区别：以往催眠师用一个眼神就搞定的事情，《盗梦空间》里的盗梦专家们用了一整部影片的篇幅去试图完成。

本片新颖的故事情节令投资方眼前一亮，不用大费周章，就得到了1.6亿美元的前期预算。带着夏季重磅电影的期望，一首梦之跌宕曲喧嚣上演。如果您以为分崩离析的高楼大厦、扭曲地心引力的街道、无迹可寻的颠倒空间仅仅是为了宣扬强烈的末日感，那您一定是被好莱坞灾难片惯坏的孩子。它有着错综复杂的情节设置，有着眼花缭乱的动作编排，有着扣人心弦的陷阱转折，有着充满诡异的窒息

氛围，还有几分《记忆碎片》的感官错乱。而最关键的是，它就像一座精密纷繁的迷宫，即使徜徉数遍，仍可能让人有意犹未尽、神秘莫测之感。

二、中国电影名片

1.《红高粱》(1987年)

SP12-1
电影《红高粱》片段

《红高粱》是中国电影真正走向世界的开山之作，也是第五代导演领军人物张艺谋的导演处女作（图12-4-5）。影片在一种神秘的色彩中展现出鲜明深刻的主题——赞美生命。赞美生命那种喷涌不尽的勃勃生机，赞美生命的自由、舒展，表现一种痛快淋漓的人生态度。影片有意虚化了传统影片中常被突出表现的几段戏，关键的故事情节、人物关系、周围环境、时间转换等几乎都是由冷静的画外音一带而过的，却将大部分画面用在颠轿、劫道、野合、敬酒神、日全食上（SP12-1），让意念承附在具体的画面上，依附于一个个具有强烈生命象征意味的仪式之中，从而达到虚实相生的艺术境地。片中人物很少，浓墨重彩塑造了"我爷爷"和"我奶奶"的形象，他们洗去了中国传统封建礼教的铅华，大胆地追求个人理想，酣畅淋漓地展示生命的可贵，赞美生命的崇高。"我爷爷"是个顶天立地的男子汉，他敢爱敢恨、洒脱不羁、胡言乱语、野性难驯，在其背后隐藏的却是一颗勇敢的心，他率众炸毁日本军车的壮举让我们看到了英雄形象的崇高美；"我奶奶"是一个拥有叛逆性格的奇女子，她爱憎分明、敢爱敢恨、机智勇敢、生死无畏，她用短暂的生命阐释了生的意义、死的价值。影片大胆的用色、符号式的场景、简洁的叙述、个性化的表演、追求极致的艺术形式、蕴含丰富的民俗文化都得到淋漓尽致的展现，成为张艺谋电影的艺术标签。

图12-4-5　电影《红高粱》海报

2.《无间道 I》(2002 年)

影片讲述的是一个关于卧底的故事。黑帮老大韩琛指使刘建明混入警方做卧底;警官黄志诚同时委派陈永仁打入黑社会内部。多年以后,刘建明晋升为警长,陈永仁也成为韩琛手下的得力干将。在一次贩毒交易中,二人巧妙通风报信导致行动失败,暴露了双方都有卧底,引发了追查卧底的行动。韩琛与刘建明会面,要求他找出警方卧底;黄志诚约陈永仁会面,被刘建明发现并通知韩琛,韩琛派手下赶到,黄志诚为了掩护陈永仁而被殴打后坠楼身亡。黄志诚的死触动了两位卧底,他们都希望摆脱双重身份,离开无间地狱。刘建明与陈永仁合作杀死韩琛,刘建明也因此升职。但这时,陈永仁却意外发现刘建明就是那个卧底。二人以证据相威胁约在楼顶天台,僵持中,韩琛派入警方的另一名卧底林国平开枪杀死了陈永仁,而他又被刘建明击毙。最终,刘建明也没能逃脱"卧底"的罪名。

图 12-4-6　电影《无间道 I》海报

《无间道 I》(图 12-4-6)选取的是香港电影最惯用的卧底题材,却没有用最惯用的手法去诠释,影片淡化了动作、暴力,强化了人物复杂的心理,为演员的表演提供了广阔的空间。梁朝伟、刘德华、黄秋生、曾志伟——四位香港金像影帝联袂出演,组成了影片豪华的表演阵容,成为影片的一大亮点。梁朝伟是香港影坛的奇才,获奖无数的他无论演绎什么样的角色,都能入木三分。他在片中"以令人叹服的表演,塑造了一个予人强烈印象的'行走无间,见证诸无间行者灵魂衰荣'的主题角色"(导演刘伟强评价)。打入黑社会多年的陈永仁已经习惯了冷漠麻木的表情、玩世不恭的态度、江湖浪子的做派和深藏不露的城府。但是,他复杂的内心总会在不经意间的眼神和动作中闪现出来,让人回味。偶遇已经结婚生子的昔日恋人,他故作毫不介意,但转身离去时下意识的头疼动作让观众从背影中感到他此刻的孤独与凄凉(SP12-2);黄志诚坠楼身亡,他亲眼看见却无力挽救,惊恐、哀伤、绝望,以至于傻强急速倒车时,坐在车中的他留下了那失魂落魄、无限悲怆的一眼(SP12-3)。与梁朝伟的细腻表演不同,刘德华更擅长用肢体语言诠释人物。他扮演的刘建明心机深沉、办事老练、目标明确、是一个"好勇斗狠"的男人,然而他内心的痛苦与挣扎也时时折磨着他,只是他比陈永仁掩藏得更深而已,深到连自己的女朋友都毫不察觉。杀死韩琛后,他仍没有摆脱无间地狱,他内心渴望做个好人,却在不断作恶的道路上越陷越深。楼顶天台的一场戏是梁朝伟与刘德华在演技上的巅峰对决(SP12-4),陈永仁

SP12-2
电影《无间道 I》片段一

SP12-3
电影《无间道 I》片段二

SP12-4
电影《无间道 I》片段三

的正义与洒脱终于显现出来,刘建明尽失往日锋芒,眉宇间尽是矛盾痛苦,两个无间行者在真与假、正与邪的较量中展开了终极搏击,简单的对白与细腻的表情结合,在特写与远景镜头的交织中捕捉得分外抢眼。

3.《长津湖》(2021年)

图12-4-7 《长津湖》剧照

电影《长津湖》(图12-4-7)以抗美援朝战争第二次战役中的长津湖战役为背景,以宏阔的视角,高度还原历史的叙事手法,讲述了中国人民志愿军9兵团某部穿插7连战士们在极寒的冰雪天气中,凭着对祖国和亲人的赤胆忠诚,凭着信仰的力量,凭着钢铁般的意志和大无畏的精神,与号称"北极熊团"的美军精锐部队殊死搏斗,终于以弱胜强,创造了战争史上举世瞩目的奇迹的故事。

影片在还原一段波澜壮阔历史的同时,也赢得了全国观众的高度评价,更创造了中国电影票房的一个神话。

20世纪50—70年代,我国文艺工作者创作了众多抗美援朝的影视作品。《上甘岭》和《英雄儿女》就是深受观众欢迎的经典影片。如何突破历史题材的局限和现代观众眼光的苛求,给大家带来一场冰与火、血与泪、战火与安宁交织的视听盛宴,并创造出中国电影的精品,是一场挑战。

《长津湖》没有让大家失望。它以高度还原历史的态度,催人奋进的情怀,气势恢宏的史诗感画面、多角度切入的碎片化叙事方法充分展现了影视艺术魅力。通过伍百里、伍千里、伍万里三个小人物,从穿插连和冰雕连三个小集体,我们看到了一个人的成长、一组英雄的群雕、一代军人的荣耀和一个民族的丰碑。

《长津湖》带给我们的不仅是艺术的震撼与思考,更有信念的力量和梦想。

三、优秀电视剧

1.《红楼梦》(1987年)

《红楼梦》以贾家宁荣二府的日常生活为中心,以大观园众女子的生活琐事和悲惨命运为情节,以宝玉、黛玉、宝钗的爱情故事为主线,以金陵贵族名门贾、史、王、薛四大家族由盛到衰的历史为暗线，展现了封建社会的矛盾冲突和终将灭亡的必然结局。《红楼梦》以其曲折隐晦的表现手法、凄凉深切的情感格调、强烈高远的思想底蕴，在我国古代封建制度、社会图景、建筑金石、养生医药、服饰礼仪等各领域皆有不可替代的研究价值，达到我国古典小说的高峰，被誉为"我国封建社会的百科全书"。

长篇小说《红楼梦》作为影视艺术创作的经典素材被无数次演绎，但最为人津津乐道的还是87版电视剧《红楼梦》（图12-4-8）。导演王扶林从1979年提出构想，到1987年完成拍摄，闯过了改编剧本、角色选定、音乐制作、服饰设计、演员培训、实景拍摄等一系列难关。在当时资金不足、技术落后的背景下，导演完成了这部足以载入史册的艺术珍品。在剧本编写上，全剧既忠实于前80回的原著，又对后40回进行大胆改编，为观众呈现出了不一样的红楼故事；在演员培养上，导演坚持起用新人，全国招募，盛况不亚于当今的"海选"，封闭式培训更是让毫无表演经验的年轻人受益匪浅；作曲王立平和演唱陈力演绎的一系列歌曲脍炙人口，成为至今无法逾越的经典……这部剧引领了一代人爱上了《红楼梦》。回顾这些成绩，剧组请到的国宝级顾问团功不可没，同时制作团队对待艺术精益求精的态度、一丝不苟的精神、不计得失的努力才是根源。从当今电视剧的生产规律来看，偌大个题材，投资仅有680万元，拍摄长达3年，仅出36集，这简直是不可思议的。原著的很多精彩片段都通过该片为观众呈现出来，如共读西厢、黛玉葬花、宝钗扑蝶、晴雯撕扇、湘云醉卧、元妃省亲等。且看"金兰契互剖金兰语"一段戏，黛玉与宝钗的鲜明对比被陈晓旭和张莉演绎得入木三分，之后的一曲《秋窗风雨夕》更是把人物内心的愁绪渲染到极致（SP12-5）。

图12-4-8　电视剧《红楼梦》剧照

SP12-5 电视剧《红楼梦》片段

2.《觉醒年代》（2021年）

《觉醒年代》以1915年《青年杂志》问世到1921年《新青年》成为中国共产党机关刊物为贯穿，展示了从新文化运动、五四运动到中国共产党建立这段波澜壮阔的历史画卷。剧中以李大钊、陈独秀、胡适从相识、相知到分手，走上不同人生道路的传奇故事为基本叙事线，以毛泽东、周恩来、陈延年、陈乔年、邓中夏、赵世炎等革命青年追求真理的坎坷经历为辅助线，艺术地再现了一百年前中国的先进分子和一群热血青年演绎出的一段追求真理、燃烧理想的澎湃岁月，生动再现了中国共产党创建的社会背景和艰辛历程，也深刻地揭示了马克思主义与中国工人运动相结合和中国共产党建立的历史必然性。

图 12-4-9　电视剧《觉醒年代》海报

短短六年,中国发生了翻天覆地的转变,这正是中国从迷茫混沌快速走向觉醒理智的年代。"觉醒"的是什么?是国民精神,是民主文化,是民众真正的爱国心,是民族的自尊心,是工人阶级的力量,是救亡图存的上下求索。一幕幕客观翔实的历史事件,一个个鲜活生动的历史人物,《觉醒年代》(图12-4-9)通过全景式再现了中国共产党从酝酿到成立的过程,让我们重温了那段峥嵘岁月,更深切理解了共产党人的初心与梦想。

作为一部献礼建党100周年的历史大剧,《觉醒年代》用生动而富有质感的镜头语言使一个个鲜活的历史人物以蓬勃的朝气走入了当代青年人的心中。剧中有许多被观众津津乐道甚至"出圈"的镜头,比如:在一条大街上,大雨倾盆,路两旁都是急忙避雨的民众和摊贩,可还有个小女孩跪坐在路边,用一双明亮而纯真的大眼睛盯着镜头,与脏乱不堪的脸、破烂的衣衫形成了鲜明的对比。这是毛泽东同志的第一次出场,只见一只手里紧紧抱着油纸包裹的《新青年》杂志,大步跑向与民众相反的地方,脚边溅起了泥泞……利用慢镜头和对比手法,该镜头暗示了毛泽东同志此时的内心想法:宁愿淋湿自己,也不愿打湿的,是杂志,更是新的思想,解救中国的新方法;而脚下的泥泞,弄脏的鞋子和裤腿,则是革命道路上不可避免的阻碍和牺牲;最后他大踏步坚定地朝少数人选择的方向前进着,也预示着未来他将带领中国开辟出新的道路……

《觉醒年代》虽然是一部主旋律作品,但他凭着扑面而来的生活气息、生动感人的艺术形象、巧夺天工的镜头语言、亦庄亦谐的审美趣味和蓄势待发的思想光芒,牢牢地吸引了观众的视线,也深深感动了当代青年。

美的体验

1. 课外阅读

阅读书目:《诗意的诠释学》。

思考:如何看待文学与影视艺术的关系?

提示:美国的电影理论家乔治·普鲁斯东曾说:"小说和电影是两条相互交叉的

直线,在某一点上重合,然后向不同的方向延伸。"电影理论家的观点恰恰说明了文学与电影的关系是既有"殊途"之意,也不乏"同归"之处。所谓的"重合点",即无论是文学还是电影,它们始终承载着叙事与抒情的两大功能。文学与电影自20世纪40年代甚至更早的时候就已经产生了某种联系,电影的诞生与文学密不可分。1895年12月28日,"电影之父"卢米埃尔兄弟首次在巴黎的大咖啡馆公开售票放映自己用"活动电影机"所拍摄的胶片影片《工厂大门》《火车进站》《水浇园丁》等。这些短片均客观记录了一段时间内人或物的活动,表现出影像艺术的记叙功能,是纪录片的雏形。

2. 课后活动

根据班级人数编成若干组,每组5~8人,合作制作完成一部微电影。要求每个人都要有至少一项工作,不超过5分钟,用摄像机、照相机、手机拍摄均可,参与班级或学院的"微电影"大赛,争取获最佳影片奖,或在编剧、导演、摄影、表演、配乐、剪辑等方面获得单项奖。

3. 思维拓展

有人说小说的原作者是不应该参与电影编剧的,因为他们习惯沉溺于纯文字的表达,对镜头语言的想象却极度匮乏,因此写出来的剧本被搬到荧幕上常常就有失水准。又有人说,原作者最能把握小说的灵魂,掌握作品最根本的精髓,因此由他们担任编剧更能完美再现原著风貌。

你怎么看待原作者与改编影视作品编剧的关系?

测一测

1. 选择题

(1) 被誉为"电影之父"的是谁?(　　)

　　A. 乔治·梅里爱　　　　　　B. 卢米埃尔兄弟
　　C. 格里菲斯　　　　　　　　D. 李安

(2) 世界电影的诞生日是?(　　)

　　A. 1992年8月27日　　　　B. 1989年12月28日
　　C. 1993年12月28日　　　　D. 1895年12月28日

(3) 中国的第一部电影是?(　　)

A.《定军山》 B.《歌女红牡丹》
C.《芙蓉镇》 D.《卧虎藏龙》

(4) 特写镜头的画面内容为？（　　）

A. 头部 B. 胸部以上
C. 全身 D. 膝部以上

2. 判断题

(1) 按照功能划分，蒙太奇可以分为叙事蒙太奇、表现蒙太奇两种。（　　）
(2) 电视剧《一口菜饼子》开启了中国电视剧的发展历程。（　　）
(3) 位于美国洛杉矶的世界著名电影城是好莱坞。（　　）
(4) 由远及近的镜头运动方式是拉镜头。（　　）

测一测

第十三单元

多维的空间：数字媒体艺术

> 数字媒体艺术是一门跨自然科学、社会科学和人文科学,集中体现了"科学、艺术和人文"理念的艺术,是以数字技术为载体、立足于传媒行业、具有独立审美价值的艺术作品创作和数字产品的艺术设计。作为一种独特的艺术表现形式,数字媒体艺术和当代艺术与后现代文化有着千丝万缕的联系,并和西方科技史、现代艺术发展史的脉搏息息相关。

学习目标

1. 了解数字媒体艺术的基本要素;掌握数字媒体艺术的审美特征与欣赏方法。
2. 能够用数字媒体技术制作一件数字媒体艺术作品。
3. 感受数字媒体艺术之美,辩证思考技术与艺术的关系。

课前导学

老师推送1~2部数字媒体艺术作品,感受科技带给艺术的改变。分小组围绕"技术与艺术"的话题展开讨论,并由一名同学整理后以小组名义在群里分享。

美的印象

北京冬奥开幕式：一场数字技术与媒体艺术的盛宴

2022年2月4日晚8点，张艺谋导演团队带来了一场凝聚数字科技与媒体艺术的高水平冬奥开幕式，北京再次成为世界目光的汇聚地。

在开幕式《闪亮的雪花》（图13-1-1）节目中，数百名小朋友手持"和平鸽灯笼"在分辨率高达16k的地砖屏上走动，每一只"和平鸽"身后都有一串如影随形的光斑。突然，一只"小鸽子"掉队了，一只稍大些的"和平鸽"将她拉回鸽群，共同汇成一个完整的心形图案，让观众们直呼"温暖""感动"。制作这个节目需要先通过摄像头捕捉人物图像信息，将信息输入AI模型中分析人物的位置和动态，再通过算法进行实时渲染生成图画，投到小朋友脚下，让地屏显示能根据演员的动作不断变化，以达到自由灵动的艺术效果。正是因为有了实时交互技术支撑，演员的动作不再需要严格地整齐划一，而是可以根据自己对音乐的理解自由发挥。

此次冬奥会开幕式的成功离不开数字科技的助力，通过运用人工智能、5G、AR（增强现实）、动作捕捉和裸眼3D等多种科技成果演绎了独属于中国人的"东方式"浪漫，实现了技术与艺术的完美融合。

图13-1-1 《闪亮的雪花》节目截图

数字媒体艺术是计算机图形图像数字化技术与传统艺术的融合。传统的影视媒体、广播电视媒体等技术快速地向数字电影、数字视音频方向发展，与日益普及的计算机动画技术、虚拟现实技术等构成了新一代的数字媒体技术。例如计算机动画技术通过三维动画软件在虚拟空间中创建三维景象，在这个虚拟的世界中数字媒体创作者按照所要表现对象的形状、尺寸、位置进行模型的创建,并为物体模型赋予纹理的效果及灯光环境的模拟,然后根据要求设定模型的动画运动轨迹,最后通过模拟的摄像机镜头全方位的运动、漫游、输出,生成最后的动态画面。简单来说,就是利用计算机进行图形图像的设计、创作与制作,产生真实的立体场景与动画。数字媒体艺术也是一种动态艺术,包括视觉与听觉上的感受。

数字媒体艺术审美主体所承载的内容要比传统艺术多,它涉及角色形象、三维虚拟场景、动态构图、灯光照明、运动规律、音效等多方面。具体来看,数字媒体艺术涉及以下几个领域:一是数字图像,即数字二维绘画、数字图形图像艺术创作;二是动画,即数字三维动画、数字影视后期艺术创作;三是虚拟现实(VR)艺术,即虚拟计算机游戏、基于 VR 技术的场景或物品展示等;四是网络数字媒体艺术及网络数字艺术作品创作;五是数字音频艺术,即数字音乐创作、电脑合成音乐、声波艺术等;六是综合数字媒体艺术,即舞蹈、电影及戏剧等与数字技术相结合的艺术表现形式。

美的历程:数字媒体艺术发展概况

数字媒体艺术是一门基于计算机数字媒体的艺术,它以计算机技术为创作手段,以数字媒体为传播途径,以数字媒体用户为传播对象。它是视觉艺术、影音艺术、设计艺术、计算机图形图像技术和媒体技术的相互交叉和融会。

数字媒体艺术是在 20 世纪 60 年代发展并成熟起来的,到 90 年代末进入了一个全新的发展阶段。

一、世界数字媒体艺术发展概况

1924 年 6 月,有历史记载的最早的数字电影梦想提出。1968 年,首届电脑美术作品巡回展在伦敦举办,宣告了数字媒体艺术的开始。20 世纪 80 年代,计算机的发展促使了数字媒体艺术从二维图像系统向三维动画系统发展,到 20 世纪 90 年代之后,随着计算机技术的不断发展,数字媒体艺术得到了长足的发展,开始称之为数字媒体。20 世纪末交互媒体在网络广泛流传,数字媒体进入一个崭新的发展阶段。

数字艺术的蓬勃发展不仅引领了新一轮的艺术潮流,而且数字艺术产业成为

21世纪知识经济产业的核心产业。美国的电脑动画及其相关影像产品的销售获得了近百亿美元的收益；日本的媒体艺术、电子游戏、动漫卡通等作品领先世界，成为日本的第二大产业；而韩国数字产业已经超过汽车产业成为第一大产业。

二、中国数字媒体艺术的发展现状

作为一种新的艺术形式和技术与艺术相融合催生的新兴行业，我国数字媒体产业起步较晚，但经过近几年的努力，现在已形成动画、网络、数字设计等为主体形式，以数字化媒介为载体的产业链，涉足传播、信息、广告、通信、电子娱乐、网络教育等多个领域，形成较庞大的产业队伍。据相关统计，2017年我国数字文化产业总产值约为2.85万亿元至3.26万亿元，是颇具发展潜力的新兴产业。

在我国媒体艺术产业发展中，印刷出版与数字平面媒体产业把艺术思想融入计算机平面设计，使创作的作品更有艺术感和创意。影视产业和影视广告服务业借助艺术和计算机软件进行创意策划、脚本设计、拍摄、数字特技、剪辑、配音、配乐、合成、产品宣传和推广等推动了影视、广告业的发展。数字动画产业改变了原有的全手绘动画制作，运用计算机技术在创意策划、脚本设计、角色造型设计、场景设定、画面绘制、剪辑合成、产品宣传等进行数字动画片设计与制作，使动画行业进入了无纸化动画。数字游戏产业也极大地改变了人们的生活。而网站咨询服务产业对数字媒体艺术的发展带来了划时代的革命。网站策划、界面设计、插画及特效动画的创作，媒体艺术将传统媒体带入了新媒体阶段，随着淘宝、抖音、喜马拉雅等新媒体平台的成功，拉近了空间和时间，更改变着我们的生活。

美的视窗：数字媒体艺术的审美特征

一、数字媒体艺术的主要类型

数字艺术是指以数字科技的发展和全新的传媒技术为基础，是人类理性思维和艺术感觉巧妙融合一体的艺术。

广义的数字艺术就是数字化的艺术，比如以数字技术为手段的平面设计、以万维网为媒介传播的所谓"纯艺术"、甚至手机铃声等。只要以数字技术为载体，具有独立的审美价值，都可以归类到数字艺术。狭义的数字艺术一般指的是用计算机处理或制作出和艺术有关的设计、影音、动画或其他艺术作品。

数字艺术包括交互媒体设计、数字影像艺术、虚拟现实设计、新媒体艺术等。交互媒体设计指以互动媒体为载体的设计,例如以万维网为载体的网页设计、网络游戏设计,以手机为载体的彩信设计、WAP 设计、H5 设计等;数字影像艺术包括数字动画、DV 电影、数字影视广告和片头、短视频;虚拟现实设计是指数字博物馆、数字商城、虚拟社交平台等虚拟空间设计。

数字艺术作品必须在实现过程中全面或者部分使用了数字手段。其作品主要包括以下形式:录像及互动装置、虚拟现实、多媒体、电子游戏、卡通动漫、网络游戏、网络艺术、数字设计、电脑插画、电脑动画、3D 动画、数字特效、数字摄影、数字音乐及音乐影像等。也就是说,数字艺术是艺术和科技高度融合的多学科的交叉领域,涵盖了艺术、科技、文化、教育、现代经营管理等诸多方面的内容。因此,凡由电脑技术制作的媒体文化,都可归属于数字艺术的范畴。

二、数字媒体艺术的基本特征

1. 数字媒体艺术是依赖于数字技术的艺术

数字媒体艺术是与数字技术结合得最为紧密的艺术。它从创作过程、创作工具、艺术呈现形式、艺术作品的传播与消费,几乎都离不开计算机技术的发展,全部或者部分使用了数字科技手段。在传统艺术作品创作中,也会借助工具,如绘画和雕塑。但在绘画和雕塑作品创作中,工具的使用技术在艺术创作中并不发挥关键的作用。而在数字媒体艺术的创作中,掌握数字技术、使用数字技术设备是艺术创作的基本前提。在传统艺术的创作中,每一件作品都具有唯一性,如同没有完全相同的树叶一样,很难有完全相同的艺术作品。但是数字媒体艺术的创作过程的每一环节都能被记录下来,不仅可以修改,还可以复制。正因为如此,数字媒体艺术与许多传统艺术最大的不同就是具有技术性和可复制性。

2. 数字媒体艺术是创作工具标准化的艺术

数字媒体艺术的创作平台和软件工具是标准化的,从这个意义上可以说它是工具标准化的艺术。但由于标准化的技术工具具有机械性,如果将其作为艺术创作的主要因素,就会导致艺术作品缺乏独特性及其表现形式的丰富性。数字媒体艺术虽然是依赖于数字技术,但它毕竟不是技术而是艺术。作为艺术,数字媒体艺术在创作中就应该是利用技术工具而不是被工具利用,艺术创作要发挥的是人而不是工具的主体作用。作为使用标准化技术工具的艺术,数字媒体艺术需要处理好艺术与技术的关系。首先是工具标准化和艺术独特性的关系。技术平台的一致性、技术工具的相同性容易使数字媒体艺术作品趋向同质化和标准化,而艺术的生命力就在于个性化和独创性。在技术工具标准化的条件下,充分展现艺术创作的独特性,避免依赖于数字的艺术创作演变为机械化的生产,是数字媒体艺术作品创作需要把握的重点。

3. 数字媒体艺术是多种艺术元素高度融合的艺术

数字媒体艺术是多种艺术元素和艺术形式的高度融合,它不仅包括视觉艺术和听觉艺术,而且包括电脑绘画艺术、电脑图像处理艺术、二维和三维电脑动画艺术、音频视频艺术和后期特技艺术等。其表现形式既可以是单一的,也可以是综合的;既可以是实景的,也可以是虚拟的;既可以是静态的,也可以是动态的。因此,数字媒体艺术既有数字技术的支撑,又可以与传统艺术高度融合。一方面,它通过数字技术"艺术"地再现艺术,如数字化博物馆、数字化艺术馆、数字化美术作品展等;另一方面,数字媒体艺术最终以传统艺术形式表现出来,可以说是数字艺术在传统艺术领域的延伸,如舞台艺术中的虚拟场景、特效设计等。

4. 数字媒体艺术是大众化的艺术

数字媒体艺术是依赖于数字技术的艺术,其门类、形式和层次很多。它既包括纯粹的数字媒体艺术品,也包括数字媒体艺术在经济社会生活中的应用。就其应用来说可分成几个方面:一是与人们生活密切相关的应用,比如数字摄影、DV摄像、数字视频、网页设计、文本编排和数字图像设计、电子书刊设计等;二是与生产经营相关的应用,比如出版物设计、工业产品设计、企业网站设计、广告设计、包装装潢设计等;三是在创意产业中的应用,比如智能和高级数字娱乐产品设计和开发,像数字电影、网络游戏等。数字媒体艺术应用的广泛性,使其具有了大众化艺术的特性。

数字媒体艺术的大众化不仅仅体现在应用的广泛性。由于计算机和互联网的普及,其大众化也体现在以下三个方面:一是艺术欣赏的大众化。与传统艺术品的欣赏、传播方式不同,数字媒体艺术品的传播和欣赏借助于互联网,它打破了时间和空间的限制,任何网民都可以借助于互联网欣赏公开传播的数字媒体艺术产品。二是艺术实现的交互性。由于计算机作为媒介,受众不单单是被动地接受信息,而是可以参与、体验、再创作等。三是艺术创作的大众化。由于技术的标准化,一些艺术爱好者可以通过技术软件进行艺术创作或运用数字媒体艺术满足自身需要,比如数字摄影以及用 Photoshop 软件对照片进行后期处理。

三、数字媒体艺术的审美特征

数字媒体艺术广泛融合了传统的影视、音乐、美术、建筑及现代科技等诸多元素,其审美特征主要表现为数字化的技术、视听语言艺术、动态化的影像、虚拟世界及互动等多方面。

1. 数字媒体艺术的技术美

数字媒体艺术与传统的媒体艺术相比,其最大的特点在于技术的发展。技术和艺术作品的结合所表现的就是技能美,也是技术美学的最高范畴。技术美与技术紧密相连,没有技术也就没有技术美。数字媒体艺术的发展完全依赖于计算机软、硬件技术的发展,它的审美价值很大程度上依赖于技术的环境。在数字艺术产生发展之初,每一次视觉上产生的新冲击,都与新技术的采用密切相关。因此,与传统艺术相比,数字媒体艺术审美价值多表现为技术美。著名导演詹姆斯·卡梅隆历时四年打造的三维大片《阿凡达》,之所以带来无比震撼的视觉感受,一个重要的原因就是数字技术的发展,包括自主研发的数字拍摄系统、先进的动作捕捉设备及强大的 CG 制作团队。

2. 数字媒体艺术的视听美

数字媒体艺术与传统的媒体艺术的区别,在于数字媒体艺术作品往往通过视觉和听觉两种方式表现主题内容,并通过对视觉和听觉的刺激产生美感,从而达到使观众视听感官的享受。视听美是数字媒体艺术的重要审美标准,它决定了是否可以带给观众愉悦的心情和视觉、听觉的享受。电影《阿凡达》(图 13-3-1、图 13-3-2)中,大量运用数字媒体技术呈现虚幻的场景,塑造栩栩如生的外星生物形象,使我们在雄浑磅礴的音乐中体会到由数字媒体技术所带来的视听盛宴,而这些效果是传统的艺术表现形式所不能达到的。

3. 数字媒体艺术的动态美

数字媒体艺术往往体现的是视觉元素在空间中的不断运动变化。与传统艺术中的静态画面相比,数字媒体艺术不仅仅具有传统艺术中所包含的色彩、光影及构图等要素,同时还具有时间、空间、运动等数字媒体所特有的视觉艺术特点。数字

图 13-3-1　电影《阿凡达》剧照

图 13-3-2　电影《阿凡达》剧照

媒体艺术中的元素往往不是固定在某一个位置上,而是随着时间的变化从一点运动到另一点。视觉元素在运动的过程中并不是匀速运动,而是变化丰富的变速运动。时而加速运动,时而减速运动。运动中的元素通过空间、时间、运动的变化构成了一种秩序,一种动态的秩序,为视觉元素赋予了一种动态美。

4. 数字媒体艺术的创造美

数字媒体艺术在内容的表现上不受现实条件的限制,具有极强的开放性和延展性特点。它不仅可以创造出现实生活中所无法真实存在的影像效果,也可以创造出一个与现实空间物象完全不同的虚拟世界。借助高科技手段,创造出人类想象力所能达到的任何情境、物象和人像效果,制造出无比强烈的精神震撼力。在《沙丘》(图 13-3-3)、《流浪地球》(图 13-3-4)等一系列著名的科幻影片中,现实生活中无法存在的人物形象、建筑外观、宇宙飞船、地理风貌等物体都是通过数字媒体手段创造出来的。数字媒体艺术的创造性体现的是一种从

图 13-3-3　电影《沙丘》剧照

图 13-3-4　电影《流浪地球》剧照

无到有、从不可能到可能的过程。

5. 数字媒体艺术的互动美

数字媒体艺术审美的互动性表现在艺术作品的创作者与欣赏者、审美过程与结果之间的互动换位,它是一种共同参与艺术体验的艺术形式。网络艺术、虚拟现实艺术等艺术形式是典型的互动性数字媒体平台。在网络艺术中,无论身处何地,只要能够进入到网络中就可以进行数字艺术的互动性体验,可以对艺术作品进行修改补充,不断完善艺术作品,从而体会到艺术创作者与欣赏者之间不同的心理感受。在网络中,艺术创作者与欣赏者之间的身份变得模糊,时而作为艺术创作者出现,时而摇身一变成为艺术欣赏者。这一身份变化使人们充分体验了数字媒体艺术的互动性。

美的欣赏:数字媒体艺术作品欣赏

一、交互媒体设计作品欣赏

交互媒体设计是指以互动媒体为载体的设计,例如以万维网为载体的网页设计、网络游戏设计,以手机为载体的 WAP 设计、H5 设计、手机游戏设计等。

1. H5 作品《复兴大道 70 号》

H5 全称为 HTML5,是一种融合了图片、文字以及视频等多种媒介的传播形式,具有丰富多彩的视听效果。目前，H5多以智能手机为传播平台，所以又称之为移动端H5广告。H5以移动设备为载体，具有高效性、全面性、传播速度快等优势，一般应用于品牌推广或节日活动中。

2019年国庆期间，为庆祝中华人民共和国的70华诞，人民日报社新媒体中心推出了长图H5作品《复兴大道70号》，上线后迅速引发热议。该作品结合超长画卷和"一镜到底"的形式，通过丰富多元的场景变化与内容细节，描绘了新中国70年来的光辉岁月，记录了时代变革与社会发展的沧桑巨变，被网友赞为"当代版清明上河图"。据不完全统计，《复兴大道70号》线上浏览量超3.5亿，点赞量超千万，成功掀起了一场"集体回忆"。

(1) 典型化场景+全景式展现　H5作品《复兴大道70号》以复兴大道为主轴线，通过用户横屏滑动手机，宛如漫步在复兴大道，沿途画面自然串联起时间与空间、场景与事件，让用户拥有如同拉开画卷般的全景式观看感受。该作品以"开国大典"为起点，选取"一五计划"、原子弹爆炸、恢复高考、改革开放、北京奥运会等500多个重要历史事件和典型场景，足足刻画了4 000多个人物，展现了500余座建筑，创造了同类新媒体产品的最大尺寸和最全内容。

(2) 多元化视听+交互式体验　《复兴大道70号》在手绘长图基础上，还加入了丰富的视听元素，例如充满年代感的声效：叫卖声、自行车铃铛声、孩童的玩闹声等不绝于耳；还有许多让人一秒"入戏"的影视配乐：《让我们荡起双桨》《敢问路在何方》等，带给用户怀旧且温暖的感觉。该作品不仅呈现出多元化的视听特色，在用户体验上也是颇具匠心。该作品巧妙融入了AI"换脸"技术，用户可以在不同的历史场景中上传自己的照片，生成属于自己的年代纪念照。例如宣传农村土地改革的宣传员、指挥交通的交警、为北京奥运喝彩的观众等。通过这样的交互式体验，在唤醒集体记忆的同时，也做到了个性化、定制化，有利于用户在社交平台上转发，高度契合了全媒体时代"人人参与、人人传播"的特点。

2. 手机游戏作品《故宫：口袋宫匠》

《故宫：口袋宫匠》是一款由故宫博物院与腾讯联合发布的建筑类创意游戏，通过微信小程序或下载应用软件就能迅速参与，具有很强的娱乐性和交互性。

在游戏中，玩家化身为宫廷建造师，和宫廷御猫一起体验搭建"养心殿""慈宁宫"的全过程。玩家需要快速学习古建筑知识，用"贪吃蛇"的玩法收集材料，再用类似"推箱子"的方法计算如何将材料放置到指定的地点。另外，该款游戏还需要玩家收集故宫各地的文物碎片,拼凑在一起来解锁更多的隐藏文物,通过有趣的漫画人物形象、中国传统的色彩、丰富的文物图鉴,实现了寓教于乐、文化传承。

二、数字影像艺术作品欣赏

数字影像艺术传承自20世纪60年代录像艺术,包括数字图像、数字动画、数字影视等。

1. 数字投影艺术作品《机器人天空》

来自澳洲的电影导演利亚姆·杨(Liam Young),同时也是一位在设计、虚拟和未来等领域工作的假想建筑师。在2021亚洲数字艺术展上他发布了一件通过自主无人机拍摄的叙事电影《机器人天空》(图13-4-1),这也是世界上首部以无人机视点进行创作的短片。影片讲述两名相爱却被高楼区隔开来的年轻人,一边用自制的黑客无人机传递爱的信息字条,另一边他们的行为却被监视的无人机全部记录下来,观众在屏幕上看到的是无人机冷冰冰地采集黑客信息的监视画面,直到一群警察模样的人出现在银幕之上。故事里勇敢的年轻黑客们拒绝监控带来的压抑,他们在传递爱情信号的无人机绑满了温馨的小球。在这部作品中,艺术家有意挑战技术社会对人的控制和压抑,促使观众思考技术之于人类的异化影响。英国广播公司(BBC)称其为"设计我们未来的"。他的电影和景观世界既是放映未来的图像,又是应对当下我们面临的环境问题的深刻反思。

图13-4-1 数字投影艺术作品《机器人天空》

2. 分屏数字动画作品《重返桃花源》

在陶渊明的《桃花源记》中有"土地平旷,屋舍俨然,有良田、美池、桑竹之属"的描述,这是陶渊明眼中的世外桃源。如今,不仅世外桃源不再,所有的一切都成了景观。法国学者居伊·德波在《景观社会》一书中将现代社会称为表象的世界,认为大众媒体将一切转化为商品,影像取代了一切,甚至包括人与人的关系。

基于这一观点,黄钺、骆煜超、彭浩旻三人组合确定采用三屏的形式,在《重返桃花源》(图13-4-2)这一作品中重构当代"桃花源",通过影像展现当下人们在钢筋混凝土的高楼大厦中的生活。三屏的形式将外部建筑环境、不同人的不同视角一同展现,观看者仿佛处在全能全知的上帝视角,审视这些普通人,同时审视自我。《重返桃花源》中有一个在地铁的片段——两个人相对而站,距离很近,却仿佛不在一个时空。随着越来越多的电子产品入侵、碎片化阅读、直给式视觉冲击,人们的知觉受到影响,从而逐渐失去思辨能力。这一作品从形式到内容都力求让观看者反思现代都市生活的境遇。

图13-4-2　分屏数字动画作品《重返桃花源》

三、计算机算法生成艺术作品欣赏

计算机算法生成艺术是指基于数值化呈现和自动化机制的计算机算法所生成的艺术形式。

1. 神经网络算法艺术作品《算法中的西西弗斯》

《算法中的西西弗斯》(图13-4-3)的创作者白天睿出生于北京,在创作这一作品时他正在中国人民大学附属中学高二就读。他既是全球顶尖青少年机器人赛事——2021RCC钱江国际机器人公开赛的冠军获得者,也是一位电子艺术创作者。

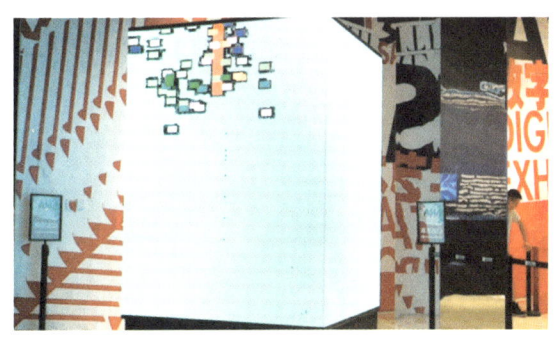

图13-4-3　神经网络算法艺术作品《算法中的西西弗斯》

该作品的灵感来源于作者在参加编程信息学竞赛时遇到的一个关于神经网络算法的测试。一段算法要实现在找出最高效率的情况下得到最高分,这个算法中的程序发现自己无法按照规则得到分数,于是它自己每次计算出的结果是:自己决定自己撞石头停止运行,结束这一次尝试而保住当前已有分数,即使成为零分也不会让自己的结果为负。

为了结果而通过不断伤害自己来被迫完成任务,这像极了真实人的生存境遇,也像是某种社会算法中另一个"西西弗斯"。这一作品表现出中国青少年艺术家对于算法技术本身的反思:算法作出的最优结论,竟是通过不断伤害自己的方式来保住高分,这不得不使人重新思考技术的本质和意义。

2. 实时模态网络艺术作品《互联生态系统》

实时模态网络艺术作品《互联生态系统》由我国新媒体艺术家武子杨和美国艺术家 Mark Ramos 合作完成(图 13-4-4)。在增强现实空间里,每一个佩戴 AR 眼镜的观者都陷入其中,各种特异、鲜艳、旺盛的虚拟生物在身边摇曳,仿佛被丢进了虚拟的游戏世界。创作团队将实验性机器人和传感器收集到的视觉传感数据重新定位,模拟生成三维环境,以自然现象参数创建了一个数字生态系统,机器虚拟生物"生活"在其中,为观看者呈现出一个无限时的实时在线、无限变化的数字生命世界。武子杨说:"我们在设想一个任何'线下'和'线上',或者说'现实'和'虚拟'边界都消失了的未来。我们不再需要区分线上或实体,因为它们是相同的。在这种情况下,数据不再仅仅是你在屏幕上看到的,而且可以以感官的方式体验。"

图 13-4-4 实时模态网络艺术作品《互联生态系统》

四、虚拟现实艺术作品欣赏

虚拟现实艺术是伴随着"虚拟现实时代"应运而生的一种新兴而独立的艺术门类,是指以虚拟现实、增强现实等人工智能技术作为媒介手段的艺术形式。该艺术形式的主要特点是超文本性和交互性。

1. 虚拟现实艺术作品《奇点》

《奇点》(图13-4-5)这一艺术作品曾在2021年斩获"亚洲数字艺术大奖"。这件作品是一个结合了三维扫描、虚拟现实和沉浸式声音设计等技术的全沉浸式体验作品。创作者沈晶晶把赛车游戏的运作原理作为整个体验结构的设计基础。在体验过程中,观众将看到许多我们曾经使用或正在使用的技术隐喻,包括移动电话、蓝牙、信息高速公路、聊天机器人等。通过观

图13-4-5　虚拟现实艺术作品《奇点》

察和收集这些"任务物品",体验虚拟现实中不断加速的世界,最终实现"奇点"。

创作者通过设计一个去中心化的秩序,创造一个被遗弃和被遗忘的世界,让观看者重新思考有机生命体与无机智能之间的关系,这也是虚拟现实艺术的一大特点——只有身临其境才知其中意境。

2. 增强现实艺术作品《渴望飞翔》

《渴望飞翔》(图13-4-6)是由中国传媒大学动画与数字艺术学院教授张骏创作的增强现实艺术作品,由一个现实雕塑与虚拟影像相结合而成。艺术家制作了两个带着翅膀的人在红色铁圈里循环骑自行车的铁艺雕塑,观众需要用手机靠近作品的说明牌扫描二维码,方能在屏幕里观看到增强现实的虚拟影像与现实雕塑相叠加后的画面:一只在虚拟世界里飞翔的鸟,似乎在代替铁艺雕塑实现飞翔之梦。

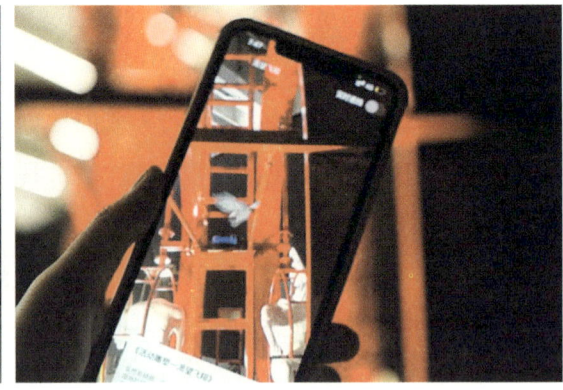

图 13-4-6 增强现实艺术作品《渴望飞翔》

图 13-4-7 《指南针》

3.《指南针》(劳伦斯·马尔斯塔夫)

"指南针"是一种穿在腰部的指向机器,它指引你走过虚拟的走廊和房间(图 13-4-7)。根据物理展示空间来编程。机器本身产生吸引力或排斥力,好像处在一个磁场之中。观众可以探索这个环境并发现一个触觉结构。这个机器经过编程使观众跟随一个无形的地图,但观众可以在与机器抵抗和服从引导之间选择。

4.《一个世界正在建设中》(胡介鸣)

受众可以看到一个虚拟的星球影像,在这个星球的表面会有一些图片存在,这些图片是来自观众的私人信息,而且受众可以和星球进行对话互动,利用手机将拍摄的星球画面发送到正在互动的星球上,在现场可以通过鼠标的操作来放大或移动这枚星球并对它的细部进行观察、点击阅读这个由私人信息建立起来的虚拟世界,令虚拟的星球画面做出回应。新媒体艺术品通过对视、听、触觉的模拟,满足受众对美的欣赏(图 13-4-8)。

5.《低语的研究》(克里斯托弗·贝克)

作品以瀑布的样式将打印纸由高到低呈现,是探讨新兴的微通信技术的装置作品(图 13-4-9)。在欣赏这件艺术作品时,受众首先可能将打印纸和数字打印机联系起来,而数字打印机意味着当前是数字信息时代。再反复品味,由上到下的打

图 13-4-8 《一个世界正在建设中》

图 13-4-9 《低语的研究》

印纸,象征着数字化的工作流程。当受众在观看这幕墙时,整个身体和眼睛被打印纸覆盖,意味着我们被数字化的时代所包围,数字化已经遮蔽了我们的视线。有些人可能会将这些信息描述成一种数字化的闲聊。但不同于面对面的交谈,这些短暂的想法被企业、政府和研究机构积累存档为数字索引。虽然这些档案的长期影响还有待观察,但是可公开访问的、个人的,并且常常是情感表达的绝对数量的信息应该使我们有所顾虑。这个装置是由热敏收据打印机构成,它持续监控社交软件上的包含各种常见情感词语的信息。

美的体验

1. 课外阅读

阅读书目:《元宇宙》《雪崩》。

思考:在未来元宇宙世界,人类艺术会有哪些变化和发展?

提示:元宇宙这个词最早源自1992年尼尔·斯蒂芬森的《雪崩》。这本科幻小说为读者构建了一个平行于现实世界的元宇宙(Metaverse),在这里所有现实生活中的人都有一个网络分身(Avatar)。正如电影《头号玩家》中的场景,在未来的某一天,人们可以随时随地切换身份,自由穿梭于现实世界和数字世界。元宇宙,这个建立在区块链之上的虚拟世界,通过去中心化平台让玩家享有所有权和自治权;通过沉浸式的体验,让虚拟进一步接近现实。未来,人们也许会在这个由虚拟空间和时间节点所构成的"元宇宙"中学习、工作、交友、购物、旅游,当然也包括在这个既虚拟又真实的世界里创造艺术和欣赏艺术。

2. 课后活动

举办一次数字媒体艺术分享会,并为分享会制作一份H5邀请函。

(1) 主题:感受科技创新,共筑美好未来。

(2) 目标:培养创新创意能力,拓展开放性思维。

(3) 步骤:选择艺术作品、查阅相关资料、制作分享PPT、制作H5邀请函。

3. 思维拓展

有人说,科学与艺术两者截然不同,一个严肃理性,一个多变感性。但他们又有一个大的交集:它们是人类创造的一个潜在的奇迹。

谈及科学与艺术时,福楼拜说:"艺术和科学总是在山顶上。"李政道说:"科学与艺术是分不开的,就像一枚硬币的两面,这是基于人类的创造力,他们的目标是追求真理的普遍性。"

你怎么看待科学与艺术的关系?

测一测

1. 选择题

(1) 虚拟现实不具备哪项(　　)基本特征?

A. 沉浸性　　　B. 交互性　　　C. 想象性　　　D. 真实性

(2) 以下对电影《阿凡达》的表述不正确的一项是（　　）。

A.《阿凡达》是一部 3D IMAX 电影

B.《阿凡达》的导演是詹姆斯·卡梅隆

C.《阿凡达》大获成功的主要原因是演员表演出色

D.《阿凡达》运用了大量数字技术进行拍摄

(3) 数字媒体艺术区别于其他艺术形式最为关键的一点是它的表现形式或者创作过程必须部分或全部使用（　　）手段。

A. 智能技术　　B. 通信技术　　C. 数字技术　　D. 计算机技术

(4) 数字媒体繁荣时代是从 20 世纪（　　）年代开始。

A. 60　　　　　B. 70　　　　　C. 80　　　　　D. 90

2. 判断题

(1) 数字媒体艺术与传统艺术的最大不同是具有真实性。　　　　（　　）

(2) 凡是由电脑技术制作的媒体文化，都可归属于数字艺术的范畴。（　　）

(3) 数字媒体艺术所承载的内容比传统艺术更少。　　　　　　　（　　）

(4) 数字媒体艺术是一门跨自然科学、社会科学和人文科学的艺术。（　　）

参考文献

[1] 黑格尔. 美学[M]. 朱光潜, 译. 北京: 商务印书馆, 2006.
[2] 弗里德里希·席勒. 审美教育书简[M]. 冯至, 范大灿, 译. 上海: 上海人民出版社, 2022.
[3] 蔡元培. 蔡元培美学文选[M]. 北京: 北京大学出版社, 1983.
[4] 朱光潜. 谈美[M]. 北京: 中华书局, 2019.
[5] 宗白华. 艺境[M]. 北京: 商务印书馆, 2011.
[6] 李泽厚. 美的历程[M]. 北京: 生活·读书·新知三联书店, 2009.
[7] 王国维. 人间词话[M]. 北京: 作家出版社, 2016.
[8] 王国维. 王国维讲宋元戏曲史[M]. 北京: 团结出版社, 2019.
[9] 余秋雨. 中国戏剧史[M]. 上海: 上海教育出版社, 2006.
[10] D.N.罗德维克. 电影的虚拟生命(当代学术棱镜译丛)[M]. 华明, 华伦, 译. 南京: 南京大学出版社, 2019.
[11] 彭欣, 刘姝铭. 新媒体艺术[M]. 南昌: 江西美术出版社, 2019.
[12] 孔智光. 文艺美学研究[M]. 北京: 中国戏剧出版社, 2002.
[13] 彭吉象. 艺术学概论[M]. 5版. 北京: 北京大学出版社, 2019.
[14] 爱娃·海勒. 色彩的性格[M]. 吴彤, 译. 北京: 中央编译出版社, 2016.
[15] 李霖灿. 李霖灿读画四十年[M]. 北京: 中信出版集团, 2018.
[16] 西蒙·沙玛. 艺术的力量[M]. 陈玮, 黄新萍, 王炯奕, 译. 北京: 中国美术学院出版社, 2019.
[17] 祝帅. 中国设计研究百年[M]. 北京: 清华大学出版社, 2018.
[18] 王伯敏. 中国绘画通史[M]. 北京: 生活·读书·新知三联书店, 2018.
[19] 宫崎法子. 中国绘画的深意: 图说山水花鸟画一千年[M]. 傅彦瑶, 译. 长沙: 湖南文艺出版社, 2019.
[20] 钱世锦. 世界经典芭蕾舞剧欣赏[M]. 上海: 上海音乐出版社, 2006.
[21] 袁禾. 大学舞蹈鉴赏[M]. 上海: 华东师范大学出版社, 2008.
[22] 欧文·琼斯. 中国纹样[M]. 侯晓莉, 译. 上海: 上海古籍出版社, 2016.
[23] 彭泽立, 李莹波. 书法艺术[M]. 长沙: 湖南大学出版社, 2010.
[24] 张建, 刘荣. 中国传统文化[M]. 3版. 北京: 高等教育出版社, 2019.

［25］湖南省教育科学研究院职业教育与成人教育研究所.公共艺术［M］.北京:高等教育出版社,2015.
［26］于庆妍.影视鉴赏［M］.2版.北京:高等教育出版社,2014.
［27］任公伟,王秀梅.艺术欣赏［M］.北京:高等教育出版社,2017.
［28］刘五华,周婕.公共艺术(音乐篇)［M］.2版.北京:高等教育出版社,2018.
［29］王子云.中国雕塑艺术史［M］.长沙:岳麓书社,2005.
［30］蒋勋.美的沉思［M］.长沙:湖南美术出版社,2014.
［31］刘天壤.《诗经》中的美的形态及其审美意义——基于美学的论域［J］.时代文学(上),2010(05):193-195.
［32］毛宣国.《诗经》美学论［J］.中国文学研究,1997(03):7-14.
［33］李徽昭.现当代文学审美困境与教学应对［J］.教育评论,2020(10):129-133.
［34］安静.浅谈新媒体时代影视艺术的数字化［J］.戏剧之家,2018(19):109.
［35］范志琪.影视艺术在新媒体时代的审美转变探微［J］.声屏世界,2020(15):64-65.
［36］柴焰,杨馥华.新媒体时代影视艺术的审美转变［J］.中国高校社会科学,2020(01):144-151+159.
［37］饶简元.数字媒体艺术设计学科定位的探讨［J］.艺术评论,2010(04):106-108.
［38］中共中央办公厅、国务院办公厅.关于全面加强和改进新时代学校美育工作的意见［EB/OL］.2020-10-15.

郑重声明

高等教育出版社依法对本书享有专有出版权。任何未经许可的复制、销售行为均违反《中华人民共和国著作权法》，其行为人将承担相应的民事责任和行政责任；构成犯罪的，将被依法追究刑事责任。为了维护市场秩序，保护读者的合法权益，避免读者误用盗版书造成不良后果，我社将配合行政执法部门和司法机关对违法犯罪的单位和个人进行严厉打击。社会各界人士如发现上述侵权行为，希望及时举报，我社将奖励举报有功人员。

反盗版举报电话　（010）58581999　58582371
反盗版举报邮箱　dd@hep.com.cn
通信地址　北京市西城区德外大街4号　高等教育出版社法律事务部
邮政编码　100120

读者意见反馈

为收集对教材的意见建议，进一步完善教材编写并做好服务工作，读者可将对本教材的意见建议通过如下渠道反馈至我社。

咨询电话　400-810-0598
反馈邮箱　gjdzfwb@pub.hep.cn
通信地址　北京市朝阳区惠新东街4号富盛大厦1座
　　　　　高等教育出版社总编辑办公室
邮政编码　100029

资源服务提示

授课教师如需获得本书配套教学资源，请登录"高等教育出版社产品信息检索系统"（http://xuanshu.hep.com.cn/）搜索本书并下载资源，首次使用本系统的用户，请先注册并进行教师资格认证。

联系我们

高教社高职语文教育研讨QQ群：638427589